시진핑의 효도 리더십

시진핑의 효도 리더십

발행일   2021년 3월 5일

지은이   문봉수
펴낸이   손형국
펴낸곳   (주)북랩
편집인   선일영   편집   정두철, 윤성아, 배진용, 김현아, 이예지
디자인   이현수, 한수희, 김민하, 김윤주, 허지혜   제작   박기성, 황동현, 구성우, 권태련
마케팅   김회란, 박진관
출판등록   2004. 12. 1(제2012-000051호)
주소   서울특별시 금천구 가산디지털 1로 168, 우림라이온스밸리 B동 B113~114호, C동 B101호
홈페이지   www.book.co.kr
전화번호   (02)2026-5777   팩스   (02)2026-5747

ISBN   979-11-6539-645-9 03100 (종이책)   979-11-6539-646-6 05100 (전자책)

(주)북랩 성공출판의 파트너
북랩 홈페이지와 패밀리 사이트에서 다양한 출판 솔루션을 만나 보세요!
홈페이지 book.co.kr   •   **블로그** blog.naver.com/essaybook   •   **출판문의** book@book.co.kr

14억 중국을 하나로 모은 지도력의 비밀

시진핑의 효도 리더십

| 문봉수 지음 |

넘치는 카리스마로 세계 **2위**의 패권국인
중국을 이끌고 있는 **시진핑**.

그 강고한 실권의 배경에는
놀랍게도 **효도** 사상이 있었다!

북랩 **book** Lab

효도는 우리 사회의 전통적 미덕이지만, 시간의 경과와 함께 '고루한 가치관'으로 여겨지는 것이 부정할 수 없는 현실이다. 때문에 오늘날 이를 둘러싸고 세대 간에 다양한 의견이 존재한다. 어느 의견이 옳고 어느 의견이 그르다는 판단을 하기가 어려운 상황이지만 효도에 대한 새로운 해석과 적용은 충분히 검토할 만하다. 오랜 기간 우리를 지켜준 아름다운 전통을 버릴 수는 없기 때문이다. 우리는 오히려 이를 되살리고 유지하는 현명한 자세를 가질 필요가 있다.

우리 사회에서 4, 5년마다 실시되는 대통령 선거, 국회의원 선거, 지방 선거에서 빠지지 않고 등장하는 단골 주제는 '효도'이다. 선거에 출마한 모든 후보가 "당선만 되면 어르신을 잘 모시겠다."라는 공약을 내건다. 이들의 소속 정당 또한 '효도하는 정당'을 표방하고 유권자에게 한 표를 부탁한다. 매년 급속한 증가세를 보이는 노인층에게 어필하려는 의도에서 비롯된 것이다.

그러나 본 저자는 이러한 정치권의 행태를 비난하거나 폄하할 의도가 전혀 없다. 오히려 국가와 사회를 위해서라도 필요하다는 생각이다. 설령 선거가 끝난 후에 약속을 헌신짝처럼 내버리고 "언제 그랬냐?"는 식으로 돌변한다 해도 정치지도자들이 주기적으로 부모님, 어르신, 노인들을 위해 적극 힘쓰고 노력하겠다는 언행을 하는 것은 효도의 정체성 확인과 연속성 보장 차원에서 대단히 중요하기 때문이다.

효도는 한국과 일본, 중국 등 동양 사회에서 중요한 가치관이자 도덕률로서 역할을 해왔다. 역사적으로 국가 지도자는 효를 강조하고 몸소 실천하기도 하였다. 심지어 효를 통해 국가를 통치하는 이른바 '효치'孝治도 나타났었다. 물론 국왕의 국가 운영을 위한 편의와 목적에 의한 것이었지만 긍정적 측면에서 본다면 약자인 노인을 보살피고 사회를 아우르려는 의지로 이해할 수도 있다.

본 저자는 그동안 국내외 국가 지도자의 효도에 대한 인식과 태도에 대해 깊은 관심을 가지고 대학원 박사과정에서 효학孝學을 전공했으며 과정을 마무리하는 졸업논문의 소재로 선택했다. 이때 눈에 확 들어왔던 인물이 이웃 국가 중국의 시진핑 주석이다.

그는 미국과의 충돌, 홍콩 시위 사태 대응, 한국에 대한 압박, 자국 내 인권 문제 대처, 주변 국가와의 충돌 등 집권 이후 보여왔던 일련의 행위로 인해 '강성 지도자' 이미지를 갖고 있다. 그러나 그를 효도 측면에서 바라봤을 때는 개인적으로 효자이며 공적으로는 경로효친敬老孝親을 중시하고 국가 정책에 십분 반영한 인물이다.

본 저자는 「시진핑의 효 사상과 리더십 연구」를 논문으로 완성하고 2020년 2월 효학박사 박위를 받았다. 이 시점에서 진하게 느꼈던 아쉬움은 학위논문의 성격상 국회도서관, 국립중앙도서관 등의 논문 DB 등재 이후 시간이 경과하는 중에 일부 관심을 갖는 학계 관련자들만 열람하게 된다는 점이다.

저자는 학문의 결과가 상아탑에만 머물며 도서관 깊숙한 곳의 서가 한편에서 뽀얀 먼지를 뒤집어쓴 채 방치되는 '자기들만의 리그'가 개선되길 바란다. 아울러 인문학 분야 논문도 경우에 따라서는 대중과 함께 호흡하며 필요시 사회를 위해서 요긴하게 활용되었으면 하는 생각을 갖고 있다. 특히 인간에 대한 것을 연구하는 학문 분야의 경우 그 결과는 반드시 대중에게 환원되어야만 존재 가치를 인정받을 수 있다는 것이 소신이다.

따라서, 능력이나 수준 면에서 많이 부족함에도 불구하고 박사학위 논문이 대중에게 다가설 수 있도록 시중 출판을 결심하였다. 논문의 기본 형식은 유지하되 내용 보완 이외에 조금은 읽기에 편하도록 초반부의 이론 영역, 도표 등 학술적 부분을 대폭 덜어내었고 생경한 서술용어 중 일부를 풀어 쓰거나 좀 더 읽기 쉬운 문장으로 변환시키는 등의 작업을 진행하였다. 그리고 북랩 출판사를 통해서 『시진핑의 효도 리더십』 제하 책으로 출판하게 되었다.

본 저서는 학문적인 수준이 높다거나 획기적인 내용을 담지는 못했다. 다만 중국, 효도, 노인 문제 등에 대해 어느 정도 관심을 가진 이들이라면 부담스럽지 않게 읽히기를 희망한다. 또한 '이웃 국가 중국의 지도자는 효도를 어떻게 인식하고 국가 운영에서 이를 실천하는지 이해할 수 있을 것'이라는 기대를 갖고 있다.

본 저자는 효도가 현대사회에서 새롭게 해석되고 젊은 세대에게 미덕이자 귀한 가치관으로서 인식되기를 기대한다. 아울러 이 과정에서 국가 지도자들이 솔선수범하며 핵심적인 역할을 해주기를 희망한다. 효도는 결코 하루아침에 얻을 수 없는 우리의 정신적 자산인 만큼 지도자들이 이를 제대로 활용한다면 우리의 미래는 보다 밝고 영속성도 기약할 수 있을 것이다.

★ 3부. 시진핑의 경력과 효도 사상을 조망해보다

1부

★

효도 리더십의 필요성을
검토해보다

★ ★ ★ ★

1장

효도가 절실한 시대, 소환된 시진핑

오늘날 우리 사회가 '100세 시대'[1]를 거론하는 가운데 최근 들어 전국 각지에서 요양원, 요양병원 등 시설이 우후죽순雨後竹筍처럼 생겨나고 있다. 이러한 현상은 수명이 늘어난 노인들에 대한 부양 문제가 결코 남의 나라 일 또는 먼 훗날의 얘기가 아니라 지금 우리의 현실로 자리하고 있음을 상징적으로 보여준다.

생계 문제 같은 개인적 사정으로 인해 와병 중인 부모를 집에서 모시면서 간병하는 것이 어려운 상황에서 자식으로서는 차선책으로 요양시설에 위탁할 수밖에 없다. 여기에 소요되는 경제적 지출은 해당 가족뿐만 아니라 보편적 복지를 지향하는 추세 속에서 사회와 국가에게 큰 부담으로 남게 된다.

---

1) "인류 수명 연장의 꿈이 현실이 되고 있다. UN에서 호모 헌드레드(Homo Hundred), 100세 시대의 도래를 알린 2009년 이후로도 인류의 기대수명은 점차 높아가고 있다. 과연 장수(長壽)가 인간에게 축복이기만 할까 하는 의구심도 함께 높아지고 있다. 삶의 질과 의미가 수명 이상으로 포기할 수 없는 가치기 때문에 이런 물음은 필연적이다", EBS 100세 쇼크 제작팀, 『100세 수업, 우리의 미래가 여기에 있다』(파주: 윌북, 2018), 59-60.

초고령화 사회인 일본의 경우, 간병 비용 감당 곤란 등의 사유로 자식이 부모 간병을 위해 직장을 그만두는 '간병 퇴직'이 늘어나 인력 유출과 경제적 손실이 심각해지자 기업과 국가에서 대책 마련에 나섰다.[2] 한편, 근래 우리 사회에서도 불편한 진실로서 장기간 와병 중인 환자를 상대로 직계가족에 의해 저질러지는 이른바 '간병 살인'이라는 용어가 언론에 자주 등장하고 있다.[3] 과거의 "긴 병에 효자 없다."라는 속담이 현재 한국의 상황에서 그대로 들어맞게 된 것이다.

이전 우리 전통 사회는 유교 문화를 배경으로 부모에 대한 효행을 절대적 미덕으로 여겼고 자녀 세대가 부모와 동거하는 대가족 형태가 유지되어 왔다. 따라서 노인 부양 문제가 가정을 벗어나 사회문제나 국가 현안으로까지 대두되지 않았다.

그러나 근대화와 산업화를 거치며 현대 가족 형태는 핵가족으

---

2) "초고령화 사회에 진입한 일본에서 간병퇴직으로 인한 인력 유출과 경제적 손실이 늘자 기업들이 간병보험 확대에 나서고 있다. 부모간병을 출산 및 육아와 동일하게 취급하기 시작한 것이다. 초고령 사회로 치닫고 있는 우리나라도 곧 닥칠 일이어서 주목된다. 일본정부는 부모간병 퇴직자의 경력단절과 소득감소, 기업의 경제적 손실을 예방하기 위해 관련 법규를 제정하는 등 '간병퇴직 제로'정책을 2015년부터 추진하고 있다", 한희라, "직원 부모도 챙기는 日 기업, 한국은?", 《헤럴드경제》(2019. 4. 15.), 19.

3) "'간병살인, 154인의 고백'이라는 서울신문의 기획기사가 2018년 관훈언론상, 한국기자협회 한국기자상, 국제앰네스티언론상 등을 싹쓸이 수상한 이유가 있다. '희생적인 부모, 효자, 효부로 불리던 이름이 끝 모를 간병의 터널에서 남편이 부인을, 자식이 부모를, 부모가 자식을 살해하기에 이르렀던 이야기가 사회 전체의 고통이 돼 가고 있다는 경종을 울렸기 때문이 아닌가 한다", 이지운, "일당 9만원", 《서울신문》(2019. 7. 13.), 35.

로 바뀌었고, 서구 문화 영향에 따른 개인주의 확산 등으로 인해 효의 의미가 퇴색하였다. 또한 가정에 대한 관념, 성년 자녀의 부모에 대한 부양의식도 상당히 약화되었다.

뿐만 아니라 나이 듦이 현명함으로 인식되었던 과거와 비교해 상황은 급변해 노인세대가 비하를 넘어 화풀이 대상으로 전락하기도 한다. 일부 세대를 중심으로 '틀딱충', '연금충' 등 같은 노인 혐오 표현이 마치 유행병처럼 번지고 있는 것이다.[4]

이러한 현상은 노인 문제를 놓고 사회 내부에서 세대 간 골 깊은 갈등이 분명히 존재하며 향후 사회통합을 추진하려는 노력을 무위로 돌아가게 하는 장애 요인으로 작용할 수 있음을 시사한다. 우리가 노장청老壯靑 간의 이해와 화합이 무엇보다도 필요한 시대를 살고 있음을 절감하게 되는 대목이다.

노인세대와 상반된 입장에 처한 청년세대도 자신들만의 애로와 고민을 가지고 있다. 이들은 기성세대와 달리 경제 호황기의 산업 예비 인력이 아니라, 글로벌 경제위기가 일상화된 사회에서 심각

---

4) "틀딱충, '틀니가 딱딱거린다'를 줄인 뒤 '벌레 충'자를 붙인 것으로 노인을 조롱할 때 쓰는 신조어다. 이른바 '꼰대'세대를 비난할 때 쓰는 표현이다. 고령화 사회 진입과 더불어 사회 분위기가 점차 각박해지면서 노인층이 비하의 대상을 넘어 화풀이 대상으로 전락하고 있다", 고제원, 「노인범죄 피해 실태」, 『사법행정연구』 58권 4호(한국사법행정학회, 2017.4), 26; "우리사회에서 혐오표현이 유행병처럼 번진다. 남녀, 세대, 지역, 계층 간 틈을 비집고 들어가 갈등을 증폭시키고 곳곳에 상처를 남긴다. 편견에서 비롯된 혐오표현이 증오범죄로 이어지기도 한다. 노인혐오 표현도 사회적으로 용인할 만한 수위를 넘어섰다. 일각에서는 '틀딱충' '연금충' 같은 노인 비하 표현을 쓴다", 박완규, "혐오의 시대", 《세계일보》(2019. 2. 21.), A27.

한 취업난에 좌절하는 잠재적 실업자로서의 가능성이 지극히 높은 존재이다. 때문에 이들은 구직과 주거, 결혼 같은 현실적 문제로 인해 고민한다. 일자리와 적령기에 결혼할 상대가 있다는 것은 시대와 국가를 떠나 모든 청년들의 보편적 바람이다.

그렇지만 최첨단의 기술혁명과 물질적 풍요를 이룬 오늘, 아이러니하게도 우리 사회는 '청년실업', '결혼과 출산 기피' 같은 사회의 영속성에 반하는 현상과 마주하게 되었다. 각박한 현실이 청년세대로 하여금 꿈을 접게 만들고 있는 것이다.

공자는 대동大同사회를 묘사하면서 "남자는 사·농·공·상의 직분이 있고, 여자는 돌아갈 남편의 집이 있다."[5]라며 오늘날 개념으로는 청년세대의 완전고용, 결혼과 주거지 해결을 언급했다. 하지만 오늘의 현실에서는 이상理想일 수밖에 없다. 국가와 사회가 쉽사리 해결책을 찾지 못하는 난제 중의 난제로 자리한 것이다.

우리와 마찬가지로 이웃 국가 중국 또한 청년들의 취업난, 주거난이 대단히 심각하다. '개미집', '취업 모텔' 같은 신조어[6]가 의미하듯 최소한의 조건을 갖추고 사회생활을 하는 것조차 불가능해 이들이

---

5) 『禮記』「禮運」, "男有分, 女有歸".

6) "중국 청년세대의 현실을 상징하는 문화는 영화에 등장하는 화려한 고층건물보다는 '개미집'과 '취업모텔' 같은 궁핍한 공간이다. '개미집'은 대도시의 살인적인 집값과 임대료를 피해 가격이 저렴한 도시외곽지역에서 형성된 허름한 집이나 단칸방을 지칭하며, 이곳에 개미처럼 모여 사는 사람들을 '개미족'이라고 부른다. '취업모텔'은 좋은 직장 취업이나 창업을 하기 위해 대도시로 온 외지 청년들이 불법개조한 아파트에 저렴한 방값을 주고 모여 사는 곳이다", 이종민, 『중국이라는 불편한 진실』(서울: 서강대학교출판부, 2017), 238.

좌절하고 심지어는 정상적인 사회생활을 포기하는 것이다.

이처럼 한·중 양국 공히 청년세대 미래는 고용, 주거 불안정의 위협에서 자유롭지 못하며 자칫 그 원인을 기성세대의 기득권에서 찾을 가능성도 있다. 따라서 국가와 사회가 중재자, 조정자로서 역할을 수행하면서 정책과 제도 차원에서 세대 간의 간극을 좁혀주어야 한다는 요구가 높아진 상황이다.

그래도 다행인 것은 우리 사회 곳곳에, 우리 젊은이들 각자에게는 아직도 효孝가 분명히 살아 있다는 사실이다. 그 일례로서, 종편채널 《TV 조선》에서 방영되어 국민적 인기를 얻은 가요 오디션 프로그램 〈내일은 미스터트롯〉의 진, 선, 미 수상자들이 조선일보와 인터뷰[7]를 통해 밝힌 소감을 들 수 있다.

임영웅 등 수상자들은 이구동성으로 부모님에 대한 감사의 마음과 태도, 즉 효를 언급하고 있다. 이들이 어려움을 극복하고 모든 세대를 아우르며 대중의 환호를 받는 것은 청년세대로서 중장년, 노년층과 한국적 정서에 대해 공감이 있었기 때문이다.

---

7) 최보윤, "5년 뒤 엄마 1억 수첩에 쓴 영웅의 다짐, 현실이 됐다", 《조선일보》(2020. 3. 16.), A2.

"엄마는 넉넉지 못한 형편에 직업군인이 되는 게 어떻겠느냐고 하셨지만 '아무래도 난 노래를 해야겠다.'며 거스른 것이 마음에 걸렸습니다. 고등학교 때부터 공장 알바 등을 해서 조금씩 보태드리긴 했는데, 정작 가수가 되고는 돈벌이가 되지 않아 죄송했거든요. 운명의 장난인지, 제가 5년 전 데뷔 준비하며 수첩에 '2020년 엄마 생일날 현금 1억 주기'라고 써놨는데, 미스터트롯에서 우승하게 돼 너무 신기합니다. 항상 효도하는 마음으로, 제 목소리를 필요로 하는 곳은 어디든 달려가 위로와 즐거움을 드리겠습니다."

- 진 수상자 임영웅

"저에겐 부모님이 경연 자리에 오신 게 뜻깊었습니다. 아버지가 뇌경색으로 몸이 불편하신데, 트로피를 들고 사진을 찍으며 좋아하시는 모습을 보니 눈물이 났어요. 가수 된 뒤 부모님께 큰 상 안겨 드린 게 처음이거든요. 그래서 제 최고의 무대도 '막걸리 한 잔'입니다. 빨리 나으셔서 이 아들과 함께 한잔 시원하게 들이켜실 날이 오길…."

- 선 수상자 영탁

"아버지가 가수의 꿈을 꾸셨다가 좌절한 적이 있어 제가 가수 하는 걸 반대하셨지만, 요즘은 아버지와 일심동체가 돼 트로트 이야기를 나눕니다. 인생곡으로 선택했던 〈18세 순이〉도 어린 시절 아버지와 신나게 부르던 곡이에요. 대구에서 음식점을 하시는 부모님, 고향인 대구·경북에서 어려움을 겪는 많은 시민들, 또 의료진분들께 '이찬원식 흥'으로 그 어깨의 짐, 가볍게 해드리고 싶습니다."

- 미 수상자 이찬원

위에서 살펴본 것처럼 오늘날 젊은이들 마음속에 효가 살아 있는 것은 확실하지만 도덕 윤리 파괴와 그로 인한 정신적 방황, 세대 및 계층 간 갈등이 심화된 현실에서 갈등 해소와 화합이 그 어느 때보다 절실한 것도 현실이다. 아울러 국가와 사회를 이끌어가는 지도자들의 깊은 관심과 성찰, 구체적인 행동이 필요한 시점이다.

효와 인성교육을 위해서 설립, 운영되는 성산효대학원대학교 최성규 총장은 이에 대한 해결책으로 효를 제기하였다. 그는 "물질 때문에 자식이 부모를 죽이고 형제간 사랑과 친구 간 우정도 사라진다."고 진단하고 "21세기 정신문화의 시작은 효로서, 효가 살면 가정이 행복하고, 사회가 안정되며, 나라가 산다."[8]고 강조하였다. 국가 지도자가 정신문화의 근간인 효를 진작시키면 구성원 가정의 행복, 사회의 안정이 담보되고 이를 바탕으로 국가다운 국가를 만들 수 있음을 확신한 데서 비롯된 논리이다.

지금 우리 사회는 급속한 인구 고령화, 핵가족화와 가족 해체 증가, 취업과 연금 등을 둘러싼 세대 갈등이 사회문제로 대두되면

---

8)   최성규, 『효와 행복』(서울: 성산서원, 2012), 16-20.

서 전통적 미덕으로 자리했던 효 의식이 점차 희박해지고 있다. 심지어 경제적 어려움이 심화될 경우에는 노인을 사회와 국가의 짐으로 여기는 풍조도 자리한 상황이다.

그럼에도 이런 상황에 대한 고민과 성찰을 통해 해결 방안을 제시해야 할 정치권에서 오히려 효를 '선거철 노인층의 표를 얻기 위한 수단'으로 악용하는가 하면, 일부 정치인의 경우 효를 강조하기는커녕 노인 폄하 발언으로 큰 물의를 일으킨 사례도 있다. 따라서 정치권과 사회 지도자 사이에서 각성이 이뤄지고 '효도에 기반한 리더십'의 정착과 발휘가 시급한 실정이다.

이 책은 가정에서 시작해 사회와 국가로 이어지는 공동체의 행복과 안정을 위해 효가 대단히 중요하다는 판단하에 어떤 지도자가 이를 제대로 실천하는지 확인하려는 의도에 따라 집필되었다. 즉, 오늘날 효도를 중시하고 국가 운영 과정에서 실제로 행하는 지도자를 찾아 접근해보려는 것이다.

저자는 효를 살리고 나라를 살리는 지도자가 누구인지 찾아 관찰해보고 시사점을 도출할 필요성을 절감하였다. 이러한 상황에서 인구 노령화, 세대 갈등, 효 인식 약화 등 우리와 매우 유사한 입장에 처한 중국을 들여다보았고 그 결과 효를 중시하고 실천하는 최고지도자 시진핑習近平은 시의적절한 탐구 대상이 되었다.

그는 중국공산당 내부에서 '효심이 깊으며 노인을 공경하고 어린

이를 보살피는 등 중국의 전통적인 미덕을 몸소 실천한 인물'[9]로 평가된다. 초급관료 시절부터 경로효친 의식을 갖고 실천했으며 최고지도자 위치에서는 효 가치를 전파하고 국정 운영에 적극 반영하는 등 '효도에 기반한 리더십' 연구에 적합한 인물이다. 따라서 그의 효 사상과 리더십 연구를 통해 교훈을 드러낸다면 우리 사회에 상당히 소중한 참고가 될 수 있을 것이다.

국가 운영을 책임지는 지도자의 사상과 이를 바탕으로 발휘되는 리더십은 현재를 살아가는 국민 개개인의 생활에 큰 영향을 미치며 국가의 미래 운명을 결정짓는다. 지도자의 신념과 각오, 추진력이 융합되어 국정을 운영하는 가운데 경우에 따라서는 효, 효도라는 가치가 정치적으로 다뤄질 경우가 있다.

효를 정치와 관련시킬 때는 부모와 노인공경, 화목한 가정 유지 등과 같은 지도자 스스로의 실천, 즉 효행孝行이 선행되어야 한다. 여기에서 출발한 지도자는 국민들로부터 공감과 지지를 얻음으로써 정치적 힘을 키우고 사회 및 국가 전반에 걸쳐 효 문화와 효행의 기풍을 조성할 수 있기 때문이다.

이 책에서는 국가 최고지도자로서 효를 강조하고 국가 차원에서 적극 실천하는 시진핑의 효 사상, 그리고 이와 직접적으로 관련된 리더십을 다룰 것이다. 책의 저술을 통해 얻고자 하는 것은

---

9) 相江宇,『習近平班底』, 박영인 역,『시진핑과 조력자들』(서울: 도서출판 린, 2012), 61.

다음 몇 가지로 정리가 될 수 있다.

첫째, 시진핑의 효 사상이 생성된 성장 배경을 살핌으로써 가정 환경과 부모의 교육이 자녀로 하여금 효를 이해, 실천하는 데 있어서 얼마나 중요한지 확인코자 한다. 이는 미래인재 육성을 위한 효 교육 분야에서 충분히 참고할 만한 사례가 될 것이다.

둘째, 시진핑이 공인으로서 경력을 쌓는 과정에서 어떤 요인에 의해 효를 내재화했고 어떤 계기로 효를 정책화했는지 파악하고자 한다. 이는 효가 개인 차원을 넘어 사회, 국가 차원에서 다룰 공적 개념이자 정신적 자원으로 활용될 수 있는지를 모색하는 데 있어 매우 중요한 과정이다.

셋째, 시진핑은 효 색채가 두드러지는 지도자인 만큼 그의 효 사상이 리더십에 녹아든 내용을 인지하는 데 있다. 이는 다양한 리더십 가운데 효 기반의 리더십, 즉 '효도 리더십'이라는 새로운 개념을 정립하고 발전시키려는 시도에서 매우 긴요한 작업이다. 효는 과거의 가치관이었지만 미래사회에서도 충분히 역할을 수행할 수 있고 새로운 러더십의 요소로서 검토가 가능함을 입증코자 한다.

넷째, 시진핑의 강성 대외정책으로 인해 한국과 중국 사이에 긴장과 갈등이 조성된 가운데 상호 교류와 협력에서 화이부동和而不

同과 구동존이求同存異[10)]가 가능한 분야로서 효를 활용할 수 있는지 타진코자 한다. 이를 통하여 양국이 효 가치의 공감, 공유의 계기를 마련할 수 있을지 모색하기 위해서이다.

---

10) '화이부동'이란, 사람들은 이데올로기, 생활방식, 가치관, 도덕관 등이 다르거나 정반대가 되었음에도 불구하고 평화적으로 공존하고 교류와 협력을 이룰 수 있는 것을 말한다. 과거로부터 전해 내려온 철학적 관념이고 생존지혜였으며, 오늘날 우리가 개인, 단체, 지역, 민족, 국가 간의 관계를 처리하는 데에 중요한 의미가 있다. '구동존이' 원칙의 형성은 '화이부동' 사상을 실천에 적용한 결과다. 자기주장을 포기하거나 생각 없이 따르게 하는 것이 아니라, 힘 간의 조화와 공존을 통해 협력을 이루고 목표를 달성토록 하는 것이다. 진국경, 진한량, 심도, "소통·대화와 조화-변증법으로 본 화이부동과 구동존이", 『통일인문학논총』 53집(건국대학교 인문학연구원, 2012.5), 254-258.

2장

시진핑의 효도 사상과 리더십에 대한 접근 방법

　이 책은 중국 최고지도자 시진핑의 효 사상과 리더십이 과연 무엇인지에 대하여 호기심을 갖고 실체에 접근하려는 목적에서 시작되었다. 따라서 책의 내용 전개 과정에서 다음과 같은 몇 가지 접근 방법을 사용하였다.

　첫째, 문헌연구법document study이다. 효 자체는 이론보다 실천을 중시하는 가치관이자 덕목이지만 핵심이 되는 근거는 국내외 각종 문헌에 나타난 개념 및 성인, 선현들의 사유와 행적에 뿌리를 두고 있음을 고려하였다. 구체적으로 『논어』, 『맹자』, 『효경』 등 고전, 성경과 불교 경전 등 관련 기본서의 내용을 살펴보았다. 국내 유일의 효 교육 대학원인 성산효대학원대학교와 한국효학회 등 효학계에서 20년 이상 축적한 연구결과도 주요 자료로 검색되었다.

　또한, 시진핑을 다룬 국내외 전기傳記를 활용하여 삶을 가까이에서 들여다보았다. 데이터베이스 구축이 충실한 중국 《광명일보》光明日報 보도 자료도 검색해 그가 유력 지도자로 부상한 시기

부터 최근까지 효를 주제로 행했던 공식 발언을 살펴볼 수 있었다. 이 과정을 거치면서 그의 효도 사상이 태동, 생성, 체화, 실천된 배경을 파악하였다.

아울러 시진핑의 저서[11]에 담긴 내용은 중요한 분석 자료로 인용되었다. 그의 저서 내용 가운데 효와 관련된 지도자로서의 사유 체계 및 구현 방식은 이 책에서 상당히 중요한 비중을 차지한다. 한편, 효가 반영된 리더십을 연구하는 것인 만큼 관련 분야 논문 및 단행본도 필수 자료로서 검토되었다.

둘째, 효의 현대적 해석이자 실천 개념으로 제시된 '3통 7효'[12]를 분석의 틀로 삼아 시진핑의 효와 리더십을 도출하는 작업을 거친다. 이 과정에서 최성규의 주요 저서[13]는 연구 방향과 방법의 선택, 내용 전개에 있어 의미를 갖는 자료로 검토, 인용되었다.

---

11) 지방 지도자 시절 출간된 『攝脫貧困』(福州: 福建人民出版社, 1992), 『之江新語』(杭州: 浙江人民出版社, 2007)와 국가 지도자 등극 후 출간된 『知之深 愛知切』(石家庄: 河北人民出版社, 2015), 『治國理政』(北京: 外文出版社, 2015, 한국에서는 『시진핑 국정운영을 논하다』 제하로 2015 번역 출간), 『治國理政』第二卷(北京: 外文出版社, 2017) 등이 있다.

12) '3통 7효'는 최성규에 의해 제시된 효의 실천 개념으로서, 종교와 시대, 이념의 초월을 뜻하는 '3통'과 하나님을 아버지로 섬김, 부모·어른·스승공경, 어린이·청소년·제자사랑, 가족사랑, 나라사랑, 자연사랑·환경보호, 이웃사랑·인류봉사 등 7개 항목의 효 대상을 의미하는 '7효'로 구성된다.

13) 최성규의 저서로는 『효신학개론』(2010), 『효 운동하는 목사 최성규의 고집』(2011), 『효와 행복』(2012), 『효실천 210』(2015), 『최성규의 효운동』(2016), 『우리가 꿈꾸는 하모니세상』(2017), 『하모니효 인성교육』(2019)등 다수가 있다.

효 학계에서 주요 인물의 효 사상을 다룬 논문들[14]이 공통적으로 '3통 7효'를 분석의 중요한 기준으로 활용하고 이를 통해서 논리를 전개한 것은 본 연구의 시작과 진행에 있어 영감을 주었다. 특정한 인물의 효도에 대한 가치관과 태도를 분석하는 작업에서 매우 효과적인 개념으로서 차용할 수 있었다.

효에 대한 명확한 기준이 없는 상황에서 '3통 7효'는 성경적 해석을 바탕으로 출발했지만 근본정신과 취지가 종교와 시대, 이념을 초월하는 성격을 가졌다. 따라서 자유민주주의와는 극히 이질적일 수 있는 사회주의 중국 최고지도자의 효 사상을 분석, 평가하는 작업을 진행하는 과정에서 유효한 통로이자 적절한 기준으로서 십분 활용되었다.

셋째, 이 책은 시진핑의 효 사상과 이것이 반영된 지도자로서의 리더십에 접근하는 것이 목표이다. 이를 위해 그의 유소년부터 청년기를 거쳐 공직 입문과 지방지도자 생활, 최고지도자 등극까지 생애를 따라가며 관찰하는 생애사life history연구 방법을 채택하였다.

생애사는 한 개인의 생애를 탐구하는 데 초점을 두고 인터뷰나 문헌 검토로 데이터를 수집, 스토리 혹은 역사적 내용을 분석 대

---

14) 성산효대학원대학교 박사학위 논문 가운데 미국의 한국계 전쟁영웅 김영옥 대령, 대한민국 건국에 기여한 이승만 대통령, 참군인 채명신 장군, 신사임당 등을 다룬 논문은 공히 '3통 7효'를 해당 인물 및 그의 사상 분석에 사용하였다.

상으로 삼는다.[15] 따라서 알고자 하는 핵심 인물이 어떻게 성장, 변화하는지를 심층적이고 세부적으로 관찰할 수 있는 방법이다.

이 책에서는 시진핑의 탄생부터 공산당 총서기, 국가주석 취임과 제2기 임기 개시 이후까지 그가 걸어온 전 과정을 시기별로 구분하고 추적하는 방식을 선택했다. 이를 통해 그의 효 사상과 리더십을 도출하려는 것이다.

생애사연구 출발점은 생애사가 개인과 사회의 상호작용에 의한 구성물이라는 전제이다. 개인은 생애 전全 시간 동안 직면하게 되는 사회의 실제를 자신의 행위를 통해 나름대로 해석하고, 이에 대응함으로써 자신의 삶의 이력, 즉 생애사를 만들어 간다.[16] 이 과정에서 역사적 유산으로서 당사자에게 전해진 선대先代와 사회의 규범은 개인 경험으로 내재화되고 이어 행위로서 발현되어 생애사의 내용이 된다. 따라서 시진핑의 생애사 탐색을 통하여 그에게서 효 사상과 리더십을 도출, 확인할 수 있는 것이다.

본 저자는 먼저 효 사상에 대한 과거와 현재의 다양한 이론을 검토할 것이다. 이후 시진핑의 가정환경과 개인사를 통해 형성되는 효 의식, 공적인 활동 과정에서 이행되는 효 사상의 내재화, 구

---

15) 김경은, 「은퇴한 공직자의 리더십 형성 요인에 대한 생애사 연구: 부산국제영화제 집
     행위원장 김동호의 '진화적 리더십'에 대한 스토리텔링 분석」, 『한국행정학회보』 46
     권 2호(한국행정학회, 2012.6), 394.
16) 이희영, 「사회학 방법론으로서의 생애사 재구성: 행위이론의 관점에서 본 이론적 의
     의와 방법론적 원칙」, 『한국사회학』 36권 3호(한국사회학회, 2005.6), 129.

체화, 정책화를 세부적인 부분까지 짚어보겠다.

이를 바탕으로 그의 효 사상이 어떤 리더십으로 드러나는지 살펴본 다음 평가를 내리는 순으로 진행된다. 따라서 이 책은 다음과 같은 순서로 구성된다.

1부에서는 먼저 왜 효 리더십이 필요한지가 서술된다. 이어 시진핑의 효 사상과 리더십에 대한 접근 방법, 현재까지의 관련 연구는 어떻게 되고 있는지를 살핀다.

2부에서는 효 사상의 과거와 현재 상황, 그리고 미래의 모습을 다루게 된다. 아울러 분석의 틀로서 활용키 위해 '3통과 7효'에 대해 알아보기로 하겠다. 물론 '3통 7효'는 효의 기준으로서 하나의 아이디어일 뿐 절대적 기준도 완결된 틀도 아님을 전제로 한다.

3부의 경우 생애사연구 방식을 사용한다. 이를 통해 시진핑의 삶을 유년기, 청년기, 지방지도자 시절, 최고지도자 등극 시기 등으로 구분하고 효 사상이 어떻게 내재화, 구체화, 정책화의 변모를 보이는지 확인하는 작업이 이뤄진다.

4부는 효 사상이 어떤 리더십으로 구현되는지를 검토하고 이를 '3통 7효'에 대입함으로써 구체성을 파악해본 후 평가하는 부분이다. 또한 효에 기반한 리더십, 즉 '효도 리더십'의 가능성을 모색해본다.

5부의 결론에서는 앞에서 서술된 시진핑의 효 사상과 리더십 내용을 요약, 정리할 것이다. 이를 통해 본 저자가 의도하는 '지도자의 효도 리더십이 갖는 중요성'이 부각될 것이다.

시진핑은 후진타오 집권 시기 유력한 차기 지도자 위치였지만 당내 역학관계 등을 감안, 조심스러운 행보를 취하였다. 그리고 2012년 공산당 총서기, 2013년 국가주석 직책에 선임된 이후에야 자신의 정치적 색채를 드러내고 권력 기반 강화, 전임자와 차별화된 정책 구현 등을 통해 국내외 주목을 받았다.

이러한 현실을 반영하듯 시진핑에 대한 연구 역사가 길지 않은 상황이다. 특히 그를 비롯한 현대 중국 지도자의 효 사상 연구는 관련 학계에서 전무하다시피 한 실정으로, 아직까지도 미개척 분야에 속한다고 할 수 있다.

따라서 그가 가진 효에 대한 인식과 태도, 이것이 정치에서 반영되는 리더십에 대한 연구는 시작에 일정 부분 의미를 두어야 할 것이다. 서울대학교 공과대학 교수들이 연구의 개념으로서 사용한 '축적의 시간'[17]이 어느 정도 필요한 것이다.

다만, 중국 학계에서 2014년 이후 시진핑의 전통문화와 가치관에 대한 관심을 중심으로 연구가 본격화되면서 일부 성과가 나오

---

17) 서울대학교 공과대학 교수들이 2015년 『축적의 시간』 제하 공저를 통해 한국산업의 미래를 위한 방법으로 "현재의 위기를 돌파하고 우리 산업이 한 단계 도약하기 위한 해법은 긴 호흡으로 경험을 쌓아가기 위한 축적의 시간을 어떻게 벌 것인가에 달려 있다."면서 제시한 개념이다. R&D(연구 및 개발)에 있어 결과가 나오려면 시간의 경과와 이에 수반되는 노력이 필요함을 시사한다. 보다 자세한 내용은 서울대학교 공과대학, 『축적의 시간』(서울: 지식노마드, 2015), 10-12 참조.

고 있어[18] 관련 연구의 단서로서 작용한다. 그럼에도 시진핑의 효 사상에 대한 직접적인 연구라고 할 수는 없다.

이런 상황에서 이 책은 시진핑의 효 사상과 이것이 담긴 리더십을 논하는 데 있어 불가피하게 몇 가지 제한점을 갖는다. 그 제한점은 다음 몇 가지로 정리된다.

첫째, 중국에서 효는 근대와 현대를 거치면서 부침이 극심했던 가치관[19]이다. 오늘에 이르러 물질만능주의 팽배, 핵가족 보편화, 가족 관념 변화, 고령화 사회 진입 등에 따른 문제점이 나타나면서 효는 국가와 사회에 의해 호명呼名되었다.

따라서 효 연구 수요가 큰 편이지만 근대 이후 비하와 천대를 면치 못하며 연구의 사각에 위치했었기에 효학孝學은 학문으로서 자리를 잡지 못한 채 윤리학 등 인문학의 일부 영역으로서만 기능

---

18) 왕쩡귀(王征國)가 2014년 11월 『理論學習』에 「習近平三維視覺的傳統文化觀」 제하 논문을 통해 시진핑이 입체적 시각으로 전통문화를 보고 있다는 주장을 제기한 것을 시작으로 리샹하이(李翔海)가 2015년 12월 『中共中央黨校學報』에 「從連續民族文化血脈中開拓前進: 論習近平中國傳統文化觀的時代意義」 제하 논문을 기고하면서 시진핑의 중국전통문화에 대한 인식과 관련된 중국 내 연구가 본격화되었다.

19) "중국 전통문화의 핵심 부분을 차지했던 효 문화는 근대에 들어와서 유교문화와 같이 심한 도전을 받아 많은 부분에서 변화되었다. 그 역사적 계기는 청나라 말기 '서학동점(西學東漸)', 1911년의 '신해혁명', 1919년의 '5.4 신문화운동', 1966-1976년의 '문화대혁명'이다. 이러한 역사적 요인으로 중국의 대표적인 효 사상은 심한 충격을 받고 단절될 뻔했다. 90년대 초부터 경제발전에만 전념하고 정신문화에 소홀하였다는 문제를 의식하자 중국정부는 전통문화를 회복시키고 부흥시키는 작업을 추진하기 시작하였다", 진강려, 「중국 현대가정에서의 효인식 변화」, 『효학연구』 26호(한국효학회, 2017.12), 43-44.

을 했다.[20] 우리 학계에서도 시진핑은 2012년 당 총서기로 선임된 이후 국제 정치와 외교 및 안보 등 제한된 범위에서만 연구 대상이 되었기에 그의 효 사상은 아직 본격적으로 다뤄진 적이 없다.

이러한 현실로 인해 이 책의 주제인 중국 현대 리더의 효와 리더십 관련 연구 성과 및 기반이 확고하지 못함에 따라 해당 자료를 찾기가 용이치 않다. 특히 시진핑의 효는 일화逸話로서 관련 전기에서 일부 다뤄지고 있으나 이를 학문적 차원에서 착안, 접근한 사례가 없다.

이러한 원인으로 인해 이 책은 연구 대상 인물의 효와 리더십에 관한 기존 연구 성과를 충분히 활용키 어려운 상황이다. 또한 논리적 지원도 받지 못한다는 점에서 일정 부분 제한을 받는다.

둘째, 이 책은 정치지도자로서의 시진핑을 다루기에 전기적 성격도 갖고 있다. 그렇지만 서술의 범위는 효 사상 및 이와 연계된 리더십만을 서술하는 것으로 한정시키고자 한다.

14억의 중국을 이끌어가는 당정 1인자로서 정치, 경제, 외교, 안보, 사회, 문화 등을 망라해야 하는 그의 다양한 정책과 이에 수반하는 언행 가운데 효, 효행, 그리고 효를 기반으로 하는 리더십과 무관한 부분은 콘텐츠에서 제외될 것이다. 즉, 효의 관점에서 '시진핑'이라는 인물의 사상, 정책, 리더십을 분석하고 서술하는 것

---

20) 중국윤리학회는 효를 윤리학의 하위 개념으로 인식하고 있으며, 부모의 자애와 자녀의 효를 다루는 공식 사이트로서 '중국자효망(中國慈孝網)'을 운영 중이다.

이 이 책의 범위이다. 때문에 효성을 가진 지도자로서의 모습을 살피게 될 것이다.

다만 리더십의 경우 원래 정치학, 경영학, 군사학 등에서 주로 다루는 주제인 데다 시진핑이 국가주석이자 공산당 총서기로서 정치인 신분이라는 점을 고려할 필요가 있다. 때문에 논리를 전개하는 과정에서 효 및 리더십과 유관한 해당 학문 이외에 노인 문제를 다루는 노인학과 인구학, 사회학, 사회복지학 영역도 일부 살펴볼 것이다.

특정한 인물의 효와 리더십 연구에 관련 학문을 등장시키는 것은 '학제 간 협업'이라는 측면에서 이해할 필요가 있다. 아직은 일천한 역사를 가진 한국 효 학계가 타 학문에서 얻은 연구 성과를 참고하고 그 결과물을 통해 타 학문의 연구에 도움을 줄 수 있다면 본 저자로서는 일정 부분 기대하는 의미를 찾게 될 것이다.

3장

시진핑의 효도 사상과 리더십에 대한 연구 상황

시진핑은 미국과 함께 G2[21]를 구성하는 초강대국 중국의 최고 지도자로서 국가주석직뿐만 아니라 공산당 총서기, 당 군사위원회 주석 등 핵심 직책을 겸임하고 있다. 따라서 학계의 관심은 그의 정치·경제·외교·국방 등 주요 정책과 공산당 관련 분야에 집중되는 상황이다. 그의 사상과 리더십 연구 또한 정치적 측면에서 주로 다뤄지고 해석되는 경우가 많다.

우선, 시진핑 사상에 대한 선행연구는 그의 등장 이후 짧은 시간에도 불구하고 정치학, 경제학, 외교학, 군사학, 중국학 등을 중심으로 성과가 축적된 상황이다. 그럼에도 이 책의 연구와 서술 범위와 일치되지 않는 결과는 검토에서 우선적으로 제외되었다.

다음으로, 시진핑의 리더십을 조망해보는 선행연구의 경우 연구

---

21) G2는 'Group of Two'를 의미하며, 초강대국 미국에 이어 중국이 2000년대 중반부터 급격히 부상하면서 미(美)·중(中) 양국이 세계 경제와 안보의 이슈를 이끌고 영향력을 발휘하게 되는 과정에서 사용된 용어이다.

자들은 주로 집권 후에 보여주는 리더십 성향을 중심으로 분석하는 데 초점을 맞추고 있다. 이는 그를 사회주의 대국의 최고지도자로서 어떻게 권력을 유지, 행사하는지에 관심을 기울이는 이른바 정공법正攻法에 의한 접근이다.

김동하는 아베 일본 총리와 시진핑의 리더십 비교 연구를 통해 시진핑은 거래적, 변혁적, 창의적 리더십을 보여주고 있다고 분석하였다. 이어 "거래적 리더라면 변화보다는 안정을 추구하는 경향이 강하지만 그가 자국의 변화를 추구하는 리더라는 점에서 완전한 거래적 리더는 아니다."[22]라는 결과를 도출하였다.

이애진은 현대 중국 정치지도자 리더십 유형을 분석하면서 후진타오가 온건형, 봉사형 리더십을 갖는 데 비하여 시진핑은 강자형, 전략형, 복합형 리더십의 성격을 드러낸다고 설명하였다. 아울러 정치 명문가 후손이며 풍부한 기층 지도 경험에 바탕을 둔 반부패운동의 지속적이고 효과적 진행으로 인해 그의 강세强勢한 리더십이 주목받고 있다[23]는 평가를 내렸다.

정태인과 쏜페이는 공동으로 시진핑의 정치지배유형을 연구하면서 그가 카리스마적 지배성향을 강하게 보이고 있다는 점에서 마오쩌둥, 덩샤오핑 등 혁명세대 지도자와 유사한 측면을 갖고 있

---

22) 김동하, 「아베 신조와 시진핑의 리더십 연구」, 박사학위논문, 부경대학교, 2017, 109-123, 133-136.

23) 이애진, 「중국 현대 정치 지도자 5인의 리더십 유형에 따른 복식 연구」, 박사학위논문, 단국대학교, 2018, 101-104, 114-119.

음을 지적하였다. 나아가 향후 외부의 비판적 시각에 대한 대비책의 필요성이 있다[24]는 의견을 제시하였다.

박광희는 시진핑 리더십을 다룬 논문에서 공자의 인애仁愛를 뛰어넘을 수 있는 묵자墨子의 겸애兼愛 가치 실행을 제안하였다. 또한 그의 리더십이 평등과 사랑을 추구하는 겸애의 가치를 발현한다면 인접 국가로서 지정학적 영향을 받을 수밖에 없는 우리나라, 동남아시아의 평화는 물론 나아가 국제질서의 안정에도 긍정적으로 작용할 것[25]이라고 주장하였다.

이홍종은 트럼프와 시진핑 리더십 비교를 통해 시진핑의 경우 비록 논어를 자주 인용하지만 "천리 제방도 개미구멍 때문에 무너진다.千里之提, 潰於蟻穴"는 자신의 언사에서 은연중에 표출된 바 있듯이 내면은 순자荀子나 한비자韓非子식의 통제정치로 이미 기운 것 같다고 분석하였다. 나아가 인민이 법에 대해 왈가왈부하는 것조차 금하는 것이 한비자식 법가法家의 기본 인식인데, 시진핑 또한 법치를 내세우며 무자비하게 언론을 탄압하고 있다[26]고 비판하였다.

---

24) 정태인, 쑨페이 「시진핑의 정치리더십에 관한 연구: 막스 베버의 정치지배유형을 중심으로」, 『한국과 국제사회』 1권 2호(한국정치사회연구소, 2017.9), 144.

25) 박광희, 「시진핑 리더십에게 필요한 對주변국 외교觀: 묵자의 겸애」, 『세계지역연구논총』 35권 2호(한국세계지역학회, 2017.6), 215-217.

26) 이홍종, 「도널드 프럼프와 시진핑의 리더십 비교」, 『국제정치연구』 21집 2호(동아시아국제정치학회, 2018.12), 66-67.

이처럼 시진핑의 정치사상과 리더십을 다룬 연구는 일정 성과를 거둔 데 비해 그의 효 사상을 직접 다룬 국내외 연구는 현재 공백 상태라고 해도 무방하다. 그 원인으로는 첫 번째, 효가 우리의 자랑스러운 정신유산이자 전통적 가치관인 만큼 우리 효 학계에서 아직까지는 우리 전통사회의 인물 연구에 초점이 맞춰졌다[27]는 점을 들 수 있다. 두 번째, 당사국인 중국 학계의 경우 시진핑의 정치사상 해석과 분석에 연구가 집중된 가운데 효를 별도로 분리, 리더십과 연계하는 식의 흐름은 아직까지 찾아보기 힘들다는 점이다.

우리 효 학계의 경우 국내 인물의 효에 대한 연구가 성숙 단계에 이르면 연구의 지평 확대 차원에서 외국 인물의 효 연구 사례도 지속적으로 나올 수 있으리라 기대한다. 또한 효 문화와 정서가 강한 아시아권 지도자뿐만 아니라 미주, 구주권 지도자의 효 사상 등 향후 연구 공간은 상당히 넓다고 할 수 있다.

최근 들어 국내외 중국학 분야에서 일부 연구자들은 시진핑이 집권 이후 변화를 보이는 다양한 정책 가운데 효를 포함한 전통적 가치를 매우 중시하며 이를 국정 운영에서 구체적으로 드러내고 있음을 논증하는 추세이다. 따라서 이러한 논증의 결과물은

---

27) 한국효학회 학회지『효학연구』1-29권까지 게재된 논문을 검색해본 결과, 인물에 대한 연구는 총 5편으로서 이 가운데 4편은 율곡 이이, 하곡 정제두, 우암 송시열, 정조대왕 등의 효를 다루었고 나머지 1편은 일본 사상가인 이토 진사이의 효 사상에 관한 것이었다.

본 연구 수행을 위해 필요한 선행연구로서 검토되었다.

방호범은 고전古典을 자주 활용하는 시진핑의 전통·유학에 대한 사고방식을 다루는 논문을 통해 현대 중국 학계에서는 그의 전통·문화에 대한 생각과 관심을 대단히 중시하고 있으며 관련 학습과 연구를 진행하는 상황이라고 분석하였다. 이어 전통문화에 대한 시진핑의 인식 수준이 매우 높다[28]고 평가하였다.

중국학자 천라이陳來는 2013-2016년 간 시진핑의 중요 담화 분석을 통해 "부모에게 효도하고 형에게 공손하며 임금에게 충성을 다하고 친구에게 신의를 지켜야 한다.孝悌忠信", "예절·의리·청렴·부끄러움을 아는 태도禮義廉恥" 등의 내용이 자주 언급되었다고 밝혔다. 또한 이와 같은 그의 언급은 전통적 이념 가치가 오늘의 통치자에 의해 인정, 수용되었음을 의미하는 것[29]이라는 결론을 도출하였다.

중국학자 싱리쥐刑麗菊는 시진핑이 혁명가 출신 부친과 모친으로부터 물려받은 홍색紅色유전자가 공산당에 대한 확고한 믿음으로 자리했고, 7년간 하방의 역경 속에서 이민위본以民爲本 정신을 연마했다고 분석하였다. 특히 시진핑이 "사람과 자연은 공동운명체"임을 주창하는 만큼 지속가능한 발전의 녹색생태관을 가졌다

---

28) 방호범, 「習近平'用典'中的傳統儒學觀探析」, 『퇴계학논총』 29집(퇴계학부산연구원, 2017.6), 257.

29) 천라이, 「시진핑 시대의 중화문화관」, 『성균차이나브리프』 6권 3호(성균관대학교 성균중국연구소, 2018.7), 32.

30)고 평가하였다.

박병석은 시진핑 외교연설 분석을 통해 전임자인 장쩌민이나 후진타오에 비해 중국 고유의 전통적 어휘를 상당히 많이 인용, 활용한다는 점을 현저한 특징으로 꼽았다. 구체적으로 선진先秦시대 이래 제자백가서諸子百家書, 사서四書, 소설, 시, 산문뿐만 아니라 주요 인물들의 발언과 저술 및 민간의 속담을 인용, 활용했다31)고 지적하였다. 이는 시진핑의 사유 체계에서 전통적 가치관이 확고하게 자리하고 있음을 시사하는 것이다.

박윤희는 중국 텔레비전의 공익광고에 나타난 공자의 활용 관련 연구를 통해 중국중앙텔레비전CCTV에서 방송한 우수공익광고 내용 분석 결과로, 시진핑 정부는 과거 대비 '공중도덕'과 '정치정책선전'을 중시했다는 것을 확인하였다. 특히 '공중도덕' 분야에서 주로 다루는 경로사상과 효도, 공공질서 준수, 현대 도덕, 중화전통 미덕 등 세부 주제는 공자의 인仁 사상과 그 맥을 같이한다32)고 평가하였다.

나민구와 박윤희는 중국 텔레비전 광고의 언어 분석을 주제로

30) 성리쥐, 「시진핑 치국(治國理政)의 기존 구상과 핵심이념」, 『성균차이나브리프』 6권 3호(성균관대학교 성균중국연구소, 2018.7), 162-163, 169.

31) 박병석, 「시진핑 국가주석 외교연설 중 중국전통사상 인용의 수사 오류 분석」, 『한국정치학회보』 21집 2호(한국정치학회, 2015.9), 182-183.

32) 박윤희, 「중국 텔레비전 공익광고와 공자의 활용: 시진핑 시대를 중심으로」, 『한국중어중문학회 학술대회자료집』(한국중어중문학회, 2018.4), 84.

한 논문을 통해 시진핑 시대를 살폈다. 이들은 논문에서 시진핑 집권 시기, 공익광고에 등장하는 공자의 가르침 가운데 부모 공경孝敬父母, 부모님과 자주 함께하기多陪父母, 설날은 고향에서回家過年, 자식을 사랑으로 보살피기愛子女, 모녀간의 사랑母女之愛, 모정母情, 부자지간의 사랑父子之愛, 부부간의 사랑夫婦之愛 등이 캠페인에서 구체적인 광고 문안으로 사용되었다[33]는 것을 밝혔다.

위에서 살펴본 것처럼 그동안에 진행되었던 다양한 선행연구 결과는 이 책의 필자가 '시진핑이 효를 인식하고 이를 표출시키는 점'에 착안하고 논리를 전개하는 데 있어 상당히 유가치한 단서이자 유의미한 근거로서 작용하였다.

---

[33] 나민구, 박윤희, "공자사상에 기반을 둔 중국 TV 광고언어 분석-시진핑 시기의 공익광고를 중심으로", 『중국학연구』 82호(중국학연구회, 2017.11), 107-108.

★

2부

효도 사상은 무엇인지
확인해보다

★ ★ ★ ★

1장

효도가 갖는 의미, 그리고 우리의 해석

1절. 전통사회에서 효도가 갖는 의미

효는 부모와 자식 간의 가장 원초적이고 무조건적 사랑이며 생명 존중을 근간으로 하는 가정윤리이자 나아가 이웃과 사회, 나라로까지 이어지는 인륜질서이다. 효의 실천으로 말미암아 윤리적 가치관이 확립되고, 사회의 질서가 바로 잡히며 가족과 단체, 사회 속에서의 상호 간 공경과 자애심이 생겨난다. 때문에 효는 곧 나라를 지탱해가는 원동력이 될 수 있다.[34]

개인주의가 매우 강한 서양에서도 부모에 대한 의무적인 존중과 관심의 성격으로서 'Filial duty', 'Filial piety'라는 용어로 표

---

34) 최성규, 『효가 살아야』(서울: 성산서원, 1998), 11-12.

현[35]되며 가족관계에서 필요한 덕목으로 작용했다. 한국·중국·일본·베트남 같은 유교문화권의 경우 특히 중시되었던 핵심 가치로서 장기간에 걸쳐 사상 체계로 다듬어졌으며 해당 지역 구성원들의 인식세계에 절대적인 영향력을 미쳐왔다.

실제로, 예로부터 동아시아 국가들은 남보다 뛰어난 능력으로 두각을 나타내어 돈을 많이 벌고 높은 지위에 오른 사람이라 할지라도 불효를 저지른다면 훌륭한 사람이라 여기지 않았다. 반대로 사회적으로 성공하지 못했더라도 효심이 깊고, 웃어른을 진심으로 공경할 줄 아는 사람을 훌륭한 사람이라 생각했다.[36]

효의 시원始原을 살펴보면 대상인 노인의 위상 및 역할과 관련이 있다. 상고 시대 유목 사회의 노인들은 생산성과 관련하여 매우 천시를 받았으며 이동과 방어적인 면에서도 위기상황에 대처하는 적절한 행동이 불가능했기 때문에 기피의 대상이 되었다.[37]

그 후 인류가 일정한 지역에 정착하면서 형성된 농경문화는 다수의 노동력을 필요로 하였고 자연스럽게 가장 중심의 가족제도

---

35) 중국 전문가인 美 세인트메리칼리지 헨리 로즈몬트(Henry Rosemont) 교수는 "나는 효를 '자식 된 도리로서의 존경'인 filial piety가 아니라 '가족에 대한 존중'이라는 family reverence로 번역한다."면서 효를 부모에 대한 수동적 순종이 아닌 적극적인 존중으로 해석하고 있다. 상세한 내용은 Michael J. Sandel, Paul D'Ambrosio, ENCOUNTERING CHINA, 김선욱·강명신 등 역, 『마이클 샌델, 중국을 만나다』 (서울: 미래엔, 2018), 290-291 참조.

36) KBS 인사이트아시아 유교제작팀, 『유교 아시아의 힘』(서울: 위즈덤하우스, 2007), 30.

37) 박철호, 『효학의 이론과 실천』(파주: 한국학술정보, 2010), 15.

가 만들어졌다. 점차 시간이 경과하며 혈연을 근간으로 한 씨족 공동체가 구성되었고 이때부터 노인은 축적된 경험과 지식을 통해 집단의 생존과 발전에 절대적으로 기여하는 존재이자 지혜로운 어른으로서 존경과 학습의 대상으로 자리했다. 여기에서부터 구성원 사이에 효 의식이 싹트게 되었고, 효가 집단의 규범으로서 그 기능을 발휘하기 시작하였다.

농업의 특성상 농민은 이동이 거의 없는 정태靜態 사회에서 하늘과 대지에 일신을 의탁하고 한 지역을 벗어나지 못한 채 평생 생활해야 하는 존재였다. 농민들로서는 농업 생산에 투입되는 인력 조달 문제로 인해 가족의 구성과 유지가 그 무엇보다 중요했다.

이 과정에서 효는 가족의 질서를 담보하는 정신적 배경으로 자리하였다. 아울러 자식의 물질적 봉양이 수반되는 효는 노동력을 상실한 부모에게 있어서 노후 복지를 보장받을 수 있는 일종의 '안전장치'로서 여겨졌다.

효는 기본적으로 가부장의 권위를 근간으로 삼아 가족 내에서 이행되는 혈육 간 윤리로 시작되었다. 그 이후 효가 가정을 넘어 사회와 만나고 국가로 이어지면서 점차 국가공동체의 지속성, 통치자의 권위를 담보하는 정치적 수단으로서 선택되기도 하였다.[38]

---

38) "한대(漢代)에 이르러 유가(儒家)의 정치화가 이루어졌는바, 이것의 핵심은 유학의 정치이론을 개선·완성함으로써, 군주에게 권력이 집중된 전제(專制)정치를 위해 봉사토록 하는 것이다. 때문에 통치자들은 효 교육을 제창하였다", 李庚子, 『兩漢的 '孝敎'思想研究』, 博士學位論文, 北京師範大學, 2004, 37-38.

중국 선진先秦시대에 효의 관념을 정립시키는 과정에서 공자의 효 사상을 유교의 중심사상으로 확고히 자리 잡도록 노력했던 맹자는 "요순堯舜의 도리도 효제孝悌일 따름이다."[39]라고 언급함으로써 효를 제왕의 도 차원으로까지 확대시켰다. 아울러 다음과 같이 제왕이 행해야 할 대효大孝를 거론하면서 입신양명의 효를 강조하였다.

　　"효자의 지극한 도리로서는 어버이의 뜻을 높이는 것보다 큰 것이 없고 어버이를 높이는 지극한 도리로서는 천하를 가지고 봉양하는 것보다 큰 것이 없으며 천자의 아버지가 되는 것은 높아지는 것 중의 지극한 것이고 천하를 가지고 봉양하는 것은 봉양하는 것 중의 지극한 것이다."[40]

　　이제 다시 효의 출발점으로 돌아가보도록 하자. 한자漢字에 대한 문자학 측면에서 효는 해석상 두 가지로 압축된다.

　　'효孝'자는 회의會意자로서 첫 번째, 위쪽 '노老' 자와 아래쪽 '자子' 자로 구성되어 노인과 젊은이, 두 세대 사람 간 관계를 나타내고 있다. 위쪽의 노인은 부모로서 아래쪽의 자녀를 생육, 보호하고

---

39)　『孟子』「告子章句下」, "堯舜之道, 孝悌而已矣".
40)　『孟子』「萬章上」, "孝子之至莫大乎尊親, 尊親之莫大乎以天下養, 爲天子父尊之至也, 以天下養養之至也".

아래쪽 젊은이는 자녀로서 부모를 받들어 모시고 있다는 의미이 며 결국 양자는 물질적 측면의 관계이다.

두 번째, 위의 '고考' 자와 아래의 '자子' 자가 합성되었다. 이 글자 는 형상적으로 위쪽 부모는 아래쪽 자녀를 생각하고 마찬가지로 자녀도 부모를 생각하는 것으로서 정신적인 효를 의미한다. 이처 럼 문자상의 의미로만 접근하더라도 효의 근본 취지는 부모와 자 식 간 일방적 복종과 봉양의 관계가 아니라 각자 처한 위치와 입 장에서 상대방을 키우고, 지키며, 생각하는 것이다.

즉, '효'라는 것은 양방향에서 이뤄지는 상호 보완적이며 호혜적 인 관계에서 출발한다. 효의 본질적 의미는 부모와 자식 간 원초 적 사랑, 상호성에 기초한 사랑, 보편성과 이타성에 바탕을 둔 가 치, 의義와의 상관성, 예禮와 충忠의 기초[41]라고 설명되기도 한다. 이는 효가 원초적이면서도 상호성을 가진 보편적 가치이며 이타성 까지 갖췄기 때문에 사회적으로는 예로 나타나고, 국가적으로는 충의 의미로까지 확장될 수 있다는 것을 의미한다.

현대사회 기업 경영에서 '효자 상품', '효자 아이템' 등의 용어가 빈번히 사용된다. 이 경우 '효자'라는 존재는 회사 매출의 상당 부 분을 차지하며 지속적으로 경영에 기여하는 존재로서의 물화物貨 를 가리킨다. 이와 같이 효의 이미지는 현대인들의 의식 속에 '효

---

41) 하만석, 「김영옥 대령의 실천적 효에 관한 연구」, 박사학위논문, 성산효대학원대학 교, 2017, 13-23.

의 대상이 되는 입장에서는 지속적이며 확실하게 안전과 생존을 보장해주는 존재'로 해석되는 경우가 있다.

따라서 현대인들이 일반적으로 의식하고 있는 효는 "부모의 뜻에 무조건 복종하고 따라야 한다."라는 식의 수직적이고 일방성만을 요구하는 효이다. 그러다 보니 사람들로부터 배척당하고 케케묵은 고리타분한 사상으로 치부되고 있다.[42] 그러나 효는 역사를 통해 해석자들의 필요에 의해 변용되었을지언정 처음부터 '자식'이라는 일방의 희생만을 강요했던 가치가 아니었다.

그렇다면 '부모는 자애롭고 자식은 효도한다'는 의미의 부자자효父慈子孝를 기초 개념으로 하는 전통적인 효에 내포된 진정한 의미는 무엇인가? 이를 몇 가지로 정리해보자.

첫째, 효는 부모의 생명 부여와 후원에 대한 감사의 마음이자 행위이다. 부모는 자식에게 생물학적 생명을 물려주고 양육 과정을 통해 자식이 사람으로서 온전히 살 수 있도록 후원한다. 부모는 자식인 나를 현실에 존재케 한 근본 배경이 되는바, 부모가 자식을 잉태하여 낳고 기르는 것은 존재의 근원을 영속시키는 생명창조자로서의 위대함이고 유일무이함이다.[43]

---

42) 박영희, 「난중일기에 나타난 이순신의 효충사상 연구」, 박사학위논문, 성산효대학원
    대학교, 2015, 19.
43) 조정현, 「원불교 효사상의 현대적 이해」, 『효학연구』 22호(한국효학회, 2015.12), 71.

불교 경전 『부모은중경』[44]에는 "나를 낳으실 때 서 말 서 되의 피를 쏟으시고 나를 기르실 때 여덟 섬 너 말의 젖을 먹이셨으니, 그 은혜를 다 갚기 위해서는 부모님을 등에 업고 수미산을 팔만 사천 번 오르내려도 다 갚을 수 없다."라는 가르침이 있다. 이는 그만큼 육체적 고통을 수반한 부모의 출산과 양육에 대해 자식으로서 반드시 보은해야 되는 당위성을 강조하는 것이다.

부모의 은혜를 저버리지 않기 위해서는 당위적인 보은뿐만 아니라 부모 기대에 부응하는 자기적自己的 효가 병행되어야 한다. 자기적 효는 수신修身의 효로서 자기를 알고 부모의 존재를 아는 정체성을 바탕으로 생애 설계에 기초한 자기개발과 입신양명을 통하여 부모의 뜻을 이어가는 계지술사繼志述事의 효이다.[45] 이와 같은 효는 부모의 신뢰에 대한 자녀의 진실한 응답이라고도 할 수 있다.

둘째, 효는 우리가 행하는 모든 덕행德行의 근본이다. 한자의 의미로 살핀다면 덕행의 덕德은 원래 덕悳이며 '곧을 직'直과 '마음 심' 心'자가 합해진 글자이다. 효는 이처럼 올곧은 마음에서 나온 행위인 것이다. 공자는 지금으로부터 2,500년 전에 이미 "효는 덕의 근본이요, 모든 가르침이 그로 말미암아 생겨난다."[46]라고 설파하며

---

44) 『父母恩重經』은 그 정확한 이름이 『佛說父母大恩重經』이다.
45) 김종두, 『효패러다임의 현대적 해석』(서울: 명문당, 2016), 386-387.
46) 『孝經』 「開宗明義章」, "孝德之本也, 教之所由生也."

효와 덕을 서로 연결시킴으로써 도덕의 근본에는 효가 자리하고 있으며, 효가 교육의 출발점이 된다는 것을 명확하게 밝혔다.

자식 입장에서 볼 때 부모는 '생후 최초로 연결되는 관계의 사람'이다. 이후 자녀의 사회화 과정에서 가장 중요한 영향을 미치는 요인은 가정과 부모의 양육환경이다. 특히 부모의 양육환경에서 개인의 기본적인 인성과 성격이 형성되고 이후 대인관계에 영향을 주는 애착이 형성된다.[47] 자식은 보편적으로 부모에 의해 정성과 사랑으로 양육되고, 성장하면서 세상의 도리를 배운다. 이 과정에서 부모의 자애와 자식의 효는 아무런 의도나 계산이 개입되지 않았기에 다른 덕행의 기초로서 손색이 없는 것이다.

삶의 기본 공동체인 자신의 가정에서 자식은 부모에게서 친애하는 본을 배워 남을 사랑할 줄 알게 되며, 부모는 자식에게 자애慈愛라는 근본으로 남을 사랑하게 되는 이른바 능애能愛가 실천된다.[48] 부모에게 효를 다하고 형제간에 우애하는 사람이라면 밖에 나가 윗사람을 공경하지 않는 등 인간관계를 악화시킬 가능성은 낮다. 따라서 가정에서의 효 교육은 대단히 중요한 과정이자 절차로서 필수적인 것이 된다.

셋째, 효는 사랑의 확장성을 가지며 인류애의 근원이다. 효의 출

---

47) 정정애, 이삼여 등, 「효 의식을 매개로 자존감이 변화전략에 미치는 영향」, 『효학연구』 24호(한국효학회, 2016.12), 167.

48) 김태훈, 「효 덕목의 윤리적 의의에 관한 규범적 연구」, 『한국초등도덕교육학회 하계학술발표논문집』(한국초등도덕교육학회, 2012 여름), 243.

발은 가정이라는 사적인 영역이었으나 여기에만 머물지 않고 이타성을 발휘하여 이웃, 사회와 국가, 심지어는 현대적 시각에서도 착안하기 어려운 자연의 영역으로까지 확장된다. 이 때문에 성산효대학원대학교 김시우 석좌교수는 효의 가치와 성격을 논하면서 "생명 사랑의 윤리 혹은 정신"49)이라고 정의하고 있다.

효가 갖는 사랑의 확장성과 인류애로서의 성격과 관련, 공자는 "부모를 사랑하는 사람은 다른 사람을 미워하지 않고 부모를 공경하는 사람은 다른 사람을 업신여기지 않는다."50)라고 언급하였다. 또한 맹자의 경우 "어버이를 친애함으로써 사람들을 사랑하게 되며, 사람들을 사랑함으로써 다시 만물을 애호하게 되는 것이다."51)라고 정리한다. 한편 『예기』에서는 "수목樹木은 때에 맞춰 베고 금수禽獸도 때에 맞춰 죽이지 않으면 효가 아니다."52)라는 서술을 통해서 효와 생명의 관계에 대하여 진단을 내린다.

효는 부모와 자식 사이의 사적인 친밀성에 기반하는 것이므로 공적인 개방성의 인류애와 충돌할 가능성도 있으나 실제로는 양자兩者가 상호 통한다. 양자는 '사랑'이라는 공통의 언어를 갖고 있기 때문이다. 우리가 주변을 둘러보면 자기 부모에게 효를 행하지

---

49) 김시우, 「6효: 자연사랑·환경보호」, 『성산효대학원대학교 법인설립 20주년 학술대회 자료집』(성산효대학원대학교, 2016.12), 132.
50) 『孝經』「天子章」, "愛親者, 不敢惡於人, 敬親者, 不敢慢於人".
51) 『孟子』「梁惠王章句上」, "必由親親推之, 然後及於人民. 又推其餘, 然後及於愛物".
52) 『禮記』「祭義」, "樹木以時伐焉, 禽獸以時殺焉, 不以其時, 非孝也".

않는 사람이 다른 사람을 공경하는 경우는 발견키 어려운 것도
이를 증명한다. 우리가 흔히 듣는 "안에서 새는 바가지 밖에서도
샌다."라는 속담이 이런 경우에 적용될 수 있다.

넷째, 효는 공동체 조화의 길이며 복지적 성격[53]의 덕목이다. 부
모는 자식을 사랑하면서 행복을 느끼고 자식의 본보기로서 역할
을 수행한다. 자식 또한 부모를 통해 사랑의 감정과 행복감을 체
감하며 세상을 바라보고 삶의 질서를 배운다. 양자 간에는 이러
한 과정이 지속적으로 되풀이되면서 상호 신뢰와 관계가 깊어진
다. 가정이 안정되고 평화로운 상태로 유지되려면 다른 요인도 필
요하지만 구성원 각자가 자신의 역할에 충실하고 상대방을 배려
하는 자세가 요구된다. 그 기능을 효가 담당할 수 있는 것이다.

부모와 자식 간 이와 같은 행위를 '내리사랑, 올리효도'[54]라는
표현으로도 정의한다. "윗물이 맑아야 아랫물이 맑다."라는 속담
처럼 부모의 사랑이 선행되고 자식의 효가 이어지는 순환과 소통
의 흐름이 정상적으로 나타난다면 가족 내 조화가 이뤄진다. 조

---

53) "효 복지는 효 사상을 기본으로 하는 넓은 의미의 노인복지를 일컫는다. 효 복지
의 핵심은 효 원리이다. 전통적인 의미에서 효는 부모에 대한 부양과 존경을 의미
한다", 박영숙, 「효 복지 개념의 정립과 그 시사점」, 『효학연구』 19호(한국효학회,
2014.6), 95.

54) "김평일 장로는 부친의 가르침을 본받아 20여 년 전부터 가나안 효도실천연구회
를 이끌어오면서 백행의 근본인 효의 참뜻을 되살리는 것이 시대적 사명이라는 것
을 깨닫고 '내리사랑, 올리효도'를 전국적으로 전개하고 있으며, 그의 형제인 김범일
장로 역시 전국 각지로 다니며 이런 효 사상을 끊임없이 교육해오고 있다", 최성규,
『효가 살아야』, 22.

화의 효가 가정에서 시작해 이웃과 사회 공동체, 국가공동체로 확산되어야만 사회의 안정과 공동체의 평화에 기여할 수 있다.

효가 복지로서의 성격도 갖는 것은 전통사상에서 발견된다. 『예기』에 "효에는 세 가지가 있다. 가장 큰 효는 부모를 공경하는 것이다. 그다음은 부모를 욕되게 하지 않는 것이다. 그다음은 잘 봉양하는 것이다."[55]라는 서술이 있다.

부모를 마음으로 받들고 모시는 효, 잘못된 행동으로 부모 이름에 오점을 남기지 않는 효, 부모가 의식주에 대한 걱정이 없도록 하는 효, 이러한 세 가지가 순차적으로 잘 이루어진다면 자기 집안의 부모, 이웃과 사회의 노인들은 정신과 물질이 동반되는 진정한 효, 참다운 복지를 누리게 된다. 효 가치관과 실천의 선순환이 가져올 결과는 노인이 행복하고 편안한 사회를 만들 수 있는 것이다.

2절. 현대사회에서 효도에 대한 해석

현대사회에서 산업화와 핵가족화가 급속하게 진행되고 성장우선주의, 개인주의가 만연한 것이 현실이다. 따라서 도덕과 윤리, 삶의 의미와 가족의 가치, 인간의 존엄성 등이 평가 절하되고 있다.

---

55) 『禮記』「祭義」, "孝有三, 大孝尊親, 其次不辱, 其下能養".

이와 같은 사회적인 아노미의 와중에서 효에 대한 인식도 과거와는 확연히 달라졌다. 전통적인 효의 정신이 점차 희미해져 가는 현재의 상황하에서 우리 공동체는 땅에 떨어진 인류의 회복을 위해 보편적 가치체계인 효를 재해석, 사회에 적용하고 후대를 교육시키는 과제를 부여받았다.

현대사회를 살고 있는 우리에게 왜 효가 필요한 것일까? 이에 대해 두 가지로 나누어 설명할 수 있다.

첫째, 과거의 절대적 가치와 개념들이 해체되면서 더 이상 사람들에게 절대적 의미를 부여하지 못하고 있다는 점이다. 개인 생활의 존중과 인권 보호라는 측면에서 당당하게 권리를 요구하고 자기의 소견에 옳은 대로 행동하는 상대주의적 윤리의식은 사회의 공동체성을 해치고 사회의 근간을 무너뜨린다는 점에서 우려를 낳는다. 때문에 효가 절대적으로 필요하다.

둘째, 오늘날 고도로 발달된 물질문명이 인간의 모든 문제에 해답을 줄 수 있는 것은 아니며 오히려 악습과 폐해를 불러일으킬 소지가 많다는 점이다. 돈을 비롯한 모든 물질은 가치 중립적이라 할 수 있는데 이것을 누가 사용하느냐에 따라 결과가 천차만별이 되며 인공지능, 유전공학 등을 인간의 삶에 적절하고 필요한 방향으로 이끌어갈 수 있는 길은 오직 인간의 정신에 달려 있다는 점

에서 시대정신으로서 효가 반드시 필요하다.[56]

효와 관련, 한국의 상황이 녹록치 않은 것처럼 이웃 국가 중국 또한 심각한 우려의 수준에 도달하였다.[57] 중국은 개혁개방 이후 고도성장 결과로 인해 경제면에서 급격한 사회변동이 이뤄지고 빈부 격차가 심해지고 있다.

이런 가운데 특히 경제발전의 성과 분배에서 소외된 채 오늘의 삶을 영위하기도 힘든 다수의 젊은 층, 민공民工 계층[58]의 전통적 가치관과 기성사회의 권위 독점에 대한 인식은 결코 호의적이지 않다. 꿈을 찾아 들어온 도시, 그리고 그곳에서 이어지는 생활을 통해 직면하는 취업난과 낮은 수입, 주택난, 결혼과 양육의 환경 미흡 같은 냉혹한 경쟁사회의 현실이 이들을 상시적으로 압박하고 절망에 빠뜨리기 때문이다.

중국 내에서 당국의 감시와 규제에도 불구, 민공의 심리에 대한 연구가 배아胚芽되고 일정한 성과가 거양되는 상황이다. 이런 가운데 현장 노동자 출신으로서 비제도권에서 활동 중인 여성학자

---

56) 최성규, 『효신학개론』(서울: 성산사원, 2010), 32-33.

57) "중국의 가정은 부모학대나 유기, 부모 무시, 언어적 무절제, 공경의 부재, 효행의 미비 등 효도위기를 겪고 있다", 진강려, 「중국 현대가정에서의 효인식 변화」, 49.

58) "민공은 농민공(農民工)을 지칭하는 것으로, 농촌출신 인력이 1980년대 말부터 일자리를 찾아 동부지역 대도시로 몰려들기 시작했으며 낮은 임금과 열악한 노동환경도 마다치 않고 제조업 생산과 도시 건설 분야에서 핵심적 역할을 담당했다", 서석홍·김경환, 「중국 민공황(民工荒)의 쟁점 및 원인과 영향 분석」, 『동북아문화연구』 33호(동북아문화학회, 2012.12), 599.

뤼투呂途[59]의 연구가 주목을 받고 있다.

뤼투는 베이징 지역 노동자의 삶에 대한 심층면담 방식 연구를 통해 도시에 정착하지 못한 이들 군체群體의 심리를 '과객過客심리'[60]라고 정의하였다. 아울러 가족, 학교, 사회의 행태와 왜곡된 효에 대한 비판적 인식을 다음과 같이 시니컬하게 드러낸다.

> "부모는 자녀의 소망과 특기, 관심사를 뒤로한 채 규범에 맞는 인간으로 훈육한다. 그러면서 부드러운 목소리로 '엄마는 아이의 첫 번째 선생님'이라고 말한다. 이 말에 동의는 하지만, 다만 이렇게 덧붙이고 싶다. 가정은 사회가 각종 불평등한 제도와 문화를 공고히 하고 전승하는 데에 조력하는 공간이기도 하다. 학교에서 좋은 아이와 나쁜 아이를 판단하는 유일한 기준이 성적일 때 부모는 아이의 학습 흥미를 이끌어낼 방법을 고민하는 것이 아니라 덩달아 성적으로 아이를 평가한다. 사회에서 좋은 직업과 나쁜 직업을 판단하는 기준이 월급일 때 부모는 아이에게 사회적 책임감을 가르치며 공평하고 평등한 사회를 위해 공헌하라고 알려주는 것이 아니라 자녀에게 물질로 효도할 것을 요구한다. 이 모든 것이 '자격을 갖춘 도구'를 양성코자 하는 현대 자본주의 사회

---

59) 뤼투는 네덜란드에서 발전사회학 전공으로 박사학위를 받고 귀국해 교수가 되었으나, 대학을 떠나 노동 현장에서 중국의 신노동운동에 대한 방향을 모색 중인 현장형 신진 연구자이다.

60) 呂途, 中國新工人: 文化與命運, 정규식 등 역, 『중국 신노동자의 미래』(서울: 나름북스, 2018), 47.

의 요구에 충실하게 부합한다. 이것이 아마도 인류 최초의 소외인 사랑

의 소외일 것이다."[61]

위와 같은 비판에 담긴 불편한 마음의 원인을 살펴보면 '중국의 특색을 가진 사회주의 시장경제'有中國特色的社會主義市場經濟 라는 용어 가운데 마지막의 시장경제 부분에서 발로된 것일 수도 있다. '사회주의'와 '시장경제'라는 가장 이질적인 요소를 하나로 묶은 데서 기인한다는 분석을 가능케 한다.

즉, 자본주의 특성인 시장경제가 중국에 도입된 후 금전만능 현상과 물질숭배 심리가 팽배해진 결과로 인해 가정이 사회의 변화를 뒤쫓기에 급급하고 학교와 부모의 모든 판단 기준에서 성적과 돈이 가장 우선시되는 사회로 바뀌며 효를 물질로 대체하려는 현상까지도 벌어지고 있다. 때문에 뤼투는 인간관계에서 진실한 사랑이 오늘날 중국에서 실종되었다고 평가한다.

현대 중국인들의 가정과 사회, 효에 대한 뤼투의 연구결과와 인식이 대표성을 가진 것은 아니지만 공동체의 문제점과 구성원들의 심리가 무엇인지는 분명하게 알려주고 있다. 즉 가정과 학교, 사회의 역할이 과거와는 상이하고 사람들의 의식 또한 정신보다 물질에 경도傾倒된 연유로 효를 행하고 교육할 수 있는 환경이 대

61)   呂途, 中國新工人: 文化與命運, 223-224.

단히 열악한 상태에 처한 것이 현실이다.

그렇다면 가정과 학교, 사회가 공히 후대를 위해 갖춰야 할 이상적인 모습과는 확연히 다른 상태로 묘사되는 실정에서 현대적 효는 어떠한 효로 자리해야 할 것인가? 전통적 효를 어떻게 해석하고, 생명력을 가진 상태로 우리 생활에서 녹여낼 것인가? 아울러 효의 가치를 어떻게 재인식할 것인가?

효행은 가정 내 주체와 객체 간 상호성, 복합성을 보이는 인간 고유의 도덕적 행위이자 시범성, 유용성을 갖기에 가정에서 사회로 그 실천의 장場이 이전되는 인간 공동체 특유의 확대적 행위이다. 따라서 효는 개인적 성격과 공공적 성격의 양면적 특질을 갖고 있고 이로 인해 개인과 사회가 인과관계로서 상호 연결된다. 사회의 변화에 따른 인간의 행위가 긍정적인 방향으로 나가려면 무게 중심을 잡아주는 가치관이 필요하다.

이것이 바로 효가 새로운 모습으로 재해석되고 개념의 재정립[62]이 필요한 이유이다. 이제 현대적인 효가 지향하는 모습을 그려본다면 다음과 같다.

---

62) "사회 변화에 따라 기존의 효 개념도 재정립해야 할 필요가 있을 것이다. 전통적 효 개념을 기반으로 한 전통적 실천 덕목을 뛰어넘어, 성찰적 실천 덕목, 전일적 실천 덕목으로 효행의 실천 영역을 확장해 나가야 할 것이다. 뿐만 아니라 효행의 실천에 있어서도 개인 차원에서 머무는 것이 국가 및 지자체 차원에서 공공복지 개념으로 접근해야 할 것이다. 따라서 새로운 효의 개념 정립과 사회복지정책 측면에서 효행의 실천은 당연하게 여겨진다", 김두환·박희원·조대흥, 「효 이행 수준 및 효 정책 규모에 대한 조사 연구」, 『인천광역시 효행장려지원센터개원 3주년 기념 및 한국효학회 29회 정기 효학술대회 자료집』(인천광역시효장려지원센터, 한국효학회, 2019.6), 32.

첫째, 오랜 역사를 거치며 인간의 지혜와 고민, 실천, 그리고 시간의 축적에 의해 이루어진 효를 '고루한 과거의 잔재'가 아닌 '고귀한 오늘의 자원'으로 활용하는 자세가 요구된다. 동아시아 지역에서 두드러지게 효를 중시한 것은 효 사상에 담긴 생명 존중과 종족 존속의 생물학적 본능, 인간에 대한 보편적 사랑과 이해가 사회의식 전반에 깔려 있기 때문이다. 특히 한국과 중국에서 효는 전통적으로 매우 익숙한 정신적인 가치로 인식되어 왔다. 효를 스스로 실천하지 못해도 효의 당위성에 대해 부인하는 사람은 없을 정도로 효는 사회를 지탱해온 도덕 규범이라고 할 수 있다.

어떤 학자는 한 걸음 더 나아가 효의 미덕이 인류의 시말始末을 책임지는 가장 소중한 가치로 간주되어야 한다는 논리를 내놓았다. 아울러 부모와 자식 간 무한, 절대, 무조건적인 사랑과 상호 신뢰는 인류 문명의 발달을 견인한 동력이며 동시에 가치혼란에서 비롯된 인류 문명의 붕괴 위기를 극복할 수 있는 핵심가치core value로서 손색이 없다[63]는 평가를 내린다.

이미 우리 사회와 문화에 자리하고 있는 자랑스러운 정신자산을 현대의 눈높이에 맞지 않는 부분이 존재한다는 이유로 외면, 방기放棄하는 것은 전통문화를 형해화形骸化시키는 지혜롭지 못한 자세이다. 현대사회의 불가피한 변화를 현실로 수용하되 효가 굳

---

63) 고요한, 「청소년의 효행교육을 위한 내러티브로서 經書의 분석 -효경과 부모은중경을 중심으로」, 『청소년과 효문화』 16집(한국청소년효문화학회, 2010.11), 229.

건히 자리할 공간을 확보하는 것이 필요하다. 효가 갖는 가치와 현대사회의 물질중심 사고를 대척점에서 관망할 것이 아니라 상호 보완, 융합될 수 있도록 방법을 강구해야 한다.

오늘날 한국 학계에서는 효가 갖는 현대적 가치에 대한 다양한 연구를 진행 중에 있다. 이 가운데 대표적인 연구로는 어떤 것이 있는지 살펴보자.

한국효문화진흥원 김덕균 연구단장은 '왜 다시 효인가?'에 대한 답을 찾는 과정에서 공공성을 전제로 한 공동체의 윤리회복은 이 사회의 절실한 과제라고 강조하였다. 구체적으로 공동체 구성원 사이에 존재하는 공동의 가치와 방향을 지향하는 '사회자본'은 이익이 배타적으로 돌아가는 것을 막고 공유되는 특성을 지닌 것에 주목하였다. 나아가 협력하는 인간, 공존하는 사회를 위한 공공의 윤리로서 효 문화를 '사회자본'으로서 활용한다면 공공의 이익에 크게 기여할 것이라고 전망하였다. 그는 이를 바탕으로 효가 동아시아 각국의 공감 코드로서 상호 소통에 기여할 수 있다[64]는 가능성을 제기하였다.

연세대학교 류석춘 교수 등은 효 규범이 친족 집단 내 조상에 대한 기억과 재현이라는 도덕적 의무감을 공유토록 한다는 데 착안하였다. 즉 선대보다 더 나아져야 한다는 '발전적 압력', 또한 후

---

64) 김덕균, 「동아시아 소통 공감의 인성코드 효문화 탐색-전통적 효개념의 다의성과 그 사회적 적용 가능성 검토」, 『효학연구』 24호(한국효학회, 2016.12), 17.

대로 끊임없이 이어져야 한다는 '계승적 압력', 그리고 이러한 계승과 발전의 노력이 현재의 구성원 모두에게 공유되어야 한다는 '집합적 압력'이 구성원에게 강력한 동기를 부여했다는 것이다. 이러한 동기 부여가 경제적 이익을 추구하는 행위의 세속성을 도덕적으로 합리화시켰고 결국 한국경제의 발전에 기여했다[65]는 논리로서 이는 효의 역할에 대한 새로운 차원의 접근 방식이자 해석이라고 평가할 수 있다.

둘째, 사회발전과 표리表裏관계를 맺으며 확장된 범위에서 사회통합의 기능을 수행하고 자연과 합일까지도 기약할 수 있는 조화의 효[66]가 필요하다. 시공을 초월해 촘촘해진 네트워크 사회에서 각자 영역을 구분한 채 타 영역과 교류나 협력 없이 고립된 채 독단적 행위만 할 수는 없는 것이 현실이다. 여기에서 고려되어야할 것은 사회 공동체 통합이 우선 필요하지만 삶의 형식은 다양한 가치, 다각적인 해석과 이견으로 존재한다는 점이다.

다양한 가치의 우선순위, 동일한 현상에 대한 상이한 해석은 체계 구성원들 사이에 이해의 복잡성으로 나타난다. 따라서 공동체

---

65) 류석춘·왕혜숙, 「사회자본 개념으로 재구성한 한국의 경제발전」, 『사회와 이론』 12호(한국이론사회학회, 2008.5), 128-129.

66) "현대적 효 개념을 정리해보면 '효'란 가정에서 부모와 자녀간의 사랑과 공감을 나누는 상호적 조화를 기초로 형제자매간의 조화, 이웃과의 조화, 사회 및 국가, 자연과의 조화를 추구하는 것이다", 가신현·김정주·박진아, 「현대적 효 개념에 기반한 효문화 교육 내용 개발 연구」, 『한국교육학연구』 24권 3호(안암교육학회, 2018.9), 196.

통합의 문제는 통합하기 위해 취하는 행동의 문제 이전에 먼저 구성원들이 가진 인식의 문제이다.

공동체의 통합은 갈등의 현존을 구성원들이 인식하고 서로의 유사성을 인정하며 상이함을 극복하는 통합이다.[67] 효는 이러한 과정에서 공동체 인식의 범위에 자연스럽게 녹아들고 구성원들의 공감과 합의를 얻어야 할 것이다.

효가 가진 통합의 특성이 무엇인지 살피기 위해 과거로 돌아가 본다면 북송北宋시대 사상가 장재張載의 글에서도 확인해볼 수 있다. 그는 스스로를 경계키 하려는 목적에서 처소 서편 창문에 걸어두었던 「서명」을 통해 천天, 지地, 인人의 합일을 주장한다.

"하늘은 아버지라고 부르며, 땅은 어머니라 부른다. 나는 이 조그마한 몸으로 흔연히 그 가운데 처해 있다. 따라서 온천지에 가득 찬 것은 내 형체가 되었다. 천지를 이끄는 것은 내 본성이 되었으니 백성은 나의 동포이며, 만물은 벗이다. 대군大君은 내 부모의 장자長子이며, 대신大臣은 장자의 집안일을 돌보는 집사이다. 연장자를 존중하는 것은 어른을 어른으로 섬기는 것이며, 외롭고 약한 자를 불쌍하다 여기는 것은 아이를 아이로 대하는 것이다. 성인은 그 덕을 합한 사람이며 현인은 그것이 뛰어난 사람이다. 천하의 여위고 병든 자, 고아, 자식조차 없는 아비, 홀

---

67) 류한근, 「공동체 통합을 위한 성경적 효윤리체계 연구」, 박사학위논문, 성산효대학원 대학교, 2006, 82.

아비와 과부들은 모두가 내 형제들로서 어려움을 당할지라도 하소연할 곳이 없는 자이다. 이에 하늘의 뜻을 보존하는 것은 자식이 부모를 존경하는 것이며, 공경함이요, 즐거워하고 근심하지 않는다고 함은 자식이 부모에게 드리는 지순한 효성으로 인한 것이다.[68]

장재는 인간과 만물 공히 하나에서 출발한 것으로 인식하고 있으며 이는 효의 범위가 하늘과 대지를 아우르는 차원으로서 결국 모든 사람과 만물은 통합되어야 하는 존재임을 시사한다. 「서명」에서 말하는 효는 만물이 모두 자기 생명의 모태인 천지를 공경하는 것이며, 효의 의무가 사회적인 도덕성과 밀접하게 연결되어 있다.[69] 이는 새로운 시각의 사유로서 효가 결코 단독적이고 고립화된 가치가 아니라는 점을 역설하는 것이다.

셋째, 전통사회나 현대사회나 공히 효심의 가치는 하나로 존재하지만 효행은 다양한 모습으로 구현될 필요가 있다. 즉, 부모와 노인 등 대상에 대한 효심은 변치 않고 지키되 효행만큼은 사회와 환경의 변화, 실정에 맞춰 적절하게 재구성되어야 하는 것이다. 효행의 자기 변신이 이뤄져야 영속성을 담보할 수 있다는 차원의 인식이다.

---

68) 『性理大全』 「西銘」, "乾稱父, 坤稱母. 子玆藐焉, 乃混然中處, 故天地之塞, 吾其體, 天地之師, 吾其性, 民吾同胞, 物吾與也. 大君者, 吾父母宗子, 其大臣, 宗子之家相也. 尊高年, 所以長其長, 慈孤弱, 所以幼其幼. 聖其德, 賢其秀也. 凡天下疲癃殘疾惸獨鰥寡, 皆吾兄弟之顚連而無告子也. 于時保之, 子之翼也, 樂且不憂, 純乎孝子也".

69) 최성규, 『효신학개론』, 84.

재구성 과정에서 대단히 중요한 것은 해석의 자세이다. 해석자 자신의 자의적이거나 기계적인 해석이 아니라 공동체의 합의를 전제로 한 객관적이면서도 창의적인 해석을 통해 진정한 의미를 판별해내고 가치를 재인식하려는 노력이 필요하다.

이런 사례로 대표적인 것이 최근 한국사회에서 생긴 부모들의 역귀성逆歸省 현상이다. 자식의 현실을 배려한 부모세대의 양보가 만들어낸 현상으로서 귀향歸鄉을 재해석해 인식의 전환을 이루고 명절 가족상봉의 형식을 자연스럽게 재구성한 것이다. 부모와 자식 간의 관계에서 일방적인 효가 아니라 양방향 차원의 상호 이해와 배려의 새로운 유형이 창출되었다고 할 수 있다.

오늘날 효가 실천되지 않는 것과 관련, "효는 사람이면 누구나 희망하는 최고 진리를 얻는 지름길이고 행복을 얻는 핵심이며 세계평화를 달성하는 출발점이라는 사실을 인식해야 된다."라며 효에 대한 새로운 인식이 선행된 이후 교육 혁신, 부모의 의식과 자세 전환이 이뤄져야 한다[70]는 의견도 제시되고 있다.

이처럼 시대와 상황에 맞는 사고 및 자세가 전제되어야만 효 가치가 우리 사회에서 제대로 구현되는 것이다. 이를 바탕으로 후세들에게 효를 교육하고, 효행을 통해 자신들의 성장과 발전이 가능함을 인식시킬 수가 있는 것이다.

---

70) 이기동, 「효의 근본 의미와 중요성」, 『호남문화연구』 33호(호남문화연구소, 2004.12), 15-17.

2장

효 실천 개념으로서의 '3통 7효'

1절. 등장 배경과 구체적 내용

효는 인류에게 대단히 중요한 가치이다. 종교계에서 유교와 불교는 물론 기독교와 천주교, 이슬람교 등 동서양의 주요 고등종교 공히 효의 중요성과 필요성을 강조하고 있다.

이와 같이 효와 관련된 사상은 우리 인류가 오랜 기간 사회를 이루고 활동을 영위하는 과정에서 사회 발전 촉진과 구성원 모두의 행복한 생활을 구현하기 위해 축적, 응집시켜왔던 찬란한 지혜의 결실이다. 또한 국가와 사회를 유지하고 존속시키는 데 있어 필수적으로 요구되는 고귀한 정신자원으로서 의미를 갖는다.

그러나 한국과 중국 등 경제성장의 신화를 창조했던 국가들의 경우, 역설적으로 물질만능주의와 이기주의가 사회에 팽배하면서 윤리와 도덕의식의 저하, 공동체 지속에 필요한 덕목들의 존재감

상실 현상이 급속하게 나타났다. 해당 국가 국민들의 효 인식에도 큰 폭의 변화가 생겼으며 심지어는 '폐기되어야 할 구시대의 유물'로까지 평가절하[71]되는 것이 오늘날 벌어지는 현실이다.

때문에 예비역 육군준장으로서 현재 국군 장병들을 대상으로 효의 의미와 가치를 전파 중인 김남권 교수는 전통적인 효 사상이 현대사회와 맞지 않는다는 점, 여성에 대해서 희생을 강요한 점, 가부장적 질서를 고수한 점으로 인해 비판받고 있음을 지적하고, 반성의 필요성을 제기하기도 했다.[72]

한편 전통시대의 효가 불평등적인 신분 질서와 가족관계에 기반한 점, 가족윤리와 사회윤리의 통합과정에서 가족주의에 의한 폐단을 적절하게 경계하지 못한 점들로 인하여 비판의 대상이 되어왔다[73]는 지적도 분명히 존재한다.

이처럼 효에 대한 새로운 해석과 이해가 절실했던 상황에서 최성규는 전통적 효와는 구별되는 효, 즉 'HYO'Harmony of Young and Old의 개념을 처음으로 제시하였다. 아울러, "효HYO라는 나무를 심으면 하모니Harmony라는 열매를 맺는다."라는 확신을 가

---

71) "반전통적 입장을 살펴보면, 전통적 효 사상은 부모에 대한 몰아(沒我)적 순종의 윤리로서, 이것은 동양의 가부장적 전제군주 하에서 형성된 봉건 윤리라 규정하고 마땅히 폐기 되어야 할 구시대의 유물이라는 주장이다", 최기섭, 「유교의 효 사상과 그리스도교 신앙」, 『가톨릭신앙과 사상』 34호(신학과 사상학회, 2000.12), 28.

72) 김남권, 「참군인 채명신의 리더십과 효충사상 연구」, 박사학위논문, 성산효대학원대학교, 2017, 23-24.

73) 최성철, 「효사상의 현대적 재조명」, 『범한철학』 56집(범한철학회, 2010.3), 61.

지고 사회를 향해 이른바 '하모니운동'을 제창하였다.

이 운동은 나로부터 효를 알고 효를 실천하여 가족, 나라, 자연, 그리고 인류구원과 인류의 행복을 성취하는 데까지 도달하는 동심원적同心圓的 확장을 이루는 정신운동[74]으로 정의된다. 이러한 정신운동을 통해 하나님과의 화합, 사람과의 화합, 나라 간 화합, 자연과의 화합을 이루는 평화로운 공생이 가능해진다는 것이다.

기독교계에서 효를 연구하는 학자들은 "조화와 화합의 효를 위해 모색된 효HYO는 '성경적 효'에서 출발하였다."라는 해석을 내놓고 '성경적 효'라는 용어는 하나님 아버지의 말씀으로서 성경에 함축된 하나님 아버지 섬김과 부모 공경의 효 정신 및 실천을 총칭하는 은유적 표현이며 인류의 보편적 가치나 고유 전통으로서 효의 보편성을 염두에 두고 선택된 것[75]이라고 주장한다.

최성규는 성경이 효에 대한 기록이라는 데서 출발하여 성경 곳곳에서 언급된 관련 내용을 재해석하고 '3통 7효'의 효 실천 개념을 선보였다. 이 개념을 바탕으로 전통에만 머물던 효는 사변적思辨的인 수준에서 벗어나 실천적인 차원으로 전환될 수 있었다.

우선, '3통'은 '3통의 효'라고 표현하기도 하는데 통교적通敎的, 통시적通時的, 통념적通念的이라는 세 가지 요소로 구성된다. 이 가

---

74) 최성규, 『우리가 꿈꾸는 하모니세상』(인천: 성산서원, 2017), 9.

75) 김시우, 「현대적 효 패러다임의 연구-성경적 효행 원리를 중심으로」, 『효학연구』 7호 (한국효학회, 2008.8), 8.

운데 통교는 종교와 종파를 초월한다는 것을 의미하며 통시는 시대를 초월하여 공간까지도 아우르는 것을 상징한다. 그리고 통념은 이념과 사상을 초월한다는 것을 시사한다.

따라서 '3통'은 효가 모든 것을 관통하는 것임을 담보하는 장치로서 '7효'의 확장성을 약속하는 역할을 한다. 아울러 본 연구가 사회주의 중국 최고지도자 시진핑의 효 사상을 주제로 다룰 수 있게 된 논리적 배경이며 분석의 틀로서 기능을 한다.

통교의 경우, 종교는 자기만의 독특하고 강력한 세계관과 사상 체계를 갖고 있어 다른 종교와의 융합이나 교리 공유가 지극히 어려운 존재지만 효에 대해서는 대화와 인식의 공유가 가능하다. 유교 경전과 성경, 불경, 코란 등에 나오는 효 이야기들, 부모와 자녀 관계나 상호 도리 등 다양한 내용들은 표현 방식과 어구에서만 차이를 보일 뿐 각 종교의 효에 대한 시각과 입장, 가르침은 동질성을 갖는다.

통시는 과거와 현재, 현재와 미래의 만남을 매개한다. 역사 자체는 오늘의 시각으로 해석되는 것이므로 어제의 효 이야기라고 해도 오늘의 가치관에 부합되고 오늘을 사는 사람들을 설득하고 감화시킬 정도의 탄탄한 구조, 합리적 내용, 심오한 교훈이 담겼다면 지켜나가야 할 대상으로서 충분한 가치가 있다. 아울러 오늘의 효 이야기 또한 내일의 시점에서 통할 수 있는 지속성과 생명력을 가진다면 내일을 사는 사람들에 의해 환영받고 수용될 것이다.

통념을 본다면, 이념과 사상이 다른 진영은 서로를 배제하거나 공격하려는 성향을 보인다. 특히 정치적인 이념은 전쟁을 일으키는 직접적 원인이 되기도 하며 상대방을 탄압하는 배경으로도 작용한다. 그럼에도 효는 이념과 사상을 초월해 서로를 이해하고 공감할 수 있을 만큼 매력적인 소재이다. 자유민주주의 국가 한국과 사회주의 국가 중국이 경제 분야의 경우 상호 보완적 관계를 유지하며 점차 심화되는 상황에서도 무역마찰은 종종 발생하고 있다. 특히 정치, 외교와 관련하여 북한 상황 등 안보 문제를 중심으로 수시로 긴장과 갈등이 빚어지는 실정이다.

그럼에도 최성규는 런민대학교人民大學校, 베이징사범대학교北京師範大學校 등 학계 초청으로 방중訪中, 효 관련 강연을 수차례에 걸쳐 성공적으로 진행했다. 이는 상호 이해관계 없이 양국 간 교류할 수 있는 분야 중 하나가 효라는 것을 입증한다.[76] 아울러 중국인들이 효와 가족을 주제로 제작된 한국 드라마에 열광했던 것도 효가 갖는 이념의 초월성이 매우 위력적임을 보여주는 사례이

---

76) "성산효대학원대학교 최성규 총장이 2013년 11월 중국 호북공정대학에서 '3통 7효'를 주제로 강의한 것은 한-중 간 효 관련 교류와 협력의 가능성을 열었다", 정진오, "유교의 본고장서 孝를 말하다"《경인일보》(2013. 11. 27.), 3; 이에 앞서 최성규 총장은 2009년 중국런민대학 및 베이징사범대학에서 '효가 희망이다' 제하 강연을 통해 폭발적인 호응을 얻었던바, 이는 한-중 양국 간 민간외교로서 큰 의미를 갖는다. 보다 상세한 내용은 최성규, 『효 운동하는 목사 최성규의 고집』(서울: 두란노, 2014), 198-199 참조.

다.[77]

'3통'과 짝을 이루는 '7효'는 효를 실천적 관점에서 구분한 것으로 '7행의 효'라고 표현하기도 한다. 그 항목은 하나님을 아버지로 섬김, 부모·어른·스승공경, 어린이·청소년·제자사랑, 가족사랑, 나라사랑, 자연사랑·환경보호, 이웃사랑·인류봉사 등으로 구성되어 있다.

항목별 구분에서 기독교 색채가 강한 것을 인지한 한국효단체총연합회 측은 확장성을 위해 '효비전 선언문'에서는 하나님을 아버지로 섬김 항목을 '경천애인을 실천한다.'로 변용[78]하였다. 이제 '7효' 내용을 항목별로 살펴보도록 하겠다.

'7효'의 첫 번째 항목은 경천애인敬天愛人의 효이다. 기독교인들이 해석하는 성경적 의미로는 인간을 비롯한 만물을 창조한 하나님을 아버지로 섬기는 것이며, 통교적 차원에서는 절대적인 존재에 대한 믿음과 인간에 대한 사랑이다.

즉, 하늘의 이치를 받들고 하늘을 경외하는 마음으로 부모를 비롯한 주변 사람들을 대상으로 이행하는 효이다. 인간으로서 절대적인 존재에 대한 깊은 신뢰, 경외 없이는 순수한 마음이 발로될

---

77) "중국 시장에서 조사된 한국 드라마의 재미 요소는 인지적, 지각적 두 가지 측면에서 논의되기도 한다. 인지적 측면의 재미 요소에는 드라마 속의 유교사상, 가족 간의 화목, 노인 공경, 어린이 사랑, 경제발전, 한국인들의 전통적 생활방식 등이 있다", 박장순, 『한류학개론』(서울: 선, 2017), 17.

78) 변용을 통해 '기독교적 개념'이라는 오해의 장벽이 제거됨으로서 '7효'는 비(非)기독교인들에게도 수용될 수 있는 개방성과 보편성을 확보하였다.

수 없다.

따라서 효는 '부모의 무조건적 은혜에 대한 무조건적 보답'이라는 인간 본성의 순수함에서 비롯된 것이다. 이는 아무런 계산이 깔리지 않고 어떠한 의도성을 포함하지 않는 것이며 온전히 하늘의 뜻에 따르는 행위로 이해된다.

부모와 자식의 관계는 하늘이 맺어준 것으로서 이러한 내용은 『효경』의 "부모와 자식의 도는 하늘의 뜻에 따르는 데 있다."[79]라는 언급, 『성경』의 "부모를 거역하는 것은 성령을 거스르는 것이므로 부모를 공경하고 이웃을 네 몸과 같이 사랑해야 한다."[80]라는 구절에서 나타난다. 또한 불교경전인 『관무수량경』[81]을 살펴보면 "하늘은 자기 집에 있나니, 하늘을 섬기고자 한다면 먼저 부모를 봉양하라."라는 문장에서도 부모공경의 당위성이 확인된다.

두 번째 항목은 부모, 어른, 스승을 공경하며 감사드리는 효이다. 부모공경은 모든 종교에서 공히 강조하는 덕목으로서 사랑과 공경의 마음으로 부모를 대하고 이를 남의 부모, 즉 어른들에게까지 확장시켜나갈 때 효가 제 가치를 발휘한다.

교육과정에서 가르침을 준 스승 공경도 마찬가지 원리로 적용된

---

79) 『孝經』「父母生績章」, "父子之道, 天生也".

80) 『성경』 마 15:4, 22:37.

81) 『觀無壽量經』은 아미타경(阿彌陀經), 무량수경(無量壽經)과 더불어 정토삼부경(淨土三部經)의 하나로서 극락정토를 일심으로 관(觀)하여 무량수불인 아미타부처님께 구원받는 내용으로 구성되어 있다.

다. 부모와 어른, 스승은 나에게 삶의 가치를 전수하고 세상을 살아갈 수 있는 안목과 능력을 키워주는 한편 안전하게 보호해주는 존재이므로 효의 관점에서 본다면 선후와 경중을 따질 수 없는 동일한 위상이라고 할 수 있다.

『성경』에서는 "어른을 부모 대하듯 하며 젊은이를 형제 대하듯 하라."[82]라는 가르침을 주고 있다. 한편, 불교 경전인 『유행경』[83]은 "부모에게 효도하고 스승과 어른에게 공경하며 생활해야 한다."면서 효도와 공경을 강조한다. 또한 『예기』에서는 "사랑함을 세우는데 부모님을 사랑하는 데서부터 하는 것은 백성들에게 화목을 가르치기 위함이다. 교육을 세우는데 어른으로부터 하는 것은 백성들에게 공순함을 가르치기 위함이다."[84]라고 설명하고 있다. 이는 공히 부모와 어른, 스승 공경이 갖는 당위성을 명확히 강조하는 것이다.

세 번째 항목은 어린이, 청소년, 제자를 사랑하는 효이다. 이는 나의 자녀를 사랑하듯 남의 자녀도 사랑하라는 의미이다. 일반적으로 사람은 본능에 따라 자신의 혈육을 가장 우선시한다.

그러나 이 마음을 여기에서 머물지 않고 자신이 낳은 자식처럼

---

82) 『성경』딤 5:1.
83) 『遊行經』은 22권 30경으로 구성된 『長阿含經』경전 중 하나로서 부처님이 각지를 유행하면서 여러 계기를 통해 제자, 불교신도, 이교도들에게 행했던 설법을 담고 있다.
84) 『禮記』「祭義」, "立愛自親始教民睦也, 立敬自長始教民順也".

주변의 어린이와 청소년들에게도 전달하는 한편 제자에게도 적용되어야 '7효'의 의미에 부합되며 수직적 양육의 사랑을 넘어 수평적 존중의 사랑으로 승화된다. 따라서 인간에 대해 사랑을 베풀때 부모와 자식 간의 사랑인 스토르게storge에서 머물지 않고 나아가 어린이와 청소년, 제자 등과 같은 남의 집 사람까지도 모두 이해하고 끌어안는 이타적인 사랑, 즉 아가페agape를 지향해야 한다.

본능적 이기利己의 차원을 넘는 이성적 이타의 당위성은『맹자』의 "자기 집 어른을 공경하여 그 마음이 남의 부모에게까지 미치도록 하고 자기 집 어린이를 사랑하여 그 마음이 다른 어린이를 사랑하는 데까지 미치게 한다. 이렇게 한다면 천하를 쉽게 이끌 수 있다."[85]라는 구절에서 발견된다.『성경』의 "누구든지 어린이를 영접하면 나를 영접함이라."[86]라는 언급, 불교 경전『삼세인과경』[87]의 "부모와 스승과 어른을 공경할 줄 아는 사람이 어린이를 사랑하고 높은 지위에 올라 나라를 위해 이치를 구한다."라는 문구에서도 분명히 확인할 수 있다.

네 번째 항목은 가족, 친척에 대한 효이다. 성경적 해석에 의하

---

85) 『孟子』「梁惠王 章句上」, "老吾老, 以及人之老. 幼吾幼, 以及人之幼, 天下可運於掌".

86) 『성경』 마 18:5.

87) 『三世因果經』은 부처님이 기원정사(祇園精舍) 도량에 모여든 제자들을 향해 자신의 과거생(過去生)으로부터 금생(今生)에 이르기까지 과정을 일목요연하게 설명한 내용을 담은 경전으로서 4권으로 구성되어 있다.

면 가족은 하나님이 주신 인류 최초의 공동체이다. 따라서 이는 하나님이 보시기에 심히 좋은 것이자, 인간의 입장에서는 기쁨의 공동체이다.

가족은 사회를 구성하는 최소 단위이면서 출발점이기도 하다. 이 때문에 가족 기반이 취약한 상태에 처하거나 내외부의 영향에 의해 흔들리고 와해되면 사회와 국가에 직접적인 영향을 미친다. 가족은 사회와 국가 구성의 기본 단위이자 기초이기 때문이다.

그럼에도 가족 중시 경향에 대해서 사회 일각에서는 상당히 부정적 시각과 함께 반대의견이 분명히 존재한다. 그 대표적 사례로서 2014년 12월 개봉한 국내 영화 〈국제시장〉의 흥행과 관련하여 학계와 문화계 일부 인사 사이에서 "국수주의적 가족 이야기"라는 등의 비판적 반응이 나왔다.

일부 학자는 그 이유로 군사부일체君師父一體의 이데올로기를 떠올리게 하기 때문[88]이라는 분석을 내놓았다. 즉, 과거의 가치가 현대에서 이데올로기의 형태로 재현, 활용된다는 시각이다.

그러나 가족 중시에 대한 일부의 부정적 시각과 해석에도 불구하고, 『성경』에서는 분명히 "누구든지 자기 친족 특히 자기 가족을

---

88)   "영화 외적인 이데올로기 논쟁에 휩싸인 이유는 이 영화의 주연 캐릭터인 덕수가 이끌어내는 감동 내지는 눈물의 원천이 유교의 주요 이데올로기라 할 수 있는 가족주의하에서의 가장 내지는 가부장의 역할과 직결되어 있으며, 이러한 가부장적 가족주의는 가장과 국가를 동등한 위치에 놓은 군사부일체(君師父一體)의 이데올로기를 떠올리게끔 하기 때문이다", 류재형, 「국제시장, 가부장적 가족주의의 재현」, 『현대영화연구』, 22권(한양대학교 현대영화연구소, 2015.11), 259.

돌보지 아니하면 믿음을 배반한 자요 불신자보다 더 악한 자이다."[89]라고 명확하게 규정했다. 또 "형제간 화목으로 가족의 조화를 이뤄야 한다."[90]라는 『성경』의 언급은 가족이라는 소중한 가치를 수호하는 근거가 되는 것이다.

인간사회에는 여러 가지 집단이 있거니와 가족은 그 가운데서 가장 기본적인 것이다. 그 이유는 우선 동서와 고금의 모든 국가에 가족이라는 집단이 보편적으로 존재했고 국가를 떠받치는 기초의 구실을 했기 때문이다. 다음으로는 가족을 구성하는 성원들의 인간관계가 다른 어떤 집단보다도 긴밀하다는 사실에 있다.[91]

다섯 번째 항목은 나라와 국민을 사랑하는 효이다. 이러한 효를 구체적으로 확인할 수 있는 것은 국가 구성의 3대 요소인 영토와 주권, 국민을 지키려는 의지와 행동이 실천되는지 여부이다. 또한 국민의 범주에는 '나' 자신도 들어 있는 만큼 성심성의껏 나의 위치에서 소임을 다하는 것 역시 작지만 소중한 일종의 나라사랑 방식이라 할 수 있다.

나와 가족은 나라가 있어야만 온전하게 보호받고 생활할 수 있음을 명확히 인식하는 것이 선행되어야 한다. 아울러 중요한 것은 국민으로서 역사의 방관자가 되는 것이 아니라 역사를 써 내려가

---

89) 『성경』 딤전 5:8.
90) 『성경』 마 5:23-24.
91) 김태길, 『유교적 전통과 현대 한국』(서울: 철학과 현실사, 2001), 120.

려는 주인의식이 필요하다는 것이다. 또한 자신의 권리 향유와 함께 이에 수반되는 책임과 의무에 소홀치 말아야 한다. 나라사랑과 관련하여 최성규는 당위성, 방법을 다음과 같이 구체적으로 풀어내고 있다.

"나라를 사랑한다면 법과 질서를 지켜야 한다. 나에게 주어진 의무와 책임을 다해야 한다. 국민의 4대 의무인 교육, 납세, 국방, 근로의 의무를 성실히 수행해야 한다. 나아가 애국자를 지도자로 선출해야 하고, 내가 바른 지도자가 되어야 하며, 조국의 미래에 밝은 비전을 품은 지도자를 기르는 것도 국민으로서 해야 할 의무이다."[92]

『성경』에서는 "너희는 부모를 공경하고 먼저 그의 나라와 그의 의를 구하라."[93]라고 명령한다. 『여씨춘추』를 보면 "나라를 기만하는 것은 불충이고 부모를 병들게 하는 것은 불효이다. 불충과 불효보다 더 큰 죄악은 없다."[94]라고 기록하고 있다. 과거에 이뤄진 것이지만 이러한 명령이나 기록은 나라사랑의 의미가 무엇인지를 명확히 알려준다.

여섯 번째 항목은 자연을 사랑하고 환경을 보호하는 효이다. 우

---

92) 최성규, 『우리가 꿈꾸는 하모니세상』, 123.
93) 『성경』 출 20:12, 마 6:33.
94) 『呂氏春秋』, "欺君不忠, 病母不孝, 不忠不孝, 有罪莫大".

리가 자연을 사랑하고 환경을 보호하는 이유는 자연과 환경이 우리를 감싸 안고 생존토록 해주는 존재이기 때문이다.

자연은 인간이 마음대로 할 수 있는 소유물이 아닌 인간과 생물체가 의존하는 터전이다. 인간은 자연에서 태어나 생활하다가 생명을 다하면 결국 자연으로 돌아간다. 따라서 '자연의 일부'라고 해도 결코 과언이 아니다.

그러나 현대사회는 욕구 충족을 위해 자연을 약탈적인 태도로 대하고 있으며 지구 곳곳의 생태계가 돌이킬 수 없을 정도로 심각하게 파괴 양상을 보였고 그 결과는 인간에게 부메랑이 되어 돌아온다. 아이러니하게도 태초부터 인간을 품어주고 삶의 기반을 제공했던 자연이 인간의 생존을 심각하게 위협하는 상황에까지 이르는 것이다. 이른바 '자연의 역습'이 시작되었다고 할 수 있다.

특히 개혁개방 이후 "누구라도 먼저 부자가 되자."라는 식의 성장 일변도 정책을 일관되게 펼쳐왔던 중국의 경우, 장기적 차원의 보존보다는 단기적 개발에 따른 이익을 중시했다. 돈만 벌 수 있다면 어디든지 파헤치는 '묻지 마'식의 개발 행태가 주류를 형성하였다. 시간이 흐르면서 정부와 국민의 인식과 태도가 전에 비해 많이 달라지긴 했지만 환경과 관련된 현재의 상황은 다른 국가에 비해 훨씬 더 심각한 상황에 이르게 된 것은 확실하다.

환경문제와 관련, 『성경』에 "생육하고 번성하여 땅에 충만하여라. 땅을 정복하여라. 바다의 고기와 공중의 새와 땅 위의 생물을 보호하여라."[95]라는 언급이 나와 있다. 이 언급이 우리에게 시사하는 것은 자연사랑과 환경보호는 우리의 의지와 노력이 경주되어야 하는 절대적 존재의 엄한 명령이라는 것이다.

생명 중시의 종교인 불교의 『관무수량경』은 "극락세계에 왕성하고자 하면 부모, 어른, 스승을 공경하고 살생을 말아야 한다."라고 강조하였다. 이 역시 생명에 대한 인간의 무자비한 행태가 가져올 악영향을 경계하는 가르침이다. 불교가 갖는 효와 생명에 대한 심오한 철학과 인식 수준이 여실히 드러나는 대목이라 할 수 있다.

일곱 번째 항목은 이웃을 사랑하고 인류에 봉사하는 효이다. 이웃은 내 가족을 둘러싼 외부 환경이며 공동체의 출발점이다. 따라서 이웃사랑의 덕목은 혈연에만 매몰된 내 부모 또는 내 가족 위주의 가족 이기주의에서 벗어나 공동체를 지향하는 열린 태도라 할 수 있다. 공동체 지향의 의지가 제대로 확장, 실천될 수만 있다면 이는 인류봉사로서의 성격을 갖는다.

다만, 가정과 개인적인 차원에서 인류봉사를 고려하는 데는 분명히 한계가 있고 개인이 감당하기에는 거대담론의 성격도 지닌 만큼 국가나 국가 지도자, 국제단체, 종교 등 차원에서 진행될 필요가 있다. 효 가치와 행위가 가정을 벗어나지 못한 채 가족윤리로서만 작동한다면 그 생명력은 극히 제한적일 수밖에 없다.

---

95) 『성경』창 1:28.

국가 차원에서도 효가 나라사랑의 범주를 맴돌다 자국의 이익과 우월성에만 함몰될 경우에 자칫 국수주의로 변질될 가능성이 상존한다. 이처럼 '7효'에서 중시되는 것은 승자독식이 아닌 모두가 승자가 되는 세상의 구현이다. 따라서 효는 분열되고 고통받는 세상을 치유하는 가치로서 인식된다.[96]

효에 대한 다양한 해석 가운데 박애를 강조한 『묵자』의 해석은 효의 지평을 확연히 넓힌 것이었다. 그의 해석에서 "만약 세상 사람들이 서로 사랑한다면 나라와 나라는 서로 공격하지 않을 것이며 집안과 집안은 서로 어지럽히지 않을 것이며 도적이 없어지고 군주와 신하와 아버지와 자녀들이 모두 효성스럽고 자애로울 수 있을 것이다. 이렇게 된다면 천하가 다스려질 것이다."[97]라는 내용은 사랑을 기반으로 한 효의 확장성을 명확히 하고 있다.

이러한 해석은 정치가 결국 인간과 인간의 사랑이 전제되어야만 가능한 것임을 우리에게 알려주는 것이다. 즉 사랑이 배제된 정치는 아무런 의미가 없는 행위로서 사람과 사람 사이에 미움과 폭력의 악순환을 야기할 뿐이다.

---

96) "함께 산다는 것은 서로 돌아봄으로 승자독식의 세상이 아니라 모두가 승자가 되는 세상을 누리며 사는 것이다. 모든 생명이 더불어 함께하는 삶으로써 분열되고 고통받는 세상을 치유하는 것이 효이다", 최성규, 『모두가 꿈꾸는 하모니세상』, 154-155.

97) 『墨子』「兼相愛」, "若使天下兼相愛, 國與國不相功, 家與家不相亂, 盜賊無有, 君臣父子皆能孝慈, 若此則天下治".

2절. 개념으로서의 함의와 가치

'3통'의 구성 요소인 통교와 통시, 통념은 전통적 효가 자신만의 울타리 안에서 안주하며 완고하게 변화를 거부하는 행태를 벗어날 수 있도록 도왔다. 효를 통해서 통교 개념은 종교 간 대화를 가능케 했고, 통시 개념은 과거와 현재의 대화를 주선했으며, 통념의 개념은 사상 간 대화를 촉진시켰다. 우선, 효를 놓고 종교 간 대화가 어떻게 가능했는지 사례를 살펴보도록 하겠다.

조선 후기 일단의 실학자들이 서학西學 연구 과정에서 접한 천주교가 조선에 전도될 때 가장 먼저 봉착한 진입 장벽은 효의 존재였다. 그럼에도 조선 내 천주교 신자들이 박해를 받고 죽임을 당하면서도 신앙을 지켜낼 수 있었던 배경 역시 효였다.

천주교는 중국과 조선 등 유교권 국가 선교 차원에서 효의 논리를 정교하게 다듬었다. 예수회 선교사로서 중국선교의 상징적 인물이었던 마테오 리치Matteo Ricci는 『천주실의』에서 선교 대상자들에게 효의 근거를 비유적으로 설명한다.

"무릇 사람은 세상 안에서 세 아버지를 가지고 있습니다. 첫째는 천주를 말하며, 둘째는 나라의 임금을 말하며, 셋째는 가장家長을 말합니다. 세 아버지의 뜻을 거스르는 자는 불효한 자식이 됩니다. 천하에 도리가 있으면 세 아버지의 뜻은 서로 어긋나지 않습니다. 왜냐하면 낮은 아버지가 자기 자식에게 높은 아버지를 받들어 섬기라고 명령합니다. 이런 방식으로 자식 된 사람이 아버지 한 분에 순명하게 되면 곧 세 아버지 다에게 효도를 한 셈입니다. 천하에 도리가 없으면 세 아버지의 명령은 서로 어긋납니다. 그렇다면 낮은 아버지가 자기 위의 아버지에게 불순하고, 자식을 사유물 취급하여 자신만을 받들게 하고 자기 아버지를 돌보지 않습니다. (중략) 나라의 임금과 제 자신은 서로 임금과 신하가 됩니다. 집안의 가장과 제 자신은 서로 아버지와 자식이 됩니다. 만일 하느님이 '만인의 아버지'인 점에 비견하면, 세상 사람들은 비록 '임금과 신하' '아버지와 아들'이라는 차별이 있지만, 평등하게 모두 형제가 될 뿐입니다. 이러한 인간관계를 명백하게 이해하지 않으면 안 됩니다.[98]

마테오 리치의 설명에 담긴 설득 논리는 첫째, 만민의 아버지인 천주를 믿어야 한다. 둘째, 가장인 아버지와 국가의 아버지인 임금을 결코 버리지 않아도 된다. 셋째, 세 아버지는 순환의 연결고리를 갖는 형제의 관계를 맺는다는 것이다. 이 논리는 천주교 신자로서 아버지, 임금, 천주 가운데 누구에게 효를 행하더라도 그 의미는 동일하다는 점을 명확히 강조하고 있다.

이와 같은 논리의 뒷받침에 따라 조선의 신자들은 자신들을 옭

---

98) Matteo Ricci, 『天主實義』, 송영배 외 역, 『천주실의』(서울: 서울대학교출판부, 1998), 411-412.

아꼈던 무군무부無君無父, 임금과 부모를 부정의 죄목에 대응하여 대군대부大君大父나 대충대효大忠大孝 개념으로 저항하였다. 아울러 자신들의 유교문화에서 체화된 효 정신을 십분 견지하면서도 첫 번째 아버지라고 할 수 있는 천주를 주저 없이 섬기게 된다. 중국과 조선에서는 이처럼 효가 극히 이질적이며 접점이 없었던 천주교와 유교의 극적인 만남을 주선한 매개체 역할을 한 것이다.

시대의 흐름에 따라 효에 대한 인식과 이해에도 많은 변화가 있었다. 중국의 상황을 예로 든다면, 효는 한대漢代에 역대 황제들의 통치 이념, 즉 국가운영의 핵심 논리로서 위상을 차지하였다. 이 때문에 효치孝治의 개념이 등장하였고 효 가치관은 집권층의 필수 덕목이었다. 이처럼 중국 전통사회에서 효는 충과 더불어 장기간에 걸쳐 국가를 지탱하는 사상 체계로서 역할을 인정받았다.[99]

그러나 효를 비롯한 유가의 전통적 가치는 근대에 이르러 신문화운동의 기수이자 공산당 초대서기였던 천두슈陳獨秀 등에 의해 철저하게 배척되었다. 때문에 급진 성향의 청년층, 지식인들은 5.4운동 당시 과학과 민주의 기치를 내걸며 '공자문화 타도'打倒孔子店

---

99) "중국의 역대 황제들은 『효경』 학습에 중점을 두었다. 효는 정치적으로 이용가치가 높았기 때문이다. 전국(戰國)시기 말엽에 진(秦)이 중국을 처음으로 통일하여 통치하였지만, 통일국가로서 제대로 운영되고 유지되었던 것은 한대(漢代)에 이르러서이다. 변화된 장(場)의 요구인 국가의 유지와 체계를 잡기 위한 가치가 필요했고, 이는 효의 의미가 충(忠)으로 확장되어, 가정과 국가, 아버지와 아들의 관계를 임금과 신하의 관계로 밀착시켜, 국가 기강을 다지려 하는 데 이용되었다. 즉, 효로서 천하를 다스리는 국가 정치철학에 반영되었다", 김덕삼, 「場의 변화에 따른 孝의 역할 고찰」, 『유교사상문화연구』 50집(한국유교학회, 2013.6), 164-165.

를 외쳤다. 신新중국 성립 이후에는 공산당 주도 세력이 공자를 반동의 표상으로 몰았고 혁명의 타도대상으로 삼았다.[100]

1970년대 말 개혁개방으로 인한 경제성장과 물질적 풍요로움의 후유증으로 인해 도덕의 위기 같은 다양한 문제가 발생하고 고령화 사회 진입에 따른 노인 문제가 국가 현안으로 다가왔다. 이때 효의 가치는 집정자들에 의해 주목받았고 국가운영에서 활용 가능한 소재로서 등장한다. 이는 효가 시대 상황에 따라서 백해무익百害無益한 가치관으로 치부되거나 공격받기도 하지만 필요할 경우 다시금 찾을 수밖에 없는 존재임을 시사한다.

아울러 집권자나 해석자의 수요와 태도가 어떠한지에 의해 부침의 과정을 겪더라도 결국에는 사회의 핵심적인 가치로서 수용되는 통시의 특성을 갖는다는 것을 여실히 증명한다. 즉, 중국에서 효는 우여곡절을 겪더라도 국가와 사회가 반드시 찾게 되는 가치인 것이다.

통념과 관련하여 효의 가치는 사상과 이념을 초월하는 속성을 지녔기에 절대군주제나 독재체제, 자유민주주의, 사회주의의 구분

---

100) "중국은 19세기 중엽에 터져 나온 제1차 아편전쟁 이후 개혁개방이 시작되는 20세기 후반까지 무려 100년 넘게 아편전쟁의 충격에서 벗어나지 못했다고 해도 과언이 아니다. '태평천국의 난' 이후 문화대혁명의 시기에 이르기까지 100년 넘게 공자 및 유가사상을 반동의 표상으로 몰아간 게 그 증거이다. 이는 청일전쟁의 패배와 의화단사건 등에 따른 굴욕적인 조약 체결 이후 반식민지로 전락한 책임을 모두 공자에게 떠넘기는 결과이기도 하다", 신동윤, 「중국의 근대화 방략과 체용(體用) 논쟁」, 『문화와 정치』 5권 제1호(한양대학교 평화연구소, 2018.3), 76.

없이 대다수 국가에서 강조되고 있다. 북한 체제에서도 김일성에서부터 김정일, 그리고 김정은까지 3대를 거치면서 일인독재를 공고화하기 위한 정치적 목적이 두드러지게 개입되어 있지만 효는 당과 국가 운영에서 중요한 가치로서 위상을 확보했다.[101]

한편, 2013년 3월 취임 후 체제 및 이념의 장벽을 넘어 중국 접근 정책을 꾸준히 추진해온 프란치스코Francicus 교황제266대, 1936-의 노인에 대한 인식과 자세는 종교의 입장을 떠나 주목할 필요가 있다. 그가 2015년 3월 4일 성 베드로광장 개최 '수요 평신도 알현' 시 행한 발언은 사상과 이념의 구분 없이 모두가 지향해야 할 현대사회의 효를 다음과 같이 구체적으로 제시한다.

"노인을 저버리는 사회는 죽음 바이러스에 감염된 것과 같다. 수명이 늘어나면서 노인들의 숫자도 증가하고 있다. 하지만 우리 사회는 노인을 배려하고 그들의 품위를 지켜주기 위한 자리를 충분히 준비하지 못하고 있다. 노인의 지혜와 지식을 존중할 줄 알면 그 사회는 앞으로 나아갈 것이지만, 노인을 골칫거리로 여겨 이들을 버리는 사회는 죽음이 지배하는 것이나 마찬가지이다."[102]

---

101) 북한의 사회주의 체제 안에서 유교라는 이름은 청산해야 할 봉건종교이지만 유교의 내용 가운데 '충'과 '효'의 도덕적 가치들은 계승되어야 할 전통적 윤리로서 '사회주의례의도덕'으로 이용되었다. 상세한 내용은 김윤정, 「북한의 권력세습과 유교의 성군(聖君)신화」, 『통일인문학』 70집(건국대학교 인문학연구원, 2017.6), 315 참조.

102) 박수정, "노인 존중 않는 사회, 젊은이 미래도 없다", 《가톨릭평화신문》(2015. 3. 15).

교황의 발언에는 어떤 체제이건 점차 증가하는 노인 인구의 절대적 수치를 직시해야 하는 당위성 앞에서 노인의 존재를 외면하고 가치를 인정치 않는다면 그 사회는 활력을 잃은 죽음의 사회가 될 것이라는 강력한 경고가 담겨 있다. '죽음 바이러스'라는 표현은 확산성에 대한 우려의 입장으로 이해할 수 있다. 감염 상태의 사회를 치유하고 확산을 막기 위한 세계 공동체의 노력이 요구되는 부분이다.

'7효'는 『성경』 곳곳에서 나타나는 효의 의미와 당위성에서 관찰, 도출된 가치이다. 효를 어떻게 실천할 것인지에 대한 구체적인 방법론으로서 제시되며 효의 영역을 가정에서 사회와 국가, 세계로 대폭 확장시켰다.

아울러 효의 대상을 부모에서 어른, 스승, 어린이, 청소년, 제자, 자연과 환경으로 넓혔다. 여기에 더해 '3통'의 장치를 통해서 종교와 시대, 이념까지도 모두 포용함으로써 효학을 연구하고 적용할 수 있는 공간을 무한대 수준으로까지 넓혔다.

그러나 이와 같은 '7효'의 등장이 효의 패러다임 전환에 크게 기여했음에도 불구하고 학계 일각에서는 효를 『성경』이라는 틀 속에 인위적으로 구조화하였으며, 그 범위를 지나치게 확대하고 있고, 종교에 치중되어 있다[103]고 지적하기도 한다. 효의 가치를 특정 종

---

103) 유명덕, 「이승만의 효 사상에 관한 연구」, 박사학위논문, 성산효대학원대학교, 2014, 35.

교가 독점하거나 자의적으로 해석하는 것에 대한 경계일 수 있으며 이는 충분한 타당성을 갖는다.

이와 같은 지적에 대해 기독교 입장에서 효를 연구하는 학자들의 경우 '7효'가 재차 직면할 수도 있는 비판에 대비키 위해 반드시 필요한 건설적 이견異見으로 인식, 수용할 필요성이 존재한다. 자기 검열 차원에서 논리와 체계 등을 점검, 보완하는 과정을 거친다면 이견은 좋은 참고가 되기 때문이다. 저자는 외부인이지만 향후 관련 연구를 기대하고 있다.

효 실천의 새로운 방식이자 접근인 만큼 '7효'에 대해 냉소적이며 부정적인 반응과 평가가 존재하는 것도 분명한 사실이다. 그럼에도 그간 한국 효 학계에서 확인되고 입증된 '7효'의 긍정적인 기능과 가치를 종합, 정리해보면 다음과 같다.

첫째, 과거의 제한적이며 소극적이었던 효를 입체적이고 적극적인 효로 전환시킨 점이다. 전통사회에서의 효는 부모와 자식 사이의 관계만을 중시하고 이를 바탕으로 하여 군주에 대한 충으로 이어지는 수준의 제한적이며 소극적인 성격을 보였다.

이에 비해 '7효'는 '하나님'이라는 절대적인 존재와 인간 사이의 영역 모두를 효의 대상으로 인식, 실천할 수 있도록 입체적인 공간을 마련하였다. 광각廣角의 해석 덕분에 효는 새로운 생명력을 얻었고 보다 적극적으로 사회와 밀접하게 연결되었다. 효는 실제로 봉사, 코칭, 인성교육, 리더십 등 다양한 분야와 접목되고 응용이 가능한 가치로서 전파, 인식되는 상황이다.

둘째, 효가 갖는 근본적 가치에 대한 사회인식의 변화를 이끌었다는 점이다. 전통적 효는 부모와 자식 간에 형성되는 감정과 자세, 즉 애정, 자애, 보은, 순종, 공경 등에 방점이 찍힌다.

그러나 '7효'에서의 효는 승화된 가치로 변모하며 능동적 측은지심, 사회적 약자 배려, 생태 인식과 생명 존중, 정의로운 인간애 같은 인류가 추구하는 보편타당성에 방점을 찍는다. 때문에 효의 가치는 '갇혀 있는 가족 윤리'에서 탈피해 '열려 있는 사회 윤리'로 거듭나는 발전의 가능성을 담보하였다. 그리고 효에 대한 해석과 응용에서의 다양성을 확보할 수 있었다.

셋째, 효는 현대인으로 하여금 시대와 정신문명의 변화에 맞춰 적절히 대처할 수 있도록 돕는다는 점이다. 현대사회에서 과학과 기술의 발달로 인공지능의 인간 대체 연구가 성숙화 단계에 접어들 정도로 급속한 변화가 상시적으로 일어나는 가운데 공동체 구성원의 가치관, 의식 형태도 과거와는 판이한 양상을 보인다.

때문에 전통적 효 가치만으로는 구성원들에게 쉽게 다가서고 설득하기 어려운 것이 현실이다. 다행히도 '7효'의 효는 휴머니즘의 재발견, 환경 인식의 변화 등 현대사회의 패러다임 전환에 유연하게 대응할 수 있는 체계이자 인간관계에서 나타나는 다양한 문제 해결의 대안으로 검토될 수 있다.

넷째, 효를 연구하고 측정하는 데 있어 객관적 도구로서 상당히 유용하다는 점이다. '7효'는 '효 비전 선언문' 발표[104]를 출발점으로 잡아도 상당 기간의 관련 연구 결과 축적이 진행되었고 어느 정도 체계를 잡았기 때문에 효 연구에 있어 객관적인 분석의 틀을 제공한다.

'7효'는 효 관련 정책 수립과 개발, 사전 조사, 효 문화 진흥 방안 모색, 효행의 정도 측정 과정에서 일정한 기준이 되며 효행과 관련된 인물 탐구에 있어서도 논리의 객관성을 확보해준다. 아울러 연구 범위 설정을 위한 구상과 서술 전개를 돕는 틀로서 역할을 충분히 수행할 수 있다.

---

104) 한국효운동단체총연합회는 2007년 7월 24일 새로운 패러다임의 효 실천을 대내외에 천명하는 차원에서 '효는 희망이다. 효가 살면 모두가 산다.' 제하 선언문을 발표했다.

3부

시진핑의 경력과 효도 사상을 조망해보다

시진핑은 신중국을 건국한 마오쩌둥, 개혁개방을 통해 잠자던 중국을 깨우고 변모시킨 덩샤오핑, 기술관료 출신인 장쩌민과 후진타오에 이어 국가 최고지도자에 이른 인물이다. 그는 지방 당정黨政 관료에서 출발하여 중앙 정계를 거치지 않고도 국가 최고지도자 시대를 열었다는 특이점을 갖고 있다.

　신중국 성립 이후의 세대인 그는 전임 지도자들보다 훨씬 더 유리한 조건에서 정치에 입문했다. 공산당과 국무원 고위인사였던 부친의 영향력 덕분에 관료 생활을 순탄하게 시작할 수 있었고 공직자로서 입직한 이후 대부분 시간을 지방에서만 보냈던 경력임에도 불구, 정치적 배경을 바탕으로 중앙 정계에 순조롭게 진입했으며 단기간 내에 최고의 자리에 올랐다.

　그는 당정 선전 관련 기관 및 참모들에 의해 정밀하게 설계된 선전[105] 방식을 통해 전임 지도자들이 꺼리던 부모 이야기 등 가족사를 스스럼없이 얘기하고 언론을 적절히 활용하였다. 그리고 이

---

[105]　"선전(propaganda)은 사람들을 특정한 방식으로 생각하고 행동하게 만들어 모종의 목적을 이루기 위해 고안된 개념을 전파하는 것이다. 선전은 무의식적 행위일 수도 있지만, 대부분은 특정 목적에 맞는 설득의 기술을 구사하기 위한 의식적이고 의도적인 행위이다", David Welch, Propaganda: Power and Persuasion, 이종현 역, 『프러파간다 파워』,(서울: 공존, 2006), 12.

를 통해 효자로서 자신의 이미지를 구축하였다.

이는 전임 지도자들과 확연히 다른 국정 운영 방식으로서, 본 연구의 출발점이 된다. 가족과 개인사 등을 스토리텔링으로 담아내고 이를 리더십으로 연결하는 그의 모습은 중국 현대 정치사에서 쉽게 찾아보기 어려운 독특성과 차별성을 갖고 있다.

따라서, 본 저자는 '중국 국가주석 겸 공산당 총서기, 당 군사위원회 주석 시진핑은 스스로가 효성이 대단히 지극하고 효행을 높이 평가하는 인물로서 이를 국정 운영에서 충분히 구현하는 정치 지도자'라는 가설을 설정하였다. 이를 서술의 기반으로 삼아 그의 출생과 가정환경, 그리고 소년 시기와 청년기, 공직 입문과 그 후의 행보 등 인생 전반을 짚어볼 것이다. 이 과정에서 어떻게 효 의식이 태동, 내재화되었고 구체화 과정을 거쳤는지를 살펴보고 최고지도자 등극 이후에는 그의 효 의식과 행태가 어떻게 사상으로서 정립되었고 이것이 정책으로 구체화되면서 실천으로 이어졌는지 검토해보겠다.

1장

효도 사상의 태동과 내재화 단계

1절. 유소년기, 부친의 교육과 교훈

시진핑의 부친은 중국공산당 1세대 원로인 시중쉰習仲勛으로, 오늘날 시진핑을 있게 만든 원초적 배경이자 최고의 정치적 자산이다.[106] 시중쉰은 1913년 10월 산시성陝西省 농민가정에서 장남으로 태어났다. 조숙했던 그는 이미 13세에 공산주의청년단에 가입했다. 그리고 산시성 제3사범학교 재학 당시 애국학생운동에 가담했다가 체포된 후 옥중에서 공산당에 입당한다.

시중쉰은 1930년 고향을 떠나 농민폭동 기획자로서 활동했으며

---

106) 시진핑은 태어나서 9세까지는 좋은 환경 속에 생활하면서 수많은 혜택을 받았다. 1962년 부친이 반당문제로 입건되어 심사를 받기 시작한 뒤 칭화대학에 입학한 1975년까지 대략 13년 동안 와신상담의 시간을 보냈다. 1978년 시중쉰이 활동을 재개해 광둥성 당서기를 맡은 후 사망한 2002년까지 24년 동안 그는 부친의 후광 속에서 성장할 수 있었다. 상세한 내용은 김기수, 『후진타오의 이노베이터 시진핑 리더십』(서울: 석탑, 2012), 106 참조.

국공國共내전 참가 등 서북지방에서 군 경력을 쌓았다. 이어 1949년 신중국 성립 이후 이 지역 5개 성省의 당정군黨政軍 최고 책임자로서 활동하며 위상을 굳힌다.

시중쉰은 1950년대 초반, 변방의 실력자들을 데려와 류샤오치劉少奇 등 당내 경쟁자를 견제하고 자신의 권력 기반을 공고히 하려는 마오쩌둥毛澤東의 의도에 따라 베이징으로 불려와 공산당 선전부에서 일하게 된다. 1953년 6월 장남 시진핑이 태어났을 때는 선전부장 직책을 맡고 있었으며 그 후 저우언라이周恩來 총리로부터 신임을 받아 국무원 비서장과 부총리직까지 오른다.

때문에 시진핑은 어려서부터 최고위급 인사들의 집무실이 소재한 중난하이中南海를 놀이터로 삼아 무시로 드나들면서 저우언라이 부부를 할아버지, 할머니라고 부르고 사랑을 받는 특혜를 누렸다. 철부지 시절부터 정권의 핵심인사들을 스스럼없이 대하게 된 것이다.

시진핑 위로는 누나가 두 명이고 아래로는 남동생이 한 명 있다. 누나들은 고관 딸로 사는 것이 사람들 눈에 띄면 불편할 수 있다는 부친 뜻을 좇아 어머니 치신齊心의 성인 치 씨로 바꾸고 학교도 남동생들과는 다른 곳을 택한다.

특히 큰누나 치차오차오齊橋橋는 1993년 부친이 정계를 은퇴한 이후 칩거에 들어가자 무장경찰사령부 간부직을 사직하고 부모 곁으로 돌아와 노인성 치매를 앓던 부친 사망 시까지 10년 넘게 지극정성으로 간병했다. 이 때문에 장기간 지방 근무로 인해 부모를 제대로 모시지 못했던 장남 시진핑으로서는 효심이 깊은 누나에 대해 부채의식과 함께 존경심을 갖고 있다.

그러나 2016년 4월 사상 최대의 역외 탈세 폭로 자료인 '파나마 페이퍼스' 보도[107]로 인해 시진핑 큰누나와 매형 덩자구이鄧家貴 일가가 조세 회피처인 버진 아일랜드에 페이퍼 컴퍼니를 설립, 자금을 세탁하거나 숨겨 놓은 의혹이 제기되었다. 이 때문에 중국 정부가 관련 보도와 정보를 검열, 삭제했으나 서방 언론 폭로가 이어지며 당과 지도부에 대한 중국 국민들의 냉소가 깊어졌다.[108] 큰누나 부부의 행태로 인해 부패청산과 청렴성을 강조하던 남동생으로서는 곤혹스러운 상황에 직면한다.

시진핑은 부친 덕분에 중남하이유치원과 8·1학교에서 교육을 받았다. 그가 다닌 유치원은 혁명 간부와 고위 군인 자제들을 위한 시설답게 위생과 보건에 신경을 썼고 당시로서는 드물게 피아노를 구비하고 댄스 담당 교사도 배치했을 정도였다.

8·1학교는 인민해방군에서 설립해 고관 자녀들만 다니던 곳이다. 건국 이후 얼마 지나지 않아 국민의 절대다수가 가난했던 중국 상황에 비춰보면 시진핑은 다른 아이들에 비해 양호한 교육 환

---

107) 국제탐사보도언론인협회(ICIJ)가 역외탈세와 돈세탁, 검은돈 은닉 등을 주요 서비스로 제공하던 파나마 법률회사 '모섹 폰세카'에서 유출된 자료를 토대로 각국 정치인과 유명 인사들의 역외탈세를 보도한 것.

108) 이창구, "강편치 맞은 시진핑 反부패", 《서울신문》(2016. 4. 8.), 18.

경에서 자랐고 많은 혜택을 누린 편이었다.

그렇지만 그의 부친은 근검절약이 생활화되어 있던 인물로서 아내가 관용 차량을 이용치 못하도록 조치하는 등 가족이 특권을 누리는 것을 절대로 용납지 않았다. 더불어 자녀들이 밥알 한 톨, 물 한 방울까지 낭비하지 않도록 철저히 교육시켰다.

이러한 부친의 교육 방침으로 인해 시진핑과 남동생은 누나들이 입고 신었던 옷과 꽃무늬 신발을 물려받아 입고 신었을 정도였다. 장남이 급우들 놀림 때문에 "꽃신을 안 신겠다."라고 울며 보챘으나 부친은 "물들여서 신으면 다 똑같다."라고 말하고 두 아들이 먹물로 신발을 검게 물들여 신도록 하였다.[109] 고위층 자녀로서 솔선수범하여 근검을 실천토록 엄격하게 교육했음을 알 수 있는 대목이다.

부친으로서 시중쉰이 고집스럽게 지키고 보여준 양육 태도는 물질적 재산이 아닌 삶의 지표로서의 심재心財[110]를 자식에게 전수한 것이라 할 수 있다. 부친이 남긴 정신적 자산이야말로 시진핑이 최고의 자리에 이르도록 해준 배경인 것이다.

---

109) Wu Ming, The Biography of Xi Jinping, 송삼현 역, 『시진핑 평전』(서울: 지식의 숲, 2009), 30.

110) "풍족하게 살아갈 수 있는 물적 재산이 물재(物財)라면, 마음과 정신에 남기는 삶의 지표는 심재(心財)라고 할 수 있다. 심재는 인생을 살아가는 지혜로움은 물론 어려움에 봉착했을 때 이겨나갈 수 있는 정신력이다. 군센 정신은 척박한 상황에서도 일어설 수 있는 기반이 되니 심재야말로 부모가 자식에게 물려주어야 할 첫 번째 재산이다", 김세리, 「茶山家의 家族疏通 研究」, 박사학위논문, 성균관대학교, 2016, 46.

부친 시중쉰은 밥상머리 교육에도 매우 열성적이었다. 식사 시간마다 자녀들을 상대로 가난한 농민의 생활상을 묘사한 시를 읊게 하고 자라서 좀 더 나은 사회를 위해 일할 것을 주문하였다. 어린 아들로서는 고역이 아닐 수 없었다. 시진핑은 이런 부친이 야속하기도 하고 잔소리 같은 말이 듣기 싫기도 했으나 어쩔 도리가 없었다. 나중에는 자연스럽게 감화되는 지경에 까지 이르게 됐다.[111] 이와 관련, 중국학자 허샹메이何霜梅는 부모의 문화 수양, 도덕규범과 종교적, 정치적 가치관이 아동 시기에 전수되며 이러한 영향력은 정도의 차이는 있으나 자녀의 평생에 걸쳐 함께한다[112]고 설명하였다.

엘리트 집안에서 태어나 15세부터 항일운동에 투신했던 혁명가 출신 모친은 결혼 이후에도 중앙당학교에 근무하며 잦은 출장으로 인해 네 명의 자녀를 돌보는 데 어려움이 많았다. 그러나 남편 고집 때문에 다른 고위관리 집안처럼 살림을 돕는 보모를 고용치 못하고 애를 태우곤 했다. 그럼에도 가정 살림과 직장 일을 병행하는 힘든 상황에서 틈만 나면 시진핑을 시내 서점으로 데리고 가서 책을 골라주는 등 교육에 소홀치 않았다.

아내 치신의 경력 단절을 결코 원치 않았던 시중쉰은 바쁜 공무

---

111) 홍순도, 『시진핑, 13억의 리더 그는 누구인가?』(서울: 글로연, 2012), 31.

112) 何霜梅,「家庭存在背景下如何實現機會平等」,『北大政治學評論』2輯(北京大學國家治理研究院, 2018.8), 104-105.

중에도 불구하고 집안일을 도와주었다. 틈만 나면 아이들을 조금이라도 더 많이 보살펴주고 싶어 했으며 어떤 때는 아내 대신에 아이들을 목욕시키고 빨래도 해주었다.

그는 이를 천륜의 즐거움으로 여겼고, 특히 아이들이 그와 부딪히며 놀 때 항상 더없이 즐거워했다.[113] 이때 부자 사이에 자연스러운 스킨십이 이뤄졌고 부친은 아이들과 심리적 거리가 좁혀지는 친애의 경험을 한다.

여기에서 가정교육을 놓고 시중쉰과 비교되는 인물을 살펴볼 필요가 있다. 보시라이 전前 충칭시重慶市 당서기 부친인 보이보薄一波 전前 국무원 부총리1908-2007이다. 그는 베이징대학 학생운동을 주도했으며 공산혁명과 신중국 출범에 큰 공을 세웠고 덩샤오핑 계열로 재정財政 분야의 정부 요직을 거쳤다. 그가 본처를 버리고 비서 출신 후밍胡明과 결혼해 태어난 장남이 보시라이였다.

보이보는 청렴성이 요구되는 고위공직자 신분임에도 불구, 보모를 여러 명 고용하고 자녀들에게는 당시 구경하기도 힘들었던 라디오, 외제 손목시계, 고급 자전거 등을 사주는 등 물질적 풍요로움을 제공했다. 게다가 방임형 교육관을 가져 자녀들의 자유분방한 생활을 통제하지 않았다. 시중쉰이 직접 자녀들을 양육하면서 근검과 절약을 강조하고 고위공직자로서 모범을 보인 것과는 상

---

113) 김기수, 『후진타오의 이노베이터 시진핑 리더십』(서울: 석탑출판, 2012), 32.

당히 다른 태도였다.

권력에 대한 동경과 접근 의도가 강렬했던 보시라이는 문화혁명 당시 홍위병 활동에 적극적으로 참여하며 충성심과 당성을 보여주고자 타도 대상으로서 고난을 겪던 부친을 군중 앞에서 구타하는 악행을 저지른다.[114] 그럼에도 불구하고 모친 후밍은 홍위병에 의해 박해를 받아 사망하였고 혁명의 와중에서 집안의 몰락을 경험한다.

보이보는 혁명 후 복권되어 당 중앙고문위원회 부주임을 맡아 혁명 원로로서 세를 과시했고, 패륜을 저질렀던 아들을 정계 실력자로 만들고자 노력했다. 그러나 그의 사망 이후 아들은 충칭시 당 서기 재직 시 정치적 야망을 위해 정변을 모의한 혐의로 파면되었고 당국의 조사와 재판을 거쳐 수감자 신세로 전락한다.[115]

리더로서의 자아는 그가 처했던 유년기 및 소년 시절에 일차적으로 당면한 가족과의 경험, 특히 부친의 영향을 통해 형성된다. 특히 유년기 아이들은 부모가 설정한 가치 기준에 의한 복종을 통해 보장을 받고 일탈에 대한 징계를 받으며 성장하기 때문에 정

---

114) "문화대혁명 당시 덩샤오핑을 비롯한 고위 정치인들이 숙청당할 때 보이보도 반동분자로 몰려 홍위병에게 두들겨 맞았다. 당시 보시라이는 홍위병 앞에서 아버지의 가슴을 주먹으로 두들겨 패고, 이빨을 부러뜨리는가 하면 갈비뼈까지 절단을 냈다. 보시라이 나이 17살 때였다", 정승욱, 『새로운 중국 시진핑 거버넌스』(고양: 함께북스, 2013), 114.

115) 보시라이는 최종심에서 무기징역을 선고받고 베이징 근교 고위급 전용 교도소인 친청(秦城)교도소에서 수감 생활 중이다.

치적 관심과 이해는 이 시절에 좌우된다고 할 수 있다.[116]

시진핑은 사람 됨됨이 및 처세와 관련해 보시라이와 달리 긍정적 측면에서 부친의 영향을 많이 받았다. 유년기에 부친으로부터 유가의 "자기가 하고 싶지 않은 것은 다른 사람에게도 강요하지 말라."[117]라는 가르침을 전해 들었고 중국공산당의 역사, 단결의 필요성 등에 대해 교육을 받아 마음속에 새겼다.

부친의 교육이 몸에 배인 덕분에 공직생활에서 확고한 가치관을 갖고 신중한 태도, 화합의 자세를 견지하였다. 또 원만한 인간관계를 통해 적을 만들지 않았기에 최고지도자에 오르는 과정에서 정계 원로들의 지지를 받는다. 특히 적통 혁명가문 출신으로서 시진핑의 정치적 멘토였던 쩡칭훙曾慶紅 전前 국가부주석[118]이 장쩌민江澤民과 후진타오胡錦濤 등을 적극 설득하는 등 결정적 역할을 맡아준다.

별다른 고생을 모르고 행복했던 시진핑의 유소년 시절은 1962년 부친 시중쉰이 공산당 내부 권력투쟁의 와중에서 '지도부 타도를

---

116) 김영화, 『중국정치리더십』(서울: 문원출판사, 2000), 35.

117) 『論語』「顏淵」, "己所不慾, 勿施於人".

118) "쩡칭훙 부친 쩡산(曾山)은 공산혁명의 영웅이고 상하이시 책임자로 일하며 장쩌민(江澤民) 후원자인 왕다오한(汪道涵)의 대부(代父) 역할을 했다. 모친 덩류진(鄧六金)은 장정(長征) 참가 여성홍군(紅軍) 출신으로 공산혁명가 자제들을 돌보는 보육원을 운영하는 등 당 기여도가 높아 쩡칭훙은 태자당(太子黨) 핵심인물로 신망이 두텁고 장쩌민 시대에 당 조직부장, 국가부주석으로 중용되었다", Xin Gao, CHUGOKU KOUKYUU KANBU JINMYYAKU·KEIREKI JITEN, 이정환 등 역, 『21세기 중국을 움직이는 최고 권력자들』(서울: 창해, 2002), 210-229.

준비한 반혁명분자'로 몰려 부총리직에서 해임된 이후 수감 생활을 하면서 끝을 맺는다. 부친의 위상이 급전직하急轉直下함으로써 가족과 시진핑이 처한 환경은 완전히 뒤바뀌게 된다.

부친은 1965년 허난성河南省 뤄양洛陽 광산용 기계공장으로 쫓겨나고 문화혁명 기간 중에는 홍위병으로부터 '구악 청산'의 대상으로 공격받는다. 남편의 결백함을 믿고 구명을 위해 사방팔방으로 뛰었던 치신은 오히려 '반혁명 부르주아 부패분자의 아내'라는 낙인이 찍혀 허난성 5·7 간부학교로 끌려가 사상개조 교육을 받게 되었고 결국 집안은 풍비박산이 난다.

시진핑은 부친의 정치적 실각과 모친의 강제교육 소환으로 인해 가족이 해체되는 상황을 겪으면서 '반동의 자식'으로서 온갖 수모를 당한다. 그러나 역설적으로 부친 때문에 홍위병 자격이 없었기에 결국 수많은 인민의 목숨을 앗아간 홍위병 활동을 피하게 되었다. 그로서는 전화위복이라 할 수 있다.

이로 인해 훗날 자신의 정치적 행보에서 과거 행적으로 인해 발목이 잡히는 과오를 면하게 된 것이다. 반면 후일 경쟁 관계로 맞서는 보시라이는 홍위병 활동을 하며 부친을 구타한 패륜 때문에 대중의 뇌리에 인륜을 저버린 인물로 인식된다.

문화혁명 기간 중에 8·1 학교가 폐교되자 시진핑은 대다수 고위간부 자제인 동기들과 함께 베이징 제25 중학교로 전학했다. 그렇지만 이곳에서도 '반동 집안', '시중쉰의 자식'이라는 식의 무차별적 공격은 결코 피할 수가 없었다.

그는 부모와의 생이별, 뿔뿔이 흩어진 형제 등 가족해체에 따른 정신적 혼란 속에 마음을 못 잡고 방황하였다. 1968년 12월 마오쩌둥 지시로 지식청년들을 가난한 농촌 지역으로 보내 재교육을 받도록 하는 상산하향上山下鄕의 방침이 정해지고 전국 1,600만 명의 중·고등학생들이 농촌으로 내려가 노동에 종사하게 된다.

시진핑도 16세가 되던 1969년 1월 산시성 옌안현延安縣 북부 량자허梁家河라는 산골 마을로 보내져 7년간 벼룩이 득실대던 토굴에서 생활하며 힘든 농사일에 투입된다. 선택이 아닌 강제였지만 청소년 시기의 7년은 그에게서 상당한 의미를 갖는다.

시진핑의 량자허 생활은 후일 그가 최고지도자 위치에 오른 이후 극적인 인생 스토리를 구성하는 데 있어 주요 소재가 된다. 때문에 공산당은 그의 7년간 하방 경험이 정치적 자산으로 활용될 수 있다는 판단하에 적극적인 홍보 활동을 전개하였다.[119] 가장 힘든 곳에서도 포기하지 않고 고난을 극복했으며 결국 국가 지도자 자리에 오른 스토리는 국민들에게 어필하기 용이하고 효과 또한 훌륭한 만큼 정치적으로 대단히 매력적인 흥행 요소였던 것이다.

---

119) 중국공산당 최고 교육기관인 중앙당학교는 전문 취재팀을 구성하여 시진핑의 7년간 량자허 생활을 집중 취재하고 관련자 심층 인터뷰 방식의 기사를 2016년 11월 말부터 2017년 3월 중순까지 학교 기관지인 '학습시보(學習時報)'에 연재하였다. 이어 2017년 8월 『習近平的七年知靑歲月』 제하 단행본으로 출판하여 전국에 대대적으로 보급하였다.

2절. 청년기, 7년간의 하방과 단련

고관 자제로서 고생을 모르던 시진핑은 량자허에서 난생처음으로 해보는 중노동에 시달리는가 하면 마을 강아지에게 빵 조각을 나눠주다 주민들로부터 배고픔을 모르는 철부지로 매도되는 상황을 겪으며 가족의 품을 그리워한다. 마치 온실 속에서 자란 화초가 거친 들판에 내동댕이 처진 격이었다.

결국 이런 생활을 못 견디고 3개월 만에 하방 현장을 이탈해 베이징으로 숨어들지만 당국에 의해 적발되어 하수도 매설 공사장 노동자로 끌려간다. 그는 이곳에서 오수관 바닥을 기어 다니며 반년 가까이 막다른 삶의 현장을 체험한다. 자신의 암담한 상황에 더해져 누나 둘은 네이멍구자치구內蒙古自治區로 쫓겨 갔고 남동생은 학교에서 퇴학당해 여기저기 떠돌다 겨우 일자리를 구해 견습 선반공으로 일하고 있었다.

비참해진 집안 사정, 예측하기 어려운 미래 때문에 항시 심적으로 짓눌리던 시진핑은 이 무렵 베이징에 거주하던 혁명가 출신 이모와 이모부를 찾아간다. 이모부는 "네가 지금 민중을 의지하지 않으면 누구를 의지하겠느냐? 당연히 민중을 의지해야 한다."라고 말했다. 마침내 시진핑은 농촌에서 뼈를 묻는다는 각오를 다짐하고 량자허로 6개월 만에 다시 돌아갔다.[120]

---

120) 이규철, 『시진핑과 차이나의 도전』(서울: 부연사, 2013), 79.

그는 마음을 다잡고 량자허 생산대에서 농사와 저수지 축조 등에 적극적으로 참여하면서 육체노동에 적응해갔으며 부모 보살핌 없이 스스로 살아가는 법도 배우면서 10대 후반을 보낸다. 자의에 의한 선택이 아니었으나 이 기간 부모와의 이별로 공간적 단절이 생겼고 자식으로서 효의 대상에 대한 '떨어져 보기'를 하게 된다.

효 학계에서 제기한 것처럼 '가까이 보기'와 '떨어져 보기'를 병행하여 이해의 관점을 새롭게 하는 것은 관계의 패턴에 다양성을 시도하기에 유리하다[121]는 점에서 시진핑으로서는 불가피한 생이별의 현실적 상황이 부모의 존재 가치를 재인식하는 계기가 되었다.

1972년 겨울, 외할머니 임종을 앞두고 모친 치신이 저우언라이 총리에게 탄원서를 보내 겨우 전 가족이 베이징에서 모일 수 있게 되었다. 그러나 시진핑은 오랜 수감과 격리 생활로 인해 자녀들을 제대로 알아보지 못한 채 눈물만 흘리던 부친 모습을 보고 애통한 마음을 감추지 못한다. 그로서는 불행 중 다행으로 당국 승인 하에 매년 한 번씩 베이징에서 부모와 형제들을 만나 혈육의 정을 나눌 수 있었다.

시진핑은 졸지에 '반당 분자' 신세로 전락한 부친의 정치적 상황 때문에 공청단 입단 신청을 여덟 번이나 반려당한 후에야 어렵사

---

121) 류한근, 「효의식 조사를 위한 척도 연구」, 『효학연구』 13호(한국효학회, 2011.6), 111.

리 입단했다. 더욱이 공산당 입당은 열 번이나 신청서를 제출했지만 계속해서 거부당했다. 그럼에도 그는 결코 포기하지 않고 계속 시도한 끝에 1974년 1월, 마침내 상부의 입당 승인을 받았다. 얼마 후에는 하방 지식청년 가운데 처음으로 생산대 지부서기를 맡게 된다.

그는 서기가 된 후 제방 쌓기와 우물 파기 등 주민들의 식수 공급을 위한 작업에 착수하고 솔선수범의 자세를 보였다. 이후 산시성 최초로 메탄가스 시설을 만들어 70%에 달하는 촌 주민들이 혜택을 보도록 하는가 하면 업무용 차량을 트랙터로 전용해 석탄 운반과 비료 수송 같은 농민들 농사 지원을 위해 사용토록 조치[122]하는 등 농촌 현실과 농민 눈높이에 맞는 행정을 펼쳐 나갔다. 책상머리가 아닌 현장에서 부딪히며 겪은 경험을 토대로 리더십을 함양한 결과인 것이다.

시진핑은 노동의 고통과 배고픔 속에 두려움을 떨치지 못하고 자기 몸 하나 제대로 가누기 어려웠던 16세 철부지 소년에서 배치받은 생산대의 서기에 임명돼 지역을 위해 일할 수준으로 변신할 때까지 하방생활에서 몇 단계의 어려움을 극복하게 된다. 이는 부모와의 생이별 이후 홀로된 가운데 자신과의 싸움에서 이겨낸 것이라 할 수 있다.

---

122)   Wu Ming, 『The Biography of Xi Jinping』, 74-75.

첫 번째의 어려움은 주거환경이었다. 토굴에는 환경과 위생 측면에서 양호했던 어린 시절 본 적조차 없었던 벼룩이 득실거렸다. 그는 벼룩에게 물려 잠도 제대로 못 자고 피부가 성할 날이 없었지만 2년이 지나자 피부도 두터워지고 둔감해져 아무리 벼룩이 물어도 숙면을 취할 수 있게 되었다.

두 번째로 겪어야 했던 어려움의 단계는 음식이었다. 부친이 검약을 강조했어도 베이징에서는 적어도 밀가루와 쌀로 된 음식을 먹었지만 하방 생활에서는 거친 잡곡을 삼켜야 했다. 그러나 노동으로 다져진 이후에는 어떠한 음식도 그에게는 달고 맛있고 귀한 것이 되었다.

세 번째로 그를 기다리던 어려움의 단계는 생활의 기술이었다. 보호만 받았던 10대의 어린 나이에 할 줄 아는 것이 거의 없었지만, 량자허 생활에 익숙해지면서 뭐든지 스스로 하는 능력을 키운다. 이 과정에서 취사와 세탁, 바느질은 물론 재봉까지 배워 익혔다.

네 번째 어려움의 단계는 육체노동이었다. 처음에는 농촌 지역 여성보다도 체력이 약할 정도로 일상의 노동이 힘에 부쳤지만 점차 시간이 지남에 따라서 태생적인 거구답게 육체적으로 힘든 일을 도맡아 할 정도로 체력을 키운다.

다섯 번째 어려움은 사상 문제였다. 처음에는 농촌 생활이 힘들고 두려워 베이징으로 도망쳤을 정도로 정신력이 약했지만 이를 극복하고 농촌과 농민의 현실을 이해하고 호흡을 함께 하게 된 것이다. 외부 소식 전달로 주민의 견문을 넓혀주고 이들의 생활 개선을 위해 노력하려는 결심을 굳힌다.

시진핑은 하방 생활에서 어려운 단계를 지나오며 부모 없는 현실을 놓고 '두려움에 따른 본능적 회피', '자각에 의한 현실 복귀', '현실 대면을 통한 적응', '현실 극복과정에서의 주체성 회복'이라는 정서적 변화 패턴을 보인다. 이는 스스로의 성찰과 노력을 통해 이룬 성장이자 발전으로서 후일 그가 지도자로서 국민을 대하는 데 있어 자신감으로 작용하며 정치적으로도 큰 자산이 된다.

그는 후일 회고를 통해서 자신이 량자허 생활에서 얻은 점을 다음과 같이 밝힌다. 자신의 인생에서 가장 극적인 전환점이 되었음을 고백하고 있다.

"나는 7년간 산시에서의 생활을 통해 몸과 마음이 모두 성장했으며 특히 두 가지를 배웠다. 하나는 현장에서 사실을 파악하는 것이다. 그것은 민중을 이해하는 가장 좋은 길이다. 또 다른 하나는 스스로 자신감을 갖는 것이다. 돌로 칼을 연마하는 것처럼 열악한 환경에서 자신을 단련시키는 것이 중요하다. 7년에 걸친 삶에서 나는 수많은 어려움에 직면했으나 그때마다 슬기롭게 극복했다. 그 누구도 도전하지 않으면 앞길이 열리지 않는다. 우리는 도전할 용기가 필요하며 어떤 일이 있어도 자신을 믿어야 한다. 좌절하지 않고 문제를 정면에서 돌파해나가면 이루지 못할 일이 없다. 나는 22세에 황색의 토지를 떠날 때 '인민의 공복公僕이 되겠다.'라는 삶의 목표를 세웠으며 쉬지 않고 노력했다. 산시 고원에서의 체험은 나의 뿌리이며 변하지 않는 나의 신념을 키웠다."[123]

이 기간 중 특이한 점은 그의 왕성한 독서 생활이다. 부친의 갑작스러운 실각, 광란의 문화혁명 등 정치적 소용돌이에 휘말려 10대의 학창생활을 정상적으로 보내지 못했던 그에게는 공부에 대한 아쉬움과 욕구가 남아 있었다. 때문에 토굴 속 석유등 아래에서의 독서라는 독학 방식으로 지식을 축적한바, 중국 고전에 대한 해박함은 이때 기초가 다져진 것이다. 특히 그는 유교 사상가 순자荀子의 전집을 여러 차례 독파한 것으로 알려졌다.

시진핑은 국가주석 취임 직후인 2013년 2월, 당의 청년간부들을 대상으로 행한 연설에서 순자를 가장 중요한 유가의 한 사람으로 소개하기도 하였다.[124] 때문에 "예의를 숭상하고 법도를 이룩하면 나라에 표준이 있게 된다."[125]라는 순자의 주장은 그가 집권 후 강력하게 펼치는 의법치국依法治國 정책에서 여실히 반영되는

---

123) Soma Masaru, SHU KINPEI NO SHOTAI, 이용민 역, 『시진핑』(서울: 한국경제신문, 2011), 73.
124) Kenji Minemura, JUSANOKU BUN NO ICHI NO OTOKO, 박선영 역, 『13억분의 1의 남자』(고양: 레드스톤, 2016), 312-313.
125) 『荀子』「君道」, "隆禮至法則國有常".

상황이다. 그는 '법'이라는 국가 시스템을 적극 활용함으로써 국민들에게도 "법 위에 군림하는 지도자가 아니다."라는 점을 어필하는 효과를 거두고 있다.

국가 지도자로서 시진핑은 국민들을 상대로 정치적 성격의 메시지를 내놓을 때 고전을 자주 인용한다.[126] 이는 그가 10대 하방 시절을 결코 낭비하지 않고 방대한 독서를 통해 접하게 된 중국 전통사상이 후일 지적 원천이자 통치자산으로 자리한 결과이다. 고전은 정치가로서 그에게 훌륭한 콘텐츠가 된 것이다.

문화혁명이 종료될 무렵 대학입학제도가 부활하면서 이공계 명문인 칭화대학淸華大學도 학생 모집 공고를 낸다. 이른바 벽촌 등지로 하방되거나 군에 입대, 장기간 복무했던 지식 청년을 대상으로 모집한 '농공병農工兵 추천생'이었다.

생산대대 서기로 일하면서도 항시 향학열을 불태우던 시진핑은 이 소식을 듣자마자 입학신청서를 제출했다. 부친의 정치적 문제로 인해 추천되지 못할 수도 있었으나 오히려 과거 부친과 인연을

---

126) "시진핑은 국내외의 주요 강연과 연설 도중에 중국의 고전과 다른 나라의 유명 속담을 자주 인용해 자신의 관점과 입장을 표명한다. 그는 사서오경(四書五經)은 물론이고 당송의 시가, 민간의 속담에 이르기까지 선현들이 남긴 고전을 두루 섭렵해 중국 전통문화에 대한 식견을 뽐냈다. 나아가 그것을 아는 데서만 그치지 않고 실생활에 활용하려는 노력도 게을리하지 않았다. 지난 20여 년간 아무리 업무가 바빠도 틈틈이 짬을 내 신문에 기고하고, 그 내용 중에 고전 속 명언을 언급해 현실적인 가르침을 주려고 한 시도들이 바로 그 대표적인 사례이다", Zhang Fenzhi, 『習大大如何讀經典』, 원녕경 역, 『시진핑은 왜 고전을 읽고 말하는가?』(서울: MBC C&I, 2016), 4-5.

맺고 존경심을 품었던 지인들이 자신의 일처럼 적극적으로 도움을 줘 마침내 1975년 칭화대학 화학공정과에 입학하게 된다.

그가 하방 생활을 끝내고 량자허를 떠날 때 그동안 정들었던 주민들이 눈물을 보였으며 지역 청년들은 배웅을 위해 현 소재지까지 따라나섰다. 토굴집에서 지내며 아플 때를 제외하고는 거의 매일 노동 현장에서 보낸 그는 고통 속에서 단련되고 성숙된 몸과 정신자세를 갖고 베이징으로 향한다.

2장

효도 사상의 강화와 구체화 단계

1절. 지방 일선 지도자 입직, 제2의 하방

칭화대학에 '농공병 추천생'으로 입학한 학생들은 시진핑처럼 대다수가 고위관리 자제였다. 그들은 농촌 지역에서 하방 생활을 하며 학업 중단을 겪었기에 학력 수준이 상당히 낮았고 학교 강의를 따라가기에 벅찬 상황이었다. 고전 등 인문학적 소양은 독학으로 쌓았지만 중학교 졸업 학력이 전부였던 그로서는 수학, 화학, 물리학 등 기초 지식은 공백 상태였기 때문에 중학교 수준부터 다시 익히면서 어렵게 대학 생활에 적응해나갔다.[127]

1978년 덩샤오핑 집권과 더불어 시중쉰도 복권되어 전국정치협상회의政協 상무위원으로 당선된 데 이어 같은 해 4월 광둥성廣東省 당 위원회 제2서기로 임명되면서 정계政界에서 예전의 위상을 어느 정도 회복한다. 그 후 광둥성 제1서기로 승진하고 경제특구

---

127)   Wu Ming, The Biography of Xi Jinping, 85; 홍순도, 『시진핑 13억 중국의 리더 그는 누구인가』, 49.

개설 등 정치적 역량을 발휘함으로써 중국 개혁개방 역사에서 큰 족적을 남긴다. 부친의 위상 회복은 시진핑의 출세에 있어 든든한 배경으로도 작용한다.

1979년 대학을 졸업한 시진핑은 모친의 주선으로 공산당 중앙 군사위원회에 배치되어 겅뱌오耿飈 부총리 겸 비서장의 비서로 사회생활을 시작한다. 당시 사회초년생이 군軍 담당 부총리 비서가 된다는 것은 사실 대단한 특혜였다.

비서 직책상 1980년도에는 부총리의 미국 방문을 수행하는 등 견문도 넓히고 군 고위인사들 눈에 들 수 있는 유리한 조건을 갖췄다. 그러나 그가 진정으로 원하고 부친이 희망하던 것은 기층基層, 즉 대중과 호흡을 나눌 수 있는 밑바닥부터 시작하는 것이었다. 시진핑은 자신의 진로를 놓고 당시에 했던 고민과 내면의 감정을 후일 이렇게 밝히고 있다.

"혈기왕성한 청년시절 산시성에서 자유롭게 능력 발휘를 했던 시기가 그리워졌다. 항상 대중과 함께 살아가겠다고 결심을 하고 있었기 때문에 중앙관료의 생활에 부자연스러움을 느꼈다. 기층부터 다시 시작하고 싶다. 여유롭고 한가한 생활이 오히려 나를 불안하고 초조하게 하였다. 나는 기층으로 가서 일반 민중과 함께하길 갈망했다."[128]

---

128) 이규철, 『시진핑과 차이나의 도전』, 117.

경뱌오 부총리가 "군 계통에서 경력을 이어가면 출세가 보장될 것이니 남아 있으라"고 만류했지만 시진핑은 완곡히 사양하고 1982년 3년간의 비서직 생활을 마무리하였다. 그는 같은 해 당 지방 조직 업무를 자원, 허베이성河北省 정딩현正定縣 당 위원회 부서기로 부임한다.

당시 고관 자제들이 베이징 중앙부처에서 일하려고 경쟁을 벌이던 상황에서 그의 선택은 파격적이었다. 이는 자신의 결심에다 "일선 하급기관에서 시작해 인민과 함께하며 폭넓은 경험을 쌓고 위로 올라가라"는 부친의 조언을 충실히 이행한 결과라 할 수 있다. 청소년 시기 하방이 타의에 의한 것이었다면, 정딩현 부임은 자의에 의한 '제2의 하방'으로서 낮은 곳에서 민중과 함께하려는 강력한 의지의 표현이었다.

그가 정딩현에 갓 부임했을 때 현지 토착 간부들은 서른 살이 채 안 된 젊은이가 고위간부인 부친 덕분에 부서기 직을 차지했다며 불만을 갖고 비협조적이었다. 때문에 그는 더욱 몸을 낮추고 자신의 능력을 입증키 위해 지속적으로 노력을 기울였다.

그 결과 2년이 지난 후 토착 간부들과 지역민들의 선입견은 사라지고 호평이 민심의 주류를 이루었다. 정딩현에서 그가 특히 심혈을 기울인 것은 당을 위해 헌신했던 은퇴 원로간부들이었다. 현의 당 조직 업무용으로 배정된 차량을 은퇴 간부들에게 제공하고 자신은 자전거로 퇴근하는가 하면, 현 청사 대회의실을 노인 문화

생활에 활용토록 개방하기도 하였다. 잠시 머물면서 이력이나 쌓고 결국에는 더 좋은 지역으로 옮겨갈 것이라는 예상을 뒤엎고 현지 지역민들 정서를 반영한 '현장 밀착형 리더십'을 발휘한 것이다.

부친과 같은 혁명세대로 절친 관계였던 후야오광胡耀邦 총서기 배려로 공산당 조직부의 '육성 대상 미래 지도자군'에 포함된 시진핑은 1985년 6월, 정딩현을 떠나 푸젠성福建省 샤먼시廈門市 부시장으로 부임하게 된다. 이처럼 공직생활에서 탄탄대로를 걷는 것에 대하여 현지의 부정적 여론과 질시가 있자 시진핑은 다음과 같이 부친 시중쉰의 후광을 인정하는 솔직함을 보인다.

> "나보다 더 능력 있는 사람은 사방 천지에 깔려 있습니다. 그런데도 내가 이처럼 순탄하게 성공 가도를 달릴 수 있는 것은 어린 시절부터 아버지를 따라다니면서 정계의 원로분들과 친분을 쌓은 덕분이라고 할 수 있습니다. 하지만 나는 그 누구보다 열심히 일했습니다. 스스로 노력하고 고군분투하며 나의 인생을 개척했습니다." [129]

시진핑은 샤먼에서 근무 기간 중 고관의 자제임을 결코 내세우지 않았고 근면한 자세와 겸손한 태도를 견지하였다. 또한, 각계 각층 인사들과 소통, 교류하면서 민심을 세밀히 살피는 등 정중동

---

129) 高曉, 『他將領導中國: 習近平傳』, 하진이 역, 『대륙의 리더 시진핑』(서울: 삼호미디어, 2012), 232.

의 행보를 이어가며 지역 간부로서 능력을 키워간다.

한편, 시진핑은 지인 소개로 인생의 반려자인 펑리위안彭麗媛을 만나 1987년 9월 1일 가정을 꾸린다. 그녀는 극단 단원이었던 모친의 영향으로 5·7 예술학교에서 가무를 전공했고 1982년 《CCTV》 춘절春節 경축공연을 통해 전국적 지명도와 인기를 얻었다. 때문에 민족 성악가로서, 시진핑이 국가 최고지도자로 등극하기 전에는 남편보다 훨씬 더 유명했던 인물이다. 이들 부부 사이에서는 딸 시밍쩌習明澤가 태어난다.

시밍쩌는 어린 시절부터 부모 신분 때문에 유명세를 탈 만한 위치였으나 또래 아이들과 마찬가지로 평범하게 생활했고 언론에도 거의 노출되지 않았다. 그녀는 중국 내에서 대학을 다니다 부친이 국가부주석 재임 때 미국 하버드대학으로 옮겨 유학생활을 했는데 딸의 신분 노출을 원치 않는 부친의 강력한 뜻에 따라 학교에는 가명으로 등록하는 등 철저히 신분을 숨기고 살았다.[130]

---

130) "시밍쩌는 보통 집안의 아이들처럼 평범하게 자랐다. 초등과정은 베이징의 친척집에 보내져 징산(京山)소학교를 나왔다. 2006-2008년 항저우외국어학교 불어과를 다녔다. 그녀는 언제 어디서나 안개처럼 있는 듯 없는 듯 지냈다. 깊은 연못을 마주한 것처럼 살얼음을 밟는 것처럼 매사에 신중했다. 모가 나지 않았고 튀지 않았다. 시밍쩌가 스포트라이트를 받은 것은 2008년 5월의 스촨대지진 때가 유일하다. 어머니 펑리위안이 중국 중앙TV와 인터뷰 중간에 딸 이야기를 잠시 소개했다. 스촨대지진 발생 며칠 후 16세 딸이 학교에 휴가를 청해 스촨성 현장에서 7일 동안 자원봉사 활동을 갔다.'는 내용이다. (중략) 하버드유학 기간 그녀는 가명을 썼으며 학업 이외의 모든 사교활동을 하지 않고 투명인간처럼 지냈다. 재미 중국 유학생들이 즐겨 사용하는 페이스북 등 SNS를 전혀 하지 않았다. 이러한 차기 중국 최고 권력자의 무남독녀의 은인자중 투명인간식 처세는 영국 케임브리지대학 유학생 시절 호화방탕한 생활을 자랑삼아 악명이 높았던 전 충칭시 당서기 보시라이의 아들 보과과(薄瓜瓜)와는 딴판이라는 평가를 받았다", 강효백, 『시진핑 제국』(서울: 2019, 이담), 113-114.

시진핑은 1988년 1월, 푸젠성 닝더寧德지구 당 위원회 서기로 보직을 명받는다. 닝더는 교통이 불편하고 지리적으로 궁벽한 곳에 자리해 오랫동안 낙후되었던 산간 지역이다. 이를 반영해 그가 당 서기로서 지역 발전을 위해 중점을 둔 것은 빈곤퇴치, 개혁개방 풍토 조성, 사회 기반시설 보완 등이었다.

이때부터 그는 틈만 나면 시골 마을을 시찰하는 습관이 생겼으며 지역민 애로 수렴 차원에서 푸젠성 최초로 '민원 상담제'를 도입하기도 했다. 또한 지역 특유의 호화 조상묘 조성 등 허례허식을 지양토록 유도하고 현지 관리들과 결탁된 토착세력의 국유지 무단 점유와 훼손에 강력하게 대응해나갔다.

닝더에서 2년여의 시간이 흐르고 그는 1990년 5월, 푸젠성 제1의 도시인 푸저우시福州市 당 부서기에 보임된 후 1개월 만에 당 서기로 승진한다. 이곳에서 그의 행보 가운데 두드러진 것은 환경문제에 대한 관심과 실질적인 조치였다.

시진핑은 "중국이 개혁개방의 조류를 타면서 경제성장 과정에서 무분별한 개발이 지속됨에 따라 현지인들의 환경의식이 희박하고 환경오염이 심각하다."라는 판단을 내린다. 이를 기반으로 엄격한 환경보호법 시행, 환경 분야 집중 투자, 산하 당정 기관의 환경보호 책임제 도입 같은 일련의 가시적인 조치를 취했다.

지방 도시 지도자로서 성과가 확연히 나타나는 도로 확충이나 공장 건설 같은 치적 쌓기에 몰두하기보다 특별히 눈에 띄지 않는 환경문제에 천착穿鑿한다는 것은 1990년대 초반 개발지상주의가 주류를 이루던 중국 상황하에서는 획기적인 행보였다. 현재보다는 미래를 생각하는 소신이 없었다면 불가능했을 것이다.

열악한 근무 환경과 박봉에 시달리며 국가안보의 제1선에서 불철주야 국가를 지키는 군인도 그의 관심과 지원 대상이었다. 제5세대 지도자 가운데 유일하게 군 관련 경력을 가진 그는 1992년 푸저우 지역 대홍수 당시 목숨을 걸고 구호 활동에 나섰던 군인들을 치하하며 이들을 돈을 쌓아놓고 개인적 이득만을 취하는 장사꾼보다 못하게 여기는 세태를 비판했다. 또한 전역 군인들 취업을 위하여 사회 각계가 적극적으로 나설 것을 촉구하였다.[131]

당정 일선 지도자로서 그의 관심 대상에는 이처럼 사각死角이 없었는바, 당시 다른 지역 동급 지도자들과 비교했을 때 명확히 차별성을 보인다. 이러한 차별성은 서북지역 군 지휘관을 역임했던 부친 시중쉰에게서 군인의 역할과 가치관에 대한 가르침을 받았고 자신 또한 중앙군사위원회에서 현역 신분으로 군 생활을 경험한 데서 기인한다.

---

131)   高曉, 『他將領導中國: 習近平傳』, 277-280.

2절. 지방 고위 지도자 도약, 인민 우선의 정치

지방 도시에서만 경력을 쌓던 시진핑에게 도약의 기회가 찾아오는데, 1995년 푸젠성 당 부서기로 임명되어 한 단계 더 높은 곳에서 정치와 행정을 경험할 수 있게 된다. 1999년 성장 대행, 2000년 성장으로 승진해 2002년까지 근무하면서 타이완과 협력 강화, 친환경정책 시행, 탈빈곤 등에 집중한다.

푸젠성은 타이완과 지리적으로 가깝고 타이완 주민 80% 이상이 이 지역 출신으로서 혈연관계인 만큼 동포애를 바탕으로 상호 경제협력에 나서 세금 감면 같은 우대정책을 펼쳤다. 아울러, 2002년 1월 개최된 제9차 푸젠성 인민대표대회 업무보고를 통해 '친환경생태성親環境生態省 건설'을 전략 목표로 제안하여 인민대표들로부터 열렬한 호응을 받았다.

푸젠성 출신 네티즌의 증언에 의하면 "그 당시의 시진핑은 경로 사상이 투철하고 가난한 사람을 발 벗고 나서서 도와주는 선량하고 의로운 사람으로서, 인민해방군 퇴역 이후 암으로 투병 중이던 80세 노인의 소식을 접하고 즉시 위로금을 전달했다."라는 일화가 있다.[132] 푸젠성에서 시진핑의 이미지는 효 의식이 강하고 약자를 보살피는 지도자로서 각인되었음을 여실히 입증하는 대목이다.

---

132)   高曉, 『他將領導中國: 習近平傳』, 308-309.

푸젠성에서 바쁜 업무로 인해 부모와 대면이 어려웠던 가운데 2001년 춘절春節 기간 중 농촌 지역 시찰을 하던 시진핑은 당시 부모가 거주하던 선전으로 전화를 걸어 모친에게 안부를 묻는다. 이때 모친의 태도는 자녀를 둔 보통의 모친들과 다른 것이 없었지만 공직자인 자식에 대해 선공후사先公後私 자세를 강조하는 대목에서는 혁명 원로 출신다운 면모를 드러낸다.

"아범아, 그럼 올해는 못 오는 거냐? 일이 바빠? 바쁜 게 오히려 좋은 거다. 네가 일을 잘하는 것이 우리한테는 가장 큰 효도라는 것을 잊지 마라. 네가 맡은 일이 얼마나 중요한 일이더냐. 그저 집안일은 잊고 오로지 업무에만 최선을 다해라. 나는 네가 잘하리라 믿는다. 최선을 다해 당과 인민에 충성하는 것이 가정의 책임을 다하는 것이고, 너 자신에게도 책임을 지는 것이다. 충성을 다하는 것이 가장 큰 효도라는 것을 명심해라. 새해 복 많이 받고, 21세기 시작과 더불어 네가 이 나라를 위해서 더 큰 공헌을 했으면 하는 바람이다. 그래야 네 형제들에게 큰 힘이 되고, 부모에게는 큰 자랑이 되고, 네 딸과 조카들에게 모범이 될 수 있지. 열심히 최선을 다해 일하는 너는 우리 온 가족의 영광이다."[133]

---

133) 高曉, 『他將領導中國: 習近平傳』, 555.

은퇴 이후 와병 중이던 부친 시중쉰이 2001년 10월 15일 88세 생신을 맞았으나, 시진핑은 현직 성장으로서 책무를 다해야 되는 상황이라 부친을 만나러 갈 수가 없었다. 어쩔 수 없이 그는 부친에게 송구함과 감사한 마음을 담은 편지를 올린다.

"존경하고 사랑하는 아버지께, 오늘은 아버지의 88세 생신입니다. 우리 중국인들이 '미수'米壽라고 부르는 날입니다. 태어난 해부터 한 살을 먹게 되는 옛날식 계산으로는 90세가 되신 겁니다. 경축할 만한 기쁜 날입니다. 저는 어제 밤, 이리저리 몸을 뒤척이며 밤새 잠을 못 이뤘습니다. 아버지 생신을 축하드리는 것 때문에 감격스러웠고 또 한편으로는 생신 축하 자리에 참석하지 못해 아쉬움과 자책감이 들었기 때문입니다. 제가 세상에 태어나서 부모님을 따라 살아온 지 48년째입니다. 부모님께 대한 인식도 감정처럼 시간에 따라 점점 더 깊어집니다. 제가 아버지로부터 계승받고 또한 배워야 할 고상한 품성과 덕목이 많습니다. 가장 중요한 것 몇 가지는 다음과 같습니다. 첫 번째는 아버지의 사람 됨됨이를 배우는 것입니다. 두 번째는 아버지의 일하시는 자세를 배우는 것입니다. 세 번째는 아버지의 공산주의 신앙에 대한 집요한 추구를 배우는 것입니다. 네 번째는 아버지의 깨끗하고도 착한 마음을 배우는 것입니다. 다섯 번째는 아버지의 검소한 생활을 배우는 것입니다. 지금 이 시간, 만감이 교차하여 서한에 다 쓰지를 못했습니다. 위의 몇 가지는 제 마음의 만분의 일도 표현하지 못한 것입니다. 존경하는 아버지의 건강장수, 행복과 즐거움을 축원드립니다. 아들 진핑 배상."[134]

시진핑은 이처럼 부친으로부터 개인적으로는 인간성을, 정치적으로서는 당성黨性을 전수받았음을 고백하고 있다. 광둥성 제1서기, 당 중앙서기처 서기, 정치국원 등을 지내고 은퇴 이후 은둔생활을 하던 부친 시중쉰은 2002년 5월 임종을 앞두고 아들에게 유언으로 두 가지를 당부한다. 실사구시實事求是와 후도관용厚道寬容이다. 업무는 실용 자세를 견지하고 대인관계에서는 항상 덕을 앞세우라는 뜻이다.[135]

이 시점에서 주목되는 것은 시진핑이 부친의 묘를 이장移葬한 것이다. 5월 24일 시중쉰이 사망하고 5월 30일 베이징 서쪽 바바오산八寶山 혁명공묘革命公墓에 안장된다. 바바오산은 '여덟 가지 보물이 나는 산'이란 지명이 암시하듯 명明, 청淸 두 왕조 이래 길지吉地로 알려진 곳이다. 죽은 자도, 그 후손들도 이곳에 안장되는 것을 자랑으로 여긴다.

그런데 사회주의 중국에서 드문 일이 발생했다. 이러한 천하의 길지를 버리고 세 번째 기일인 2005년 5월 24일 시진핑은 부친 유골을 산시성 푸핑현 타오이춘陶藝村으로 이장하였다. 새로운 부친

---

134) 習仲勛革命生涯編輯組, 『習仲勛革命生涯』,(北京, 中共黨史出版社, 2005), 668-669.

135) 최형규, 『중국의 파워엘리트』(서울: 한길사, 2018), 30-31.

묘소는 풍수의 전통을 그대로 수용한 곳에 자리한다.[136] 이런 음택 풍수陰宅風水는 발복發福의 의도를 배제할 수 없지만 자식으로서 부친이 고향 땅에서 영면토록 하려는 지극한 효심의 발로[137]라고 해석할 수 있다.

시진핑은 2002년 10월 저장성浙江省 부성장 및 성장대행으로 발령받고 얼마 후 당 서기로 승진하는데, 당시 이곳의 자원소모와 환경파괴를 유발한 고에너지소비형 경제를 타파하기 위해 노력을 기울인다. 그는 2003년 연설에서 "저장성의 경제위기를 채찍 삼아 산업구조 개선을 대대적으로 추진하여 경제성장 방식을 바꿔야 합니다. 또한 생태환경 건설에 박차를 가하여 앞으로 20년 안에 자원과 환경이 경제 및 사회발전과 조화를 이루도록 하여 지속적으로 발전하는 저장성을 만들어야 합니다."[138]라고 강조하였다. 그의 환경의식이 확고히 자리하고 있음이 확인된다.

시진핑이 국가 최고지도자 후보로 부상할 수 있는 예비단계, 즉 성급省級 지도자로 도약해 저장성 당 서기직을 수행하면서 보인

---

136) 김두규, "시진핑의 황토의식과 풍수", 월간조선(2018.2), 419, 423.

137) 사자(死者)의 유골이 받은 기(氣)가 어떻게 생자(生者)에게 옮겨질 수 있는가를 설명하는 동기감응론(同氣感應論)은 부모를 좋은 지기(地氣)가 있는 땅에 모셔 돌아가신 부모를 편안하게 해드리고자 하는 지극한 효심의 발로로 인식해야 한다. 우리가 살아생전 부모를 극진히 모셨듯이 돌아가신 후에도 기왕이면 좋은 자리, 즉 지기가 충만한 자리에 모셔 영면토록 도모하는 것 그 이하도 그 이상도 아닌 것이다. 여기에 이떠한 이기적인 목적이 들어간다면 그것이 바로 문제가 되는 측면이 있다. 상세한 내용은 박판수,『風水思想과 孝의 결합에 관한 연구』, 139 참조.

138) 高曉,『他將領導中國: 習近平傳』, 368-369.

정치 궤적 가운데는 '정치는 덕으로 한다'爲政以德는 부분을 찾을 수 있다. 그는 당의 기본 원칙에 저해되지 않는 제한된 범위였지만, 인민의 권리를 인민에게 돌려주는 정치체제의 개혁 조치를 적극 모색하였다.

그 사례로, 2003년 저장성은 일반인의 저장성 인민대표대회 상무위원회 회의 직접 방청을 허용하였다. 2004년에는 인민대표대회 상무위원회가 인터넷을 통해 공개적으로 입법관련 건의를 수렴하였다. 또한 저장성 인민법원의 인민배심원 및 검찰원의 인민감독원 증원, 촌민선거 법규 개정을 통한 기초 행정단위의 자치 확대 등도 이루어졌다.[139] 이로 인해 제한적이지만 인민의 정치, 사법 분야 참여와 감독이 전에 비하여 대폭 확대되었다.

2006년 7월 공산당 기율위원회가 당시 상하이시 당 서기였던 천량위陳良宇의 사회보장기금 유용 사건을 조사해 심각한 기율 위반임을 밝혀냈다. 이에 당 중앙 정치국 상무위원회는 천량위의 모든 직무를 해지시켰다. 중국 제2도시이자 경제의 중심지인 상하이 당 서기직 공백이 가져올 악영향을 우려한 당은 후임자 물색을 서둘렀다.

이 과정에서 시진핑 등 3명을 후보자로 확정하고 근무 지역 여론을 수렴하는 한편 원로들의 의견도 청취하였다. 결국 연해지역

---

139) 이규철, 『시진핑과 차이나의 도전』, 195-196.

근무 경력, 파벌색채가 옅다는 점, 부친의 당에 대한 공헌도 등이 반영되어 시진핑은 상하이시 당 서기로 낙점된다. 2007년 3월, 정식으로 상하이시 당 서기에 선임됨으로써 차기 국가 최고지도자 후보 가운데 한 명으로 급부상하게 된다.

시진핑이 상하이시 부임 직후 현지 관료들이 영국식 3층짜리 주택을 관사로 준비했다. 그러나 그는 한 번 둘러보고는 "원로들의 요양원이나 인민해방군 상이용사용 시설로 사용하면 좋겠다."라는 한마디를 남기고는 떠나버린다.[140] 그 후 상하이 근무 기간 중내내 원룸에 기거한바, 이는 철저한 자기관리의 일면을 보여주는 것으로서 원로와 퇴역 상이용사를 배려하는 자세도 드러나는 고도의 정치적 행위였다.

그는 서기직 취임 후 지도급 인사들과의 교류보다는 상하이 지역 기층과의 접촉에 업무 주안점을 두었다. 가난한 가정의 어린아이, 시설 수용 고아, 노인과 장애인, 실업자들을 만나 애로를 청취하고 이들을 도울 길을 백방으로 찾았다.

시진핑은 당시에 기층 담당 간부들에게 "권력은 인민을 위해 사용하고權爲民所用, 감정은 인민을 걱정하는 데 쓰이며情爲民所繫, 이익은 인민을 위해 추구한다.利爲民所謀"라는 점을 당부했다.[141] 이는 인민을 가장 우선으로 하는 정치를 강조한 것이다.

---

140) 최형규, 『중국의 파워엘리트』, 30-31.
141) 이규철, 『시진핑과 차이나의 도전』, 207-208.

그는 2007년 9월 공산당 제17차 전국대표대회에서 당 서열 6위의 정치국 상무위원으로 선임되었고 그동안 강력한 차기 총서기 후보로 거론되던 리커창李克强도 상무위원직을 수임했으나 서열 7위로 밀린다. 결국 후계구도 경쟁에서 역전극이 벌어진 끝에 시진핑은 차기 최고지도자 후보 1순위임을 공인받는다.

시진핑은 상하이 근무를 마치고 공직 생활 중 처음으로 베이징에 입성해 중앙당학교 교장을 거쳐 2010년에는 공산당 중앙군사위원회 부주석에 임명된다. 이 과정에서 자기 목소리를 낮추며 당내 2인자로서 공식 활동에만 매진한다.

결국 그는 2012년 11월 제18기 전국인민대표대회에서 공산당 총서기 겸 중앙군사위원회 주석직에 선임됨으로써 명실상부한 중국의 최고지도자에 자리에 오른다. 자신이 오랜 기간을 거쳐 함양, 축적한 정치철학을 펼칠 기회를 얻게 된 것이다.

3장

효도 사상의 정립과 정책화 단계

1절. 최고지도자 등극, 직면한 과제

시진핑이 고관 자제로서 부모와 친애親愛 속에 행복했던 어린 시절은 부친에게 몰아친 '당내 권력투쟁에 따른 정치적 사건'이라는 외부 요인으로 인해 비극적 상황으로 끝난다. 그 후 청소년기 가족해체와 하방을 경험하는 과정을 겪고 지방 당정 분야 일선 지도자로 경력을 쌓아가면서 그의 효 의식이 태동되고 내재화 과정을 거쳐 외현화의 방향으로 나가는 것이 확인되었다.

이제 시진핑이 공산당 총서기와 국가주석, 중앙군사위원회 주석 등 국가 핵심 지위를 모두 움켜쥐면서 최고지도자 자리에 오른 이후 국정을 운영하는 과정을 살피도록 하겠다. 그의 통치 철학에서 효 사상이 어떻게 자리를 잡았는지, 국가 운영에서는 어떠한 정책으로 구현되는지를 알아보면 리더십 성격도 규명이 가능해질 것이다.

시진핑의 부친은 당과 정부에서 큰 비중을 차지했었고 공적, 인품 때문에 명망이 높으며 모친은 여성 혁명가 출신으로서 존경을 받는 인물이다. 이러한 부모 존재로 인해 시진핑은 혁명 원로의 2세 그룹을 지칭하는 '홍얼다이'紅二代[142]에 속한다. 때문에 그를 인민계층 출신으로 분류하기는 어렵다. 그럼에도 불구하고 "국가의 주인은 인민"이라고 자신감 넘치게 표현할 수 있는 자기만의 독특한 길을 걸어왔다.

그가 총서기에 취임한 직후 언론과의 인터뷰 시 행한 발언을 보면 국민들이 진정으로 희망하는 생활은 어떤 것인지 정확히 파악하고 있다. 또한 이를 충분히 만족시켜주는 것이 당 지도부 목표라는 점을 명확히 인지하고 있다.

---

142) "홍얼다이는 넓게 말하면 중화인민공화국 건국의 주역인 홍색(紅色, 공산당) 가문의 후대로 2세와 3세 모두를 뭉뚱그려 말한다. 좁게는 문화대혁명 이전 국장급 이상 고위간부 자제들을 지칭한다. 현재 4만 명 정도로 추산된다. 홍얼다이는 자신들의 선대가 공산당과 홍군의 고위 간부 출신으로 피와 땀을 바쳐 홍색강산을 일궈냈다고 자부한다. 따라서 건국 과정에 참여하지 않고 훗날 중화인민공화국이 세워진 뒤 고위관료로 승진한 이들의 자제인 관얼다이(官二代)와는 구별돼야 한다고 주장한다. 또 중국 영도인과 해방군 장성들의 자녀들이 주로 다녔던 8.1 학교 출신이라는 것도 홍얼다이의 특징으로 거론된다. 시진핑도 8.1 학교를 졸업했다. 홍얼다이가 세인의 눈길을 끌기 시작한 건 시진핑이 집권하면서였다. 홍얼다이는 현재 자신들이 속한 그룹에서 총서기를 배출했다는 자부심에 차 있다", 유상철, 『2030 황제의 길』(서울: 메디치, 2018), 234-236.

"삶을 소중히 여기는 우리 인민은 더 좋은 교육과 더 안정된 일자리, 더 만족스러운 소득, 더 든든한 사회보장, 더 쾌적한 주거환경, 더 아름다운 환경이 마련되고, 자녀들이 잘 자라서 즐겁게 일하고 더 잘 살 수 있기를 바라고 있습니다. 인민들이 동경하는 아름다운 생활이 바로 우리가 지향해야 할 목표입니다.[143]

시진핑은 청소년 시기 황토협곡에 자리한 농촌으로 보내져 절벽에 굴을 판 주거지에서 생활하였다. 가장 낮은 처지에서 험한 육체노동을 경험했고 실각한 부친 존재로 인해 보살펴주는 사람 없이 약자로서 삶도 체험하였다. 또 이러한 과정에서 량자허 생산대 사람들과의 소통과 협력만이 생존을 보장할 수 있음을 터득했다.

그의 공직생활은 기층민들과 상시적인 접촉이 요구되는 현縣 당 조직 초급관리자에서 시작되어 정치국 상무위원 피선 전까지 줄곧 지방에서 이뤄진 관계로 중앙정부 경력이 전무하다. 때문에 당과 정부 내 형성된 파벌, 승진 등을 둘러싼 정치 논리나 엘리트주의와는 지속적으로 벽을 쌓고 지냈다. 아울러 현장에서 대중과 호흡하면서 뿌리 민심을 누구보다도 정확히 읽어낼 수 있는 안목을 키웠다.

시진핑의 인식에서 국민이 어떤 존재로 자리하고 있는지는 그가

---

143) 習近平, 『習近平談治國理政』, 차혜영 역, 『시진핑, 국정운영을 논하다』(서울: 미래엔, 2015) 17.

최고지도자에 오른 후 언급에서 명확히 드러난다. 2013년 12월 23일 신화사 보도를 보면, "우리 공산당원에게 있어 인민 대중은 우리를 먹여주고 입혀주는 부모입니다. 그러므로 자기 부모를 사랑하듯 인민을 사랑해야 하고, 대중을 위하여 이익을 도모하며 대중을 이끌고 좋은 세상을 만들어 가야만 합니다."[144]라는 발언이 나온다.

여기에는 국민은 우리 부모 같은 존재이므로 자기 부모처럼 사랑해야 되며, 이들을 위해 국정을 운영하고 이들과 함께 나은 세상을 만들어야 한다는 의지가 담겨 있다. 이러한 시진핑의 논리는 부모에 대한 효도와 사랑의 감정이 바로 국민으로 전이, 확장되는 것으로서 이는 공적인 효도의 성격을 갖는다.

그런데 시진핑이 인민을 부모로 섬기려는 의지에 앞서 봉착한 여러 가지 문제가 존재한다. 개혁개방 이후 중국 사회가 맞이한 가장 큰 변화 중 하나는 인구 유동성이 빠른 속도로 증가하고 있다는 것이다. 인구 유동성은 부족한 도시 노동력을 농촌 인력으로 대체해 경제건설에 기여하는 등 사회 전반에 걸쳐 활력을 불어넣는 역할을 수행하지만 한편으로는 여태껏 겪어보지 못했던 상황을 동반하며 지도자들에게 새로운 국정운영 방식을 요구한다.

인구 유동성이 낮을 때는 이른바 '낯익은 사회'熟人社會의 거버넌

---

144)   習近平, 『習近平談治國理政』, 527.

스가 효과적으로 작동했다. 구성원 서로가 잘 알고 있는 상황에서는 공공의 문제는 기존의 네트워크를 통해 쉽게 해결할 수 있다. 구태여 형식적인 법률이나 규정이 없더라도 '낯익은 사회'의 상호성 원칙이 강력하게 사회를 통제할 수 있는 것이다. 그러나 인구 유동성이 높아지면 공식적인 것들이 필요해지고 이는 다양한 유형의 제도 비용을 초래한다.[145]

외래 유동 인구의 도시 진입에 따른 치안비용 증가는 물론 농촌 지역에서는 '외지로 떠난 자'의 부재에 따른 자녀 양육과 부모 봉양의 공백이 발생하여 교육과 양로문제가 지방 정부의 직접적인 부담으로 고스란히 남게 된다.

현실적 사례는 인구 유동성 증가에 따른 농촌 가족의 해체이다. 중국에서 농민이 기댈 수 있는 기본 소득은 농업소득과 임금소득으로 구성된다. 이는 농촌 지역에서 농사 이외에는 마땅한 일자리가 없음에 따라 누군가는 일자리를 구할 수 있는 대도시 등 외지로 나가 생산직이나 건설 일용직 등 임금 노동에 종사 중임을 시사한다.

전형적으로 30-40대 전후의 중장년층 부부가 외지에서 노동에 종사하고 자녀, 연로한 부모는 농촌에 남겨져 집을 지키게 된다. 중국사회 용어로는 세 가지 '남겨진 사람'留守人員이라 불리는데, 남

---

145) 이희옥, 『복합 차이나리스크 연구』(세종: 대외경제정책연구원, 2018), 270.

겨진 자녀와 남겨진 배우자, 남겨진 부모가 바로 그들이다.

　이런 현상이 국가적 위험 요소가 되는 이유는 남겨진 사람들에 대한 보호, 지원이 제대로 이뤄지지 못하면서 농촌 가족이 와해되는 상황이 벌어지기 때문이다. 남겨진 아이들은 부모의 장기간 부재로 인해 가정교육을 제대로 못 받게 되며 학업에서 멀어지고 범죄에 노출될 가능성이 높다. 남겨진 고령의 부모는 자녀 부재에 따른 봉양을 기대키 어려운 데다 손자세대 양육 의무까지 떠안게 되는 이중고에 시달릴 수밖에 없다. 경제 문제를 해결해 가정을 지키기 위한 장년층의 불가피한 선택이었으나 매우 모순적 결과를 초래한 것이다.

　아동기와 청소년기에 발생하는 부모 부재 현상, 이로 인한 가정교육 부실화로 아이들 대에까지 가난의 대물림이 이어진다면 계층 고정화가 지속되어 향후 계층 간 대립과 반목의 직접적인 원인으로 자리한다. 또한 자녀의 봉양에서 멀어진 농촌 지역 고령 부모세대 문제는 단기적으로 지방정부의 부담이지만 장기적으로는 중앙정부의 직접 부담으로 작용할 수 있다.

　시진핑이 봉착한 또 다른 문제는 '늙어가는 중국'으로서 인구 노령화 속도를 정부 정책이 미처 대응치 못하는 상황의 전개이다. 경제발전이 선행되고 인구 노령화 현상이 진행되어야 국가가 노령 인구의 부담과 압력을 지탱할 수 있는데, 중국은 경제적 능력 확보와 정부의 구체적 대비책 마련에 앞서 노령화가 먼저 찾아온 것

이다. 때문에 노령화와 경제성장을 어떻게 조화롭게 유지하느냐가 국가 이슈로 자리하게 되었다.[146)

또 하나의 문제는 노령인구가 급증하면서 퇴직연금 지급 규모 또한 급증하는 것이다. 고령자 증가는 향후 중국의 복지와 의료보험 재정에 상당한 영향력을 미칠 것으로 예상된다.

중국의 고령화는 노동都農 간 격차, 높은 실업률 등의 문제보다 더 해결키 힘든 문제가 될 수도 있다. 계획경제가 시장경제로 바뀌는 과정에서 중국 국민들은 노후연금을 적립하지 않는 비율이 매우 높은 것으로 파악된다. 결국 고령화가 향후 중국 경제와 사회 갈등에 가장 큰 위협으로 작용할 가능성이 높다.[147)

단적인 예를 거론한다면, 5,700만 명에 달하는 퇴역군인들의 열악한 연금 증액, 주택과 의료지원 등 처우 개선 요구가 비등한바, 이를 현 상태로 방치할 경우 중국 사회의 안정을 뒤흔들 요소가 될 수 있는 상황이다. 2017년 12월 한국 언론 보도 내용을 보면 얼마나 심각한 수준인지 짐작된다.

"중국의 수도 베이징에서는 지난해 10월 퇴역 군인 수천 명이 처우 개선을 요구하는 시위를 벌였다. 이들은 인민해방군 사령탑인 당 중앙

---

146) 이재호, 『시진핑 시대 중국의 미래전망과 대응 전략』(서울: 대외경제정책연구원, 2012), 60.

147) 이재호, 『시진핑 시대 중국의 미래 전망과 대응 전략』, 60.

군사위원회와 국방부 청사인 베이징 창안제長安街 '바이다러우'八一大樓

건물을 포위하기도 했다. 이는 1999년 4월 종교단체 파룬궁法輪功 회원

들이 중국 정부조직이 모여 있는 중난하이를 포위한 사태 이후 최대 규

모의 시위였다. 이어 올해 2월 말에도 수백 명의 퇴역군인이 당 중앙기

율검사위원회가 입주한 건물을 둘러싸고 군가를 부르거나 당과 군 간

부의 부패를 비난하는 구호를 외쳤다. 퇴역 군인들은 시진핑의 약속에

도 불구하고 회의적인 반응이다. 지금껏 중국 정부가 퇴역군인들의 처

우 개선 요구에 탄압과 기만으로 일관해 왔다고 이들은 주장한다."[148]

시진핑은 2017년 10월 18일 제19차 공산당 전국대표대회 개막
연설에서 군인과 그 가족의 합법적 권한과 이익을 보호하고 군인
을 국가에서 존경받는 직업으로 만들 것[149]임을 공식적으로 약속
했다. 그러나 투철한 애국심과 사명감을 필요로 하는 직역職域에
서 장기간 근무했고 평상시에도 국가 운영에 대해 협조적인 성향
을 가진 고령의 퇴역군인들마저 국가를 상대로 공개적인 시위를
벌이는 상황이 전개된 것이다. 이런 상황은 사회안전망이 아직도
미흡한 실정에서 '늙어가는 중국'의 고민과 후유증의 심각성을 상
징적으로 보여준다.

---

148)   연합마이다스 편집부, "시진핑의 고민, 5천 700만 퇴역군인 처우 개선해 달라", 연
        합마이다스(2017.12), 62-63.

149)   "中國共產黨第十九次全國代表大會在京開幕",《光明日報》(2017. 10. 19.), 1.

중국은 1980년대 이후 노인 인구의 지속적인 증가 현상을 보이면서 2001년도에 이미 고령화 사회에 들어섰다.[150] 도시화, 핵가족화로 인해 노인층이 사회와 가족으로부터 소외되는 가운데 자녀가 진학, 취업, 결혼 등 사유로 부모 곁을 떠나면서 노인들만 거주하는 가정의 증가 추세에 있다.

때문에 농촌 지역을 중심으로 노인만 남아 있는 가정을 지칭하는 '빈 둥지 가정'空巢家庭[151]이라는 용어가 인구에 회자되기도 한다. 농촌의 동공화 현상은 인구 고령화에 따른 노인 문제가 얼마나 심각한지를 상징하고 있다.

시진핑에게 주어진 과제는 또 있다. 중국인의 가치관이 변하면서 사회를 지탱하던 도덕은 더 이상 기능을 발휘하기 힘든 상황에 직면하였다. 때문에 국정 운영을 위해 사고 전환을 시도한다.

이전 혁명세대 지도자들이 거부반응을 보인 유교 가치관을 적극적으로 수용하고 활용하려는 자세를 견지하는데, 이는 유교 사상의 수용과 활용에서 상세히 다뤄질 것이다.

---

150) "고령화는 한 나라의 연령별 인구 구성에서 65세 이상의 인구가 차지하는 비율로 가름해왔으며, 그 비율이 7% 이상이면 고령화 사회, 14% 이상이면 고령 사회, 그리고 20% 이상이면 초고령 사회로 구분해왔다. 이러한 기준에 따르면 중국은 2001년 65세 이상 인구 비율 7.1%로 고령화 사회에 진입하였다", 이현정, 「개혁기 중국의 노인복지 정책과 고령 농민의 구조적 배제」, 『아시아리뷰』 8권 1호(서울대 아시아연구소, 2018.8), 79.

151) "중국정부의 2015년 통계에 의하면, 농촌 빈 둥지 가정의 노인 수는 전체 농촌가구 중에서 50% 수준에 달했고 이 가운데 배우자 없는 1인 독거노인은 10%를 점하는 상황이다", 李永萍, 『老人危機與家庭秩序』(北京: 社會科學文獻出版社, 2018), 8.

2절. 효도 관련 정책의 구현, 국가적 효행

시진핑은 1974년 공산당에 입당했다. 그로부터 40년 가까운 세월이 흐른 2013년 국가주석 직위에 오르기까지 거친 직책은 16개이며 관할했던 지역의 인구는 약 1억 5천만 명에 달한다.[152] 따라서 그가 오랜 시간 동안 인민들과 함께하며 한 계단 한 계단 과정을 밟아 올라간 풍부한 경력의 지도자인 것은 확실하다. 그렇더라도 56개 소수민족으로 구성되었고 14억 명에 육박하는 인구 대국을 통치한다는 것은 결코 쉬운 일이 아니다.

중국이 국내외적으로 해결해야 할 다양한 국가 현안 가운데 앞에서 서술한 것처럼 '부유해지기 전에 이미 늙게 된' 국내 상황은 국정운영에서 특히 큰 부담으로 작용한다. 경제적 대비책이 부족한 상태에서 인구 고령화의 쓰나미가 닥친 것이다.

그가 집권 이후 직면했던 다양한 국내 현안 가운데 우선적으로 대응해야 했던 것은 출산 문제였다. 중국 사회주의체제의 왜곡된 정책 가운데 자연의 섭리를 정면으로 거스른 '한 자녀 갖기'가 있다.

중국 정부가 1979년부터 30여 년간 강력히 이행해오며 강제 임신 중절, '헤이하이즈'黑孩子로 불리는 호적 미등록 아이들 문제 등

---

152) KBS 슈퍼차이나 제작팀, 『슈퍼차이나』(서울: 가나출판사, 2016), 324.

인권 침해 시비를 지속적으로 유발시켰던 정책이다.[153] 결국에는 저출산과 인구 고령화 가속화에 따른 급속한 경기침체에 대한 대응이 요구되었고 이에 대한 결단이 이뤄진다.

시진핑의 총서기 취임 만 1년째이던 2013년 11월 5일 공산당은 제18기 중앙위원회 제3차 회의를 통해 부부 가운데 한 명이 외동일 경우에 자녀 두 명까지 출산을 허용하는 완화된 산아제한정책, 즉 '두 자녀 정책'을 도입하기로 결정하였다.[154] 이어진 조치로 '한 자녀 갖기'가 2015년 10월 공식적으로 폐지된다.

시진핑 주석과 리커창 총리 등 새로운 국가 지도자들이 고도 경제성장과 기술발전에 집중하던 이전 기술관료 세대와 달리 복잡한 사회, 경제적 문제들을 관리·해결하는 민생안정을 주된 정책과제로 인식하며 이에 적극적으로 대처하려는 성향을 가진 지도자들[155]이었기에 가능했던 조치이다. 특히 시진핑은 자신이 구

---

153) "중국은 지난 1979년부터 인구 급증을 해소하기 위한 1가구 1자녀 정책을 도입하여 이를 어긴 가정에는 벌금을 부과할 뿐만 아니라 의무교육과 의료보험의 혜택 및 가장의 직장까지 박탈하는 등 강력한 인구 억제 정책을 추진해왔다. 정부의 정책 때문에 농촌 지역에서는 둘째 아이를 낳고도 출생 신고를 하지 않는 경우가 많아 실제 인구는 공식 발표보다 훨씬 많을 것이라는 반론도 있다. 기필코 아들을 가지겠다는 부모들로 인하여 여아 낙태 등 반인륜적인 행위가 횡행했고 남아와 여아 간의 성비 불균형이 심각한 수준에 이르게 되었다", 이현승·김현진, 『늙어가는 대한민국-저출산 고령화의 시한폭탄』(서울: 삼성경제연구소, 2009), 82-83.

154) 황판·김종호, 「중국의 인구정책 혁신: 정책흐름모형을 중심으로」, 『사회과학연구』 40권 3호(경희대학교 사회과학연구소, 2014.12) 174-175.

155) 이동률, 「시진핑 외교정책의 변화와 지속성: 제18차 전국대표대회 보고를 중심으로」, 『中蘇硏究』 36권 4호(한양대학교 아태지역연구센터, 2013.2), 24.

상하는 정책은 주변 반대에 개의치 않고 집행하는 모습을 2013년 이미 드러냈었다. 이와 관련한 구체적 사례로 '노인권익보장법' 개정을 들 수가 있다. 물질과 정신, 두 가지 측면에서 빈곤으로 인하여 고통받는 노인들을 위해 1996년 제정되었던 이 법은 '부모 공경과 노인복지 증진'이라는 원론적인 수준에 그쳤기에 그 효과가 미비했다.

이에 따라 시진핑 집권 2년 차인 2013년 7월 중국 정부는 자녀의무 불이행에 따른 법적 제재를 담은 개정 법률안을 반포하였다. 개정된 법에는 자녀의 부모에 대한 금전 지원과 정기 안부 확인 등 부모와의 교류, 부모부양 회피 목적 유산 상속권 포기 금지를 명문화하고 있다. 아울러 법을 위반했을 시 벌금부과나 구류 결정이 내려진다.

오늘날 중국인들의 가치관은 과거와 확연하게 다르고 개인주의가 만연하고 있어 국가에 의해 효도가 강제되는 문제를 놓고 분명히 사회적 논란이 존재한다. 노인권익보장법 개정 이전까지는 부모에 대한 효도가 '도덕에 기반한 개인적 가치'였지만, 법 개정 이후부터는 '법에 기반한 사회적 명령'이 되었다.

이 때문에 중국의 2030 세대는 불만을 표출하는데 불만의 원인은 국가에서 젊은 층에게 부모와 노인세대 부양의 의무를 떠넘긴다고 인식하는 데 있다. 또한 개정된 노인권익보장법이 명확한 시행세칙도 없이 개개인의 일상생활을 강제한다는 점에서 한계가 있고 국가 책임은 방기한 채 국민들에게 의무만 뒤집어씌우려는 중국 정부의 수준 낮은 인식과 대응을 보여줬다[156]는 비판이 나오기도 한다.

그러나 '사회적 약자'라고 할 수 있는 노인 문제를 정부가 외면하지 않고 적극적으로 개입하고 적시에 대응하려는 노력으로 해석한다면 개정된 이 법은 존재 가치가 충분하다. 설령 일부의 비판에 직면하더라도 대의를 위해 정책을 강력히 추진하는 것은 최고 지도자와 정부가 필히 견지해야 할 자세이다.

효 학계의 연구결과를 빌리자면 효와 관련하여 도덕적 힘이 영향을 발휘하지 못할 경우에 법적인 힘으로라도 노인집단의 복지는 보장되어야 한다.[157] 다만, 의무와 부담의 주체가 되는 젊은 층과 반대 입장을 충분히 헤아리고 설득하면서 조율하는 후속 조치는 반드시 이루어질 필요가 있다. 그래야만 효와 부모부양에 대한 국민의 주의를 환기시키고 미래의 리스크에 대처하려는 '선제적 정책'으로서 가치가 획득된다.

---

156) 모종혁, "효도 안 하면 처벌한다고? 고령화사회 부작용, 법으로 막겠다는 중국의 고민", 《시사저널》(2013. 7. 13).

157) "현대적 효는 도덕적 차원, 그리고 특권의식의 효 개념에서부터 인간의 최저 기본 권이 보장되는 법의 차원으로 변화되어야 한다. 효라는 도덕적 개념을 법의 차원 으로, 특히 부모자식간의 문제를 법의 개념으로 본다는 점에 거부감이 우선 들 것으로 생각한다. 그러나 노인집단의 복지문제를 놓고 볼 때 결국 도덕적 힘이 영 향을 발휘하지 못할 때는 법적인 힘으로라도 노인집단의 복지가 보장되어야 한 다", 곽종형, 「효 사상의 현대적 이해」, 『한국사상과 문화』 63권(한국사상문화학회, 2012.6), 505-506.

효에 대한 시진핑의 인식이 확고한 사상으로 정립되었음을 확인할 수 있는 대목은 공산당 정치국 집체학습이다. 이 학습은 정치국원 이상 고위인사들이 평균 2개월 간격으로 모여 국가 현안을 주제로 최고 전문가 강의를 듣는 정치 행사이다. 때문에 중국 지도부의 고민과 관심사가 무엇이며, 지향하는 방향이 어디인지를 알 수 있는 바로미터 역할을 한다. 정치국 집체학습의 사회를 보면서 이 모임을 직접 주재하는 총서기로서는 자신이 의도한 대로 중요한 정책의 방향을 잡고 지도부의 사상통일을 꾀할 수 있다.[158]

중국에서 인구 고령화가 국가적 현안으로 대두하였고 공산당과 정부로서는 문제점과 해결책을 모색하지 않을 수 없었다. 이와 같은 상황하에서 공산당 지도부는 내부적인 토론과 검토를 거쳐 결국 2016년 5월 27일 '우리나라 인구 고령화의 형세 및 대책' 제하 제32차 정치국 집체학습을 실시하였다.

시진핑은 이날 강평에서 "우리나라는 세계에서 인구 고령화 정도가 비교적 높은 나라 중 하나로서, 고령 인구의 수가 가장 많고 고령화 속도가 가장 빠른 만큼 인구 고령화에 대응하는 임무는 가장 중요한 임무입니다."라고 밝혔다. 이어 "수적으로 대단히 많은 노년층의 다양한 수요를 만족시키고, 인구 고령화가 가져올 사회적 문제를 원만하게 해결하는 것은 국가발전의 전체적인 국면

---

158)　유상철, 『2035 황제의 길』, 176.

과 인민들의 복지에 관계되는 일로서 우리들이 큰 힘을 다해 대응토록 요구하고 있습니다."라고 강조하였다.

그는 강평을 이어가며 인구 고령화에 대한 당과 정부 조치로 많은 성과가 있음에도 관련 정책과 업무 기반, 시스템 등에서 아직도 확실히 부족한 점이 존재하기 때문에 노인들의 행복한 노년생활에 대한 기대와는 차이가 크다는 점을 지적하였다. 아울러 "노인 공경과 노인 사랑은 중화민족의 전통적 미덕으로서, 민족의 특성과 시대의 특징을 가진 효친경로孝親敬老 문화를 만들어야 한다."[159]라고 역설하였다.

시진핑이 전임 최고지도자 세대는 사용치 않았던 '효친경로'[160]라는 표현을 최고위급 모임에서 공식적으로 했던 것은 이후 국정 운영에서 전통 미덕인 노인 공경과 부모에 대한 효도, 이를 실천키 위한 문화적 풍토 조성 필요성을 공식적으로 제기하고 국민들에게 실천을 요구할 것이라는 신호였다. 더불어 '민족의 특성'이라는 어구를 통해 서구 등 다른 국가, 세계와 차별화된 중국만의 독특한 효도 문화를 만들어가겠다는 의지를 나타낸 것이다. '시대의 특징'이라는 표현에서는 시대 흐름에 부합하며 현대적 의미도 포함되는 새로

---

159) "習近平在中共中央政治局第三十二次集體學習時強調: 黨委領導政府主導社會參與全民行動, 推動老齡事業全面協調可持續發展",《光明日報》(2016. 5. 29.), 1.

160) 장쩌민과 후진타오는 '孝親' 등 효의 의미를 직접적으로 나타내는 용어는 피했다. 상대적으로 시진핑이 분명하게 '孝親敬老' 표현을 사용한 것은 전임자들과는 차별화된 행태로서 전통적 가치관의 활용 의지가 확고함을 시사한다.

운 효 방식을 찾도록 하겠다는 그의 확고한 각오가 읽힌다.

인구 고령화 추세에 따라 마련된 현재 중국의 양로정책은 시진핑 집권 3년 차인 2015년 10월 개최된 제18기 공산당 중앙위원회 5차 전체회의 시 발표된 '중공 중앙의 국민경제와 사회발전 제13차 5개년 계획 제정에 관한 건의'에 의해 진행되고 있다. 이 건의는 인구 고령화에 대응키 위해 "가정을 기초로, 지역사회의 도움을 받아서, 정부기관이 보완以居家爲基礎, 社區爲依托, 機構爲補充하는 3단계 양로서비스체계를 구축하고 의료보건 서비스와 양로서비스가 결합된 장기적 보호제도를 마련해야 한다."라고 밝히고 이를 위해 양로서비스산업의 전면 개방을 결정하였다.[161]

아울러, 시진핑은 2016년 12월 21일 당 재정경제 분야 회의를 통해 "양로원 서비스 질을 높이는 것은 2억 노인, 특히 거동을 못하는 4천만 노인들의 만년 행복뿐만 아니라 그들 자녀의 직장생활, 국민생활의 질과도 관계된 대사"라고 강조하고 양로원 서비스 질 향상을 위해 전국적으로 서비스 표준화, 운영 및 감독 체계의 구축을 주문하였다.

이어 "양로원 입주 노인 대상 편취나 학대 행위는 강력히 의법 조치할 것"이라고 경고하고 "양로서비스는 중요한 민생프로젝트

---

161) 김경환, 「중국 양로시설 시장현황 및 진출전략」, 『중국학연구』 84집(중국학연구회, 2018.5), 228.

로, 최고위층 모두 공감하고 있다."[162]라고 밝혔다. 시진핑의 지시를 계기로 국무원을 비롯한 정부 기관은 2017년부터 본격적으로 양로사업 발전과 관련 체제의 정비에 나서고 있다.

시진핑은 고령화 대응을 국정 주요 목표로 선정하고 해결방안의 하나로서 경로효친을 선명하게 내세웠다. 이는 유교를 비롯한 전통사회의 가치관과 정신을 새로운 통치 담론으로 끌어들이는 적극적 노력의 일환으로 해석할 수 있다.

물론 급속히 늙어가는 중국의 현 상황에서 재정 지출 등의 문제로 인해 국가의 역할에는 분명 한계가 있는 만큼 우선적인 조치로서 국민들의 공감을 유도하고 협조를 얻으려는 긴급 처방의 성격도 배제할 수 없다. 그럼에도 다른 각도에서 살펴보면 그는 최고지도자로서 노인 문제와 효를 개인이나 가정에 미루지 않고 국가, 사회가 참여하는 '공론의 장場'에 입장시켰다. 또 이를 통해서 국민들의 주의를 환기시키고 강력한 구현 의지를 표현하였다. 이는 정치, 사회적으로 상당히 중요한 의미와 가치를 갖는다.[163]

---

162) 許江萍, 『中國養老政策-目標與路徑』(北京: 中國市場出版社, 2018), 2.
163) "노인문제의 원인은 개인, 가족의 결함보다는 사회의 변화 또는 사회의 구조나 제도의 결함에 있다는 것이 확실하다. 그럼에도 불구하고 국가의 노인문제 해결 노력은 아직도 노인 개인과 가족의 노력에 의존하는 데 치우쳐 있다. 노인문제를 보다 근본적으로 해결하기 위해서는 국가의 정책입안자나 정책결정자가 이러한 시각에서 속히 탈피해야 할 것이다", 표갑수, 『사회문제와 사회복지』(서울: 나남, 2014), 158-159; "사회 문제의 측면에서 노인문제를 해결하기 위해서는 노인문제를 대상 노인 개인이나 가족의 문제로 국한시킬 것이 아니라 이를 사회문제로 공론화하여 사회 전체가 선제적으로 대응해야 할 것이다", 정수일·김보기, 「사회문제 측면에서 본 노인문제 해결 방안에 관한 연구」, 『산업진흥연구』 1권 2호(산업진흥원, 2016.7), 119.

효와 노인공경에 관한 시진핑의 의지는 이처럼 매우 강하게 드러난다. 2019년 2월 3일 음력설을 기념하기 위해 개최된 중국공산당-국무원 합동 춘절단배회春節團拜會에 참석해 행한 연설에서도 그의 의지를 다시 확인할 수 있다.

"집에서 효를 다하고 국가를 위해 충성을 다하는 것은 중화민족의 우수한 전통입니다. 자고이래로 중국인은 어른에 대한 효도와 친족에 대한 사랑을 제창해왔으며 우리 집 노인을 공경하듯 다른 집 노인을 공경하는 것과 우리 집 아이를 사랑하듯 다른 집 아이를 사랑하는 것을 창도해왔습니다. 우리나라는 이미 고령화 사회에 진입했습니다. 노인들이 늙어서도 부양을 받고 의지할 곳이 있으며 즐거울 수 있고 편안할 수 있도록 하는 것은 사회의 화해 및 안정과 관계가 있습니다. 우리는 전 사회가 노인을 존경하고 관심을 기울이며 부양토록 제창해야 하며 온 힘을 다해 노인 관련 산업을 발전시켜 모든 노인들이 행복하고 아름다운 만년을 보낼 수 있도록 해야 합니다."[164]

중국의 전통 가치관인 효와 충에 대한 호의적 평가를 전제로 고령화가 급속히 진행되는 현 상황에서 노인 문제 해결이 사회 각층의 화해와 안정에 필수적인 것이라는 시진핑의 절박한 현실 인식

---

164) "中共中央國務院擧行春節團拜會, 習近平發表講話", 《光明日報》(2019. 2. 4.), 1.

과 해결 의지가 공개적으로 표출된 것이다. 노인 문제를 해결치 못하면 국가의 존립을 보장할 수 없음을 인식한 데서 나온 발언인 것이다.

이와 같은 시진핑의 의지를 뒷받침하기 위해 공산당 중앙위원회 선전부도 나섰다. '당의 입장을 전달하는 창구'라고 할 수 있는 선전부는 공식자료를 통해 "고령화에 적극적으로 대응키 위해서는 노인 봉양, 노인에 대한 효도, 노인 공경 등의 정책 체계와 사회 환경을 구축하고, 의료와 양로 결합을 추진하며, 노인 관련 사업과 산업의 발전을 촉진시켜야 된다."[165]라고 강조하였다.

165) 中共中央 宣傳部, 『習近平新時代中國特色社會主義思想三十講』(北京: 學習出版社, 2018), 228.

3절. 공산당의 자구책, 유교 수용과 활용

세계의 모든 국가와 집권 세력은 정권을 창출하거나 국가를 운영하는 과정에서 동력으로 작용할 세력을 모으고 지지를 확보하기 위한 정치 이데올로기[166]를 필요로 한다. 정치는 이데올로기 선점과 전파에서 승패가 갈리는 싸움이라 해도 과언이 아니다.

특히 사회주의 국가인 중국의 경우 공산당은 내부적으로는 9천만 명에 육박하는 당원의 의식과 사상을 하나로 모음으로써 통합과 단결을 이루고 외부적으로는 국민들을 상대로 통치의 정당성을 설명하고 설득, 정체성과 존재 가치를 인정받으려 노력한다. 이 과정에서 지속적으로 자기 변신과 갱신의 시도가 이뤄지는 가운데 '공산당의 영구적 집권'이라는 목표는 결연하게 지키되 이데올로기의 선택에 있어서는 경직성보다는 유연성을 보이고 있다.

공산당의 변화 움직임과 관련하여 서울대 조영남 교수는 "중국 공산당이 개혁개방 이후 기존 통치 이데올로기를 적절히 변형하고 새로운 내용을 끊임없이 발굴함으로써 비교적 성공적으로 당의 통합과 단결을 유지했고, 이를 바탕으로 국민의 지지를 받을

---

166) "정치 이데올로기는 정치권력 내지 정치운동의 목표 또는 이상과 밀접히 결부되어 행위의 지침으로서 적과 동지를 구분하는 엄격한 양단논법을 전제로 일정한 정치 사회적 활동을 위하여 사전에 계획된 정치적 목표와 미래의 사회상을 조직적으로 주입시키고 사회의 통합과 분열이 교차되는 가운데, 사회구성원들에게 일정한 방향을 제시해주는 이념체계이다", 이권호, 「중국공산당의 이데올로기 조정과 통치 권력 유지의 변증관계」, 『한중사회과학연구』 28권(한중사회과학학회, 2013.7), 4.

수 있었다."라는 분석을 내놓았다. 그리고 공산당 통치의 안정이 가능토록 해줄 중요 요소로서 사회주의 이데올로기의 변형, 민족주의 고취, 유가 사상의 통치 이념화를 들었다.[167]

이러한 조 교수의 견해는 공산당에 의해 사회주의 이데올로기의 가변성可變性이 허용되고 민족주의가 고개를 드는 가운데 전통적 유가 사상이 국가 운영의 중요한 배경으로 자리했음을 시사한다. 즉, 필요에 의해 과거의 가치관이 현대 중국정치의 요소로서 활용되고 있다는 것으로 해석할 수 있다.

여기에서 중국공산당의 자기 변신과 갱신의 배경 및 과정을 살펴볼 필요가 있다. 10년에 걸친 문화대혁명으로 인해 전통사상이 부정되고 문화의 정체성이 파괴된 가운데 개혁개방 정책이 시행된 1978년 이후 유입된 서구 자유주의 사상은 지식인과 대학생의 공산당 및 정부에 대한 불만과 맞물려 1989년 '6.4 톈안먼天安門사태'의 동력으로 작용하며 민주정치 체제 요구로까지 이어졌다.[168]

나아가 1990년대 초반 동구권 국가들의 몰락과 1991년 소련 해체에 따른 냉전 종식은 톈안먼 사태 당시 기억을 소환하며 국가지

---

167) 조영남, 『21세기 중국이 가는 길』(파주: 나남, 2009), 44.
168) "1989년 발생한 톈안먼 사태는 덩샤오핑이 이끄는 당시 지도부에 큰 경각심을 주었다. 사태 당시 대학생들은 서구식 정치체제, 즉 민주정치 체제의 이식을 요구했다. 국민이 직접투표로 지도부를 뽑는 제도는 공산당 집권의 종말을 의미한다. 덩샤오핑 등이 위기감을 느꼈을 것임은 당연하다. 중국 지도부는 서구식 자유민주주의를 절대 수용할 수 없다는 인식을 굳혔다", 정승욱, 『새로운 중국 시진핑 거버넌스』, 32.

도부의 심각한 위기의식을 불러 일으켰다. 중국이 이미 자본주의의 상징인 시장경제를 채택한 상황에서 '사회주의 건설'을 견지하는 것만으로는 급격한 정세 변화에 대응키 어려웠다. 상황의 심각성을 인지한 공산당은 영구적 집권과 안정적 통치를 강구하는 과정에서 대안적 이데올로기로서 유가儒家사상에 눈을 돌렸다.

이와 유관한 움직임으로서 1990년대 이후 사회에 나타난 '국학열'國學熱은 개혁개방 이후 급격하게 변화하는 중국 사회의 근본적 요구인 새로운 가치관과 세계관 정립으로부터 기원하며, 국가권력의 요구와 시기적으로 중복된다. 중국은 이러한 사회적 요구를 충족시키기 위해 전통문화를 향해 나갔다.[169]

국내 중국 전문가는 중국이 개혁개방 이후 문화대혁명으로 대변되는 '사회주의 30년'을 부정하고 그것과 단절하는 측면이 있지만 동시에 전 영역에서 아직까지 사회주의적 기제가 여전히 존재하는 포스트 사회주의 상태라고 진단하고 현재는 마오쩌둥 시대 사회주의를 포함하여 사회주의적인 것과 자본주의적인 것이 혼재하는 과도기[170]라고 규정하였다. 이는 국가 운영을 위해 새로운 의미로 다가오되 안정적 성격까지 지닌 이데올로기에 대한 중국 공산당과 정부 수요가 얼마나 절실한지를 여실히 반영한다.

---

169) 임명희, 「포스트사회주의 시대의 전통 문화 연구: 경전읽기 운동을 중심으로」, 『제103차 중국학연구회 정기학술대회 자료집』(중국학연구회, 2017.4), 124.

170) 임규섭, 「포스트사회주의 시대, 중국의 전통문화에 대한 정치적 함의」, 『중국학연구』 63호(중국학연구회, 2013.3), 75.

어느 국가나 사회든 경제가 성장할수록 구성원의 위상이 높아지고 정치와 사회적 욕구를 분출하는 등 민심에도 변화가 생긴다. 결국에는 체제 내부를 향한 구심력보다 각자 주장과 의견을 내세우고 요구를 제기함에 따라 체제 외부를 향한 원심력이 더 크게 작용한다. 때문에 국가와 사회를 이끌고 운영하는 입장에서는 원심력 제어에 고민을 할 수밖에 없다. 만약 원심력이 제어되지 않으면 국가나 사회 안정이 위협받는 상황에 직면한다.

이런 상황에 대해 연세대 조경란 교수는 중국 또한 시장경제를 채택하면서 사회주의 이데올로기는 더 이상 사회통합의 수단이 되지 못하였고 그나마 경제성장 수치가 높을 때는 그 수치 자체가 '임시 통치 이념'이 되어 사회통합을 유지하는 역할을 했다고 진단했다. 이어, 중국공산당이 높은 경제성장률로 자신의 존재 이유를 증명했지만 2016년을 전후하여 경제성장률이 6%대로 떨어지면서 그것도 더 이상 기대할 수 없게 되었다고 분석하였다. 아울러 새로운 '대안 통치 이념' 만들기에 속도를 내는 것은 위정자인 중국공산당 입장이 그만큼 급해졌음을 시사한다면서 중국에서 논의되는 유교 담론과 유교 제국 구상이 좀 더 속도를 내게 된 계기는 시진핑의 중국몽中國夢이 제시된 이후[171]라고 평가하였다.

시진핑은 2013년 3월 17일 제12기 전국인민대표대회 제1차 회

---

171) 조경란, 「중국공산당 통치의 정당성과 유교중국의 재구축」, 『철학』 132집(한국철학회, 2017.8), 3-6.

의 연설을 통하여 중국몽에 대해 "소강사회小康社會를 전면적으로 달성하고, 부강하고 문명적이고 조화로운 사회주의 현대화 국가를 건설하며, 중화민족의 위대한 부흥이라는 중국의 꿈을 실현하는 것은 곧 국가 부강과 민족의 진흥, 인민 행복을 실현하는 것입니다."라고 설명하였다. 또 "이는 오늘날 중국인의 이상을 확실하게 구현하고, 부단히 진보를 추구해온 선인들의 전통을 잘 반영하는 것입니다."라면서 과거 전통을 활용하겠다는 의지를 분명히 밝혔다.

나아가 "도도하게 흘러가는 시대적 흐름 앞에서, 행복한 생활을 동경하는 인민 대중의 간절한 기대 앞에서, 우리는 조금도 자만해서는 안 되며, 추호의 태만함도 보여서는 안 됩니다."라고 강조하였다. 시대 변화와 국민 여망에 맞춰 당과 정부의 책임 있는 자세를 촉구한 것이다.

그는 중국몽 구현을 위한 방식도 제시하였다. 구체적으로 살펴보면 "반드시 '중국의 길'中國道路을 걸으며, '중국의 정신'中國精神을 선양하고, '중국의 역량'中國力量을 집결해야 할 필요성이 있다."[172]는 식으로 설명하고 있다.

시진핑이 굴곡진 근현대사를 뒤로하고 자신감 넘치게 미래를 제시한 것은 현재 성과를 바탕으로 과거 영화를 반드시 되찾겠다는

---

172)　"第十二屆全國人民代表大會第一次會議上的講話",《光明日報》,(2013. 3. 17.), 1.

의지의 발로이다. 아울러 중국몽 구현 과정에서 서구 방식이 아닌 자신만의 방식, 오랜 역사 속에 축적된 내부 문화와 정신 활용을 강력히 천명한 것이다. 이는 기존에 서구가 주도하는 세계질서에 대한 강한 반감과 거부의 표시이기도 하다.

시진핑은 중국적 가치, 그리고 중국의 전통을 매우 중요시한다. 그 일면은 2012년 12월 광둥성廣東省 시찰 시 행한 발언에서 이미 선명하게 드러났다.

> "중화민족의 우수한 문화적 전통을 버려서는 안 되며, 우리의 문화적 전통을 올바르게 계승하고 널리 알려야 합니다. 문화적 전통이야말로 우리의 '뿌리'이고 '혼'이기 때문입니다. '뿌리'와 '혼'을 잃는 것은 바로 우리의 토대를 잃는 것입니다.[173]"

'뿌리'는 사물의 근원을 의미하며 '혼'은 개인과 국가, 민족의 정신을 지칭하는 것이다. 시진핑은 두 단어를 통해 중국의 우수한 문화, 그리고 정신을 계승하고 전파하는 것이 국가의 발전과 민족의 부흥을 도모하는 데 있어 중요한 요소임을 강조하였다. 이는 공산당이 홀시 내지 무시했던 과거와 전통에 대한 화해의 모습을 보인 것으로 해석된다.

---

173)　陳錫喜,『平易近人』, 박영인 역,『시진핑의 말』(파주: 에쎄, 2015), 232.

이를 실행에 옮기듯 그는 2013년 11월, 공산당 창당 이래 처음으로 산둥성山東省 취푸曲阜 공자묘를 참배하고 공자연구원에서 연설했다. 2014년 9월 24일에는 '공자 탄신 2565주년 기념 국제학술세미나 및 국제유학연합회 제5기 전원대회' 개막식 행사에 참석, "공자가 창립한 유가학설 및 이를 기초로 발전한 유가 사상은 중화 문명에 깊은 영향을 미쳤습니다. 이는 중국 전통문화의 중요한 구성 성분입니다."라고 평가하였다. 이어 "중국의 우수한 전통문화가 가진 풍부한 철학사상, 인문정신, 교화사상, 도덕 관념 등은 사람들의 인식과 세계 개조, 국가 운영에 유익한 계시를 제공해줄 것입니다. 또한 도덕 건설 면에서도 유익한 계시를 제공해줄 것입니다."라고 강조하였다. 아울러 "전통문화 중에 사회관계를 조절하고 사람들로 하여금 선善을 향해 가도록 격려하는 내용은 시대 조건과 결합하여 계승, 발양하고 새로운 함의를 부여해야 됩니다."[174]라며 유가 등 전통가치에 대한 재해석과 수용 의사를 다시금 드러냈다.

그의 인식 가운데 주목되는 점은 전통으로 내려온 미덕을 '도덕적 자원'으로 인식하고 있다는 것이다. 2014년 2월 24일 개최된 제18기 당 정치국 13차 집체학습 연설 가운데 다음과 같이 표현되

---

174) "習近平在記念孔子誕辰兩千五百六十五周年國際學術硏討會暨國際儒學聯合會第五届全員大會開幕會上强調-從延續民族文化血脈中開拓進前, 推進各種文明交流交融互學互鑒", 《光明日報》(2014. 9. 25.), 1.

고 있다.

　　"유구한 역사를 지닌 중화문화는 중화민족의 가장 깊은 차원에 축적
된 정신적 유산이며, 중화민족을 상징하는 독특한 정신적 표상으로 중
화민족이 끊임없이 번영하고 발전하는 데 풍부한 자양분을 제공했습니
다. 중화의 전통적 미덕은 중화문화의 진수이며 풍부한 사상 및 도덕적
자원을 담고 있습니다. 근본을 잊지 않아야 미래를 개척할 수 있으며
전통을 계승할 줄 알아야 더욱 혁신할 수 있습니다. 역사와 문화, 특히
선조들이 남겨 준 가치이념과 도덕규범을 대함에 있어 옛것을 오늘에
맞게 사용하고, 낡은 관습을 버리며, 중화민족이 창조한 모든 정신적
유산을 이용하여 문화로서 사람들을 감화시키고 인재를 육성해야 합
니다."[175]

　　수천 년 동안 이어진 전통문화는 중국인들의 정신적 근원으로
서 자신의 몸과 마음을 닦고 나아가 나라를 운영하는 지혜와 경
험의 보고寶庫임을 인정하는 발언이다. 이 발언에는 전통문화에
대한 시진핑의 확고한 활용 의지가 드러나 있다.

---

175)　習近平, 『習近平談治國理政』, 206.

4장

전임 최고지도자들의 효 의식

　시진핑의 효 사상을 연구하는 데 있어 필수적인 것은 상대적 비교를 통한 객관성의 확보이다. 이를 위해 현대 중국을 이끌었던 전임 지도자들의 효 의식과 태도의 확인이 필요하다. 이를 통해 시진핑의 효 사상이 왜 의미를 갖는지 선명하게 살필 수 있다.

　중국계 미국 정치학자 리청은 중국의 정치지도자 분석에서 처음으로 '정치세대'Political generation 개념을 도입하였다. 그 개념을 구체적으로 살펴본다면 1949년 중화인민공화국이 성립된 이후 중국을 이끌어간 최고지도자로 제1세대 마오쩌둥, 제2세대 덩샤오핑, 제3세대 장쩌민, 제4세대 후진타오 등으로 구분[176]한 것이다. 이는 세대를 분류하는 비교적 간단한 방식이지만 중국 정치지도자 연구에서 첫 시도라는 점에서 상당한 의미를 갖는다.

　그 후 학계에서 이를 수용, 시진핑을 5세대 지도자로 호칭하고

---

176)　Li Cheng, China's leaders: the new generation, 강준영 등 역, 『차이니스 리더』
　　　(서울: 예담, 2002), 19.

있다. 1-5세대 최고지도자들은 정권 이양과 계승을 통해 정치적 관계로 연결되었으며 '사회주의 중국 건설' 목표를 위해서 매진했다는 공통점을 갖는다. 그러나 효의 측면에서는 각자 출생 배경과 가정환경, 부모 및 자녀와의 관계, 가정에 대한 인식과 태도가 서로 이질적이며 국정운영 과정에서도 상이한 행태로 나타난다.

1절. 혁명세대 최고지도자

마오쩌둥, 부친과의 불화

마오쩌둥은 마르크스주의를 재해석해 마오주의Maoism를 만든 사상가이자, 온갖 고난을 이겨내고 중국 현대사를 뒤바꾼 혁명가이며, 신중국을 출범시키고 절대적 권위를 행사했던 정치가이다. 그는 1893년 후난성湖南省 샤오산昭山에서 농민가정의 장남으로 태어나 1976년 사망할 때까지 중국 현대사에 있어 그 누구보다 더 뚜렷한 족적을 남긴다.

부친 마오런성毛仁生은 쌀 한 톨조차 남에게 주지 않는 자린고비이자 가부장적 인물로서 청소년 시절을 군대에서 보냈으며 고향 마을로 돌아와 농사를 지었다. 가난을 벗어나려고 악착같이 돈을 모았으며 여력이 생길 때마다 농토를 매입해 소지주가 된다.

중국 전통사회에서 농민은 이동할 수 없는 대지 위에서 살아야 하고, 사대부인 지주도 마찬가지여야 한다. 그들은 특수한 재능이나 특별한 행운을 갖지 못하면 자기 부모나 조부모가 살던 그 땅에서 살아야 하며 자기 자녀 역시 계속 그곳에 살아야 하는 운명을 타고났다. 말하자면 넓은 의미에서 가족은 경제적 이유로 함께 살지 않으면 안 되었다.[177] 이는 마오쩌둥에게도 마찬가지로 적용되었다.

마오쩌둥은 부친의 요구로 여섯 살 때부터 농사일을 배워야만 했고 여덟 살이 되어 서당에서 사서四書 경전을 배우며 전통교육을 받는다. 새벽과 저녁에 농사일을 도우면서도 부친으로부터 게으름을 피운다는 질책과 함께 구타를 당하기 일쑤였다.

부친의 기준으로 장남의 게으름은 용서치 못할 죄악이었지만, 장남에게 부친은 '완고하고 폭력으로만 훈도하려 드는 존재'였다. 결국 13세 되던 해, 반항심을 강하게 표출한다. 이는 대장정大長征 당시 외국 언론인과 인터뷰를 통한 그의 회고에서 확인할 수 있다.

"내가 13살쯤 되었을 때 아버지는 집에 많은 손님을 초대했는데, 그 자리에서 아버지와 내가 언쟁을 벌였습니다. 아버지는 손님들 앞에서 나를 게으르고 쓸모없는 놈이라고 욕했습니다. 나는 그 소리에 격분했

177) 馮友蘭, 『中國哲學小史』, 정인재 역, 『간명한 중국철학사』(서울: 형설출판사, 2013), 47.

어요. 그래서 나는 아버지를 욕했고 집 밖으로 뛰쳐나갔습니다. 아버지
도 나를 쫓아와 한편으로 욕을 퍼부으면서 돌아오라고 호령했습니다.
나는 연못가로 나아가 아버지가 더 이상 가까이 오면 물속으로 뛰어들
겠다고 위협했어요. 싸움이 끝났을 때, 나는 이 일을 통해 내 권리를 지
키기 위해 노골적으로 반항할 때는 아버지가 수그러들지만 온순하게
복종하고 있으면 더 심하게 나를 욕하고 때릴 뿐이라는 사실을 알게 되
었습니다."[178]

부친과 충돌이 있은 이후 마오쩌둥은 부친으로 상징되는 구질
서에 대한 반감이 확고히 내면화되었고 복종보다는 반항이 더 효
과적임을 확신한다. 그의 어린 시절 형성된 반항심은 훗날 혁명
활동과 무관치 않게 된다. '낡은 세계에 대한 파괴'의 흥취는 나
중에 성인이 된 후 그로 하여금 공자에서 신문화까지, 당에서 정
부의 여러 권위에 이르기까지 한결같이 비판하고 부정하게 만들
었다.[179]

마오쩌둥의 부친은 장남이 부기법簿記法이나 익혀 고리대금업,
쌀 유통으로 축적한 집안의 부를 지켜주길 원했다. 그러나 장남
은 부기와 농사일에는 무관심하고 기존 체제와 질서에 대한 전복

178) Edger Snow, Red Star over China, 홍수원 등 역, 『중국의 붉은 별』(두레: 서울,
      2013), 164.
179) 李澤厚, 『中國現代思想論』, 김형종 역, 『중국현대사상사론』(서울: 한길그레이트북
      스, 2005), 314.

顚覆의 내용이 담긴 『수호전』水滸傳 같은 모반류謀反類 책 읽기만 좋아했다. 이 때문에 부자간 갈등은 점점 깊어져만 갔다.

이에 반해 모친 원치메이文七妹는 독실한 불교신자로서, 인색한 남편 몰래 가난한 이웃들에게 쌀을 퍼주곤 했다. 1919년 그녀가 사망하자 마오쩌둥은 잠시 집으로 돌아왔다. 그는 모친을 위해 쓴 만련輓聯에서 다음과 같이 애틋한 마음을 표현하고 있다.

> "병세 위급한 상황에서 아들을 찾으시니 어머니의 사랑 가없어라. 가
> 득 남은 여한 모두 갚아야만 하리라. 평생 불교 믿으시고 이승의 짧은
> 인생 다하셨으니 자애로운 모습 어디에서 찾아야 하리. 봄바람 부는 남
> 쪽 언덕에 햇살 머물고 샤오산의 가을비 끝없는 눈물 뿌리네."[180]

그러나 마오쩌둥은 부친이 1920년 초 사망했을 때 베이징에 머물며 일을 핑계로 장례식조차 참석하지 않았다.[181] 후일 국가 최고지도자가 된 후에도 부친에 대한 반감으로 1959년 6월 묘소를 겨우 한 번 찾아갔고 현지 관계자들에게 묘소 관리도 못 하게 했다. 그 이후 단 한 번도 발길을 하지 않았으니 부친 사후에 망자와

---

180) Alexander V. Pantsov, Steven I. Levine. MAO: The Real Story, 심규호 역, 『마오쩌둥 평전』(서울: 민음사, 2017), 104.

181) "부친은 1920년 1월 23일 장티프스로 세상을 떠났다. 죽기 전에 그는 맏아들을 보고 싶어 했지만, 마오쩌둥은 타지에 머물고 있었고 아버지의 죽음을 전혀 슬퍼하지 않았다", Jung Chang·Jon Haliday, MAO TSE TUNG: The Unknown Story, 황의방 등 역, 『마오: 알려지지 않은 이야기들(상)』(서울: 까치글방, 2006), 36.

화해조차 거부한 것이다. 어린 시절 잉태된 증오심이 자식으로서의 기본 도리를 다하지 않는 불효의 행태로 표출된바, 효에 대한 그의 불감 정서는 문화대혁명 당시 홍위병을 통해 육친불인六親不認의 야만적 행태로 재현된다.

부친과 불화 속에서 어렵사리 중학교를 마치고 창사長沙 소재 후난성 제1사범학교에 입학한 마오쩌둥은 후일 장인이자 평생의 스승이 되는 양창지楊昌濟를 만난다. 그를 통해 천두슈, 후스胡適 등 반反유교 성향 사상가들과 교우하며 사상적 훈도를 받는다. 양창지의 주선으로 베이징대학교 도서관에 취직한 마오쩌둥은 이곳에서 상주하다시피 하며 방대한 독서를 통해 사상의 지평을 넓혀 간다.

마오쩌둥은 1919년 본격적으로 사회주의자의 길로 들어섰으며 1921년 중국공산당 제1차 대표대회 참석을 시작으로 당 활동에 매진하여 리더로서 위상을 굳혔다. 그 후 대장정을 성공시켜 1949년 9월 신중국 출범 주역으로서 현대 중국사의 첫 페이지를 장식한다.

평생 결혼과 가족에 대한 관념이 희박했던 마오쩌둥은 부친이 억지로 시킨 결혼을 포함해 네 번의 결혼을 했는데 처와 자식들에 대해 극히 냉담한 태도를 보였다.[182] 둘째 부인 양카이후이楊開慧와의 사이에서 태어난 장남 마오안잉毛岸英이 한국전 참전 중이던 1950년 11월 25일 미美 공군기 폭격을 받아 사망했다. 그럼에도 마오쩌둥은 비보를 접하고 비통한 모습을 결코 보이지 않았다.

경극京劇을 관람하면 비극적 장면에서는 눈물을 훔치던 평소의 그와 극단적으로 다른 행동이었다. 장남은 어릴 적에 모친을 잃고 부친과도 떨어져 떠돌다 공산당 지하조직에 의해 거두어져 소련에서 수학 후 장교생활을 거쳐 중국으로 돌아온 애틋한 자식이었다.

자식의 죽음 앞에서 마오쩌둥은 미망인이 된 며느리를 향하여 "그건 전쟁이었고, 전쟁은 반드시 목숨을 앗아가게 되어 있단다. 안잉이 내 아들이라는 이유 때문에 중국과 조선의 인민을 위해 죽어서는 안 된다고 생각하지는 말아라."[183]라고 당부한 것이 고작이었다. 그는 군 지휘관 건의와 며느리의 거듭된 간청에도 불구, 평안남도 소재 중국인민지원군열사능역에 안장된 안잉 유해를 중

---

182) 마오쩌둥은 아버지의 강요로 1907년 네 살 연상인 리바오산(李寶珊)과 결혼했으나 애정이 없는 관계 끝에 헤어졌고 1920년 스승의 딸인 양카이후이(楊開慧)와 결혼, 2남을 두었지만 혼인생활에 충실치 않고 허즈전(賀子珍)과 동거를 하면서 전처와의 소생인 아이들을 보살피지 않았다. 1928년 허즈전과 정식 결혼해 3남 3녀를 두었지만 그가 영어통역 출신인 우광웨이(吳光緯)와 염문을 일으키며 이혼하였다. 이때도 역시 아이들을 제대로 양육하지 않아 대장정과 혁명 기간 중 1명을 제외하고 사망 또는 행방불명이 되었다. 1939년 무명배우 출신 장칭(江靑)과 결혼하였으나 상호 정치적인 협력자 관계였을 뿐이다. 이처럼 마오쩌둥은 매번 혼인 이후 정상적인 가정을 유지하려는 노력을 기울이지 않았고 가정 관념도 극히 희박했다.

183) Harrison E Salisbury, The New Emperors: China in the Era of Mao and Deng, 박월하 역,『새로운 황제들』(서울: 다섯수레, 2013), 186-187.

국으로 송환해오는 것을 거부했다.

그에게는 자식의 유해를 조선에 그대로 놔두는 것이 중조中朝 혈맹관계 상징으로서 더 의미가 있는 것이었다. 그의 정치적 셈법에 인륜과 개인적 감정은 자리할 공간이 전혀 없었다.

물론 마오쩌둥이 다른 중국군 전사자와 형평성을 고려해 자식 유해 수습과 송환을 거부한 것은 이른바 '노블레스 오블리주' noblesse oblige를 실천한 사례[184]로 거론되기도 한다. 하지만 자식의 주검마저 외면한 행위는 그가 천륜과 혈연에 대해 지극히 냉정하고 정치적 대의만을 내세우는 인물임을 보여준다.

덩샤오핑, 가족에 대한 의지

중국인들의 뇌리에 '개혁개방의 총설계사'로서 기억되는 덩샤오핑은 1904년 8월 22일 쓰촨성四川省의 오지인 광안현廣安縣 셰싱향協興鄕 파이팡牌坊마을에서 태어났다. 이곳은 지리적 특성상 워낙 고립되었기 때문에 외부 사회와는 별다른 교류가 거의 없었던 지역이었다. 주민들은 여전히 유교적 전통하에서 큰 변화 없는 생활을 이어가면서 국가나 사회 같은 거대담론보다는 마을의 대소사나 가정생활 등 소소한 일에 주로 관심을 가졌다.

덩샤오핑의 부친 덩원밍鄧文明은 농민가정에서 태어나 자수성가

---

184) 손용근, 「노블레스 오블리주」, 『한양법학』 21집(한양법학회, 2007.8) 171.

한 인물로서, 대규모 경작지를 일궈 머슴과 소작농을 거느리게 되었다. 대외적 일에 관심이 매우 많아 다양한 활동을 하면서 민병 조직 치안 책임자로도 일했다. 그러나 그 역시 농촌 지주들 행태를 답습해 아내를 네 명이나 두었다.

그는 전통종교에 유교, 불교, 도교가 혼합된 오자교五子教의 독실한 신자로 "부단한 개인적 노력을 통해 삶의 변화가 가능하며 이를 통해 사회의 발전이 가능하다."라는 믿음을 갖고 있었다.[185] 이러한 사고를 가진 연유로 아들이 교육과 경험을 통해서 보다 넓은 세상에서 사회에 기여하기를 바랐다.

부친의 교육철학을 배경으로 덩샤오핑은 다섯 살부터 개인 선생으로부터 경서와 한자를 배웠다. 또래 아이들이 학교 진학은 꿈도 못 꾸던 시절 그는 유복한 환경에서 초, 중 교육과정을 마친다.

어린 시절 그는 전통사회의 가치관과 덕목을 충실히 따랐다. 집안에서는 총명함과 순종의 자세로 인해 어른들의 사랑을 받았으며 학교에서는 학업에 충실한 모범생이었다. 이 부분에서 덩샤오핑의 행동은 마오쩌둥이 가부장적이고 돈만 아는 부친에게 욕을 해대는 등 반항심을 노골적으로 표출한 것과는 큰 차이를 보인다.

덩샤오핑은 중학교 졸업 후 충칭의 기숙형 고등학교에 입학한다. 이곳에서 어렴풋하게나마 중국의 혼란상과 서구 열강의 침탈

---

185)   이승익, 『중국 최고지도자들의 리더십』(서울: 디비북스, 2011), 116.

을 목도하고 암울한 미래를 고민하다가 부친의 강력한 권유에 따라 프랑스어 예비학교로 옮겨간다. 이 학교는 중국 학생들을 프랑스에 보내 일과 학업을 병행토록 하는 근검공학勤儉工學 프로그램에서 언어 등 사전 교육을 담당한 학교였다.

덩샤오핑은 예비학교 교육을 마치고 1919년 6월 말 프랑스로 떠난다. 현지 도착 후 군수공장 등에서 생산직으로 일하며 대학교 야간과정에 적을 두었다. 이 시기 외국인 노동자로서 겪었던 수모와 자본주의에 대한 증오가 쌓이며 계급투쟁 의식이 싹트게 된다.

그는 1922년 중국공산청년동맹 유럽지부에 가입했고 2년 후 중국공산당에 입당해 유럽 총지부 책임자로 활동하면서 학업과는 거리를 두게 된다. 아들의 미래를 위해 전답을 팔아 유학자금을 지원했던 부친 기대는 전혀 다른 결과로 나타난 것이다.

1925년 프랑스 경찰이 자국 내 공산주의자들에 대해 대대적인 수배령을 내리자 덩샤오핑은 1926년 소련 모스크바로 활동무대를 옮긴다. 그는 동방대학을 거쳐 중산내학에서 마르크스-레닌주의와 공산주의 혁명사 등을 배우고 본격적으로 혁명가의 길에 들어선다. 1927년 중국으로 돌아와 상하이 지역 지하활동에 종사한 이후 1933년 공산당 장시성江西省 위원회 선전부장 재직 중에 마오쩌둥 노선을 지지했다는 이유로 반대파 공격을 받아 투옥되고 정치 인생에서 첫 번째 실각을 기록한다.

그러나 그는 곧 당으로 돌아와 대장정에 참가하며 마오쩌둥의 측근으로 떠오른다. 1940년 정치적 동지인 줘린卓琳과 결혼, 가정을 꾸렸고 신중국 성립 후 서남지구 당 제1서기직을 맡아 충칭에서 확고한 지역 기반을 다진다. 1952년 마오쩌둥의 부름을 받아 베이징에 입성하여 정무원 부총리에 이어 정치국원, 중앙위원회 총서기 겸 정치국 상무위원으로 당선되는 등 관료이자 정치인으로서 순조로운 행보를 거듭한다.

마오쩌둥이 1958년부터 진행했던 대약진운동이 참담한 실패로 끝나고 류샤오劉少奇 등과 권력을 나눠야 하는 상황을 맞는다. 권력욕이 강했던 마오쩌둥이 장칭江淸 등과 모의, 탈권 투쟁에 나서면서 문화혁명을 발동시키자 분위기는 급변한다.

혁명 주도세력은 류샤오치 국가주석을 '주자파'走資派로 몰아 숙청하였고, '비림비공批林批孔운동'[186]을 벌여 저우언라이 총리를 매도하였으며, 마오쩌둥의 후계자로 부상했던 덩샤오핑을 '매국노'라고 강력히 비난했다. 덩샤오핑은 결국 1966년 다시 실각한다. 연금 상태에서 당국 조사를 받았고 자녀들은 부친의 죄악을 고발토록 강요받았으나 한사코 거부했다. 자녀들은 어렸지만 부모에 대한 신뢰와 존중이 있었기에 불효의 행태를 보이지 않았다.

공산당 지도부는 1968년 덩샤오핑을 파면시키고 1969년 장시성

---

186)   문화대혁명 주축 세력이었던 4인방이 1973년 말부터 "귀족을 옹호했던 공자의 사상을 린뱌오가 당 노선에 도입하여 자본주의 부활을 꾀했다."라면서 비판한 운동이다.

트랙터공장에서 노동개조를 받도록 조치한다. 그가 베이징을 떠나던 상황을 막내딸 덩용鄧榕은 훗날 저서에서 애절한 마음으로 다음과 같이 묘사하고 있다.

> "아버지가 방 뒤의 복도에 있어서 나는 재빨리 뛰어가 포옹을 하고 뛰어나왔다. 아버지가 가장 사랑하는 것은 우리 아이들이었다. 나는 감히 아버지를 쳐다볼 수 없었다. 비록 이제까지 험난한 상황을 만나도 놀라지 않고, 즐겁고 화나는 일이 있어도 잘 내색하지 않은 아버지의 강인함을 잘 알고 있었지만, 아침저녁으로 함께 살던 자식들과 헤어진다는 것과 어쩌면 다시 볼 수 없을지도 모른다는 것은 그에게 가장 큰 상심이었다. 정치적으로 험악한 꼴을 당했어도 쓰러지지 않았지만, 가족과의 생이별이나 사별은 아버지가 가장 받아들이기 어려웠던 고통이었음이 틀림없다."[187]

덩샤오핑은 지하혁명 활동에 내전 당시 전장을 누비던 강인한 군인이자 정치인이었으나 가족과 자녀 문제에서는 일반인과 다를 것이 없었고 심지어 더 약하고 절박한 모습을 보인다. 정치적 고난을 겪을 때면 본능적으로 가족을 지향했다. 덩용 저서에 의하면, 덩샤오핑은 자녀 진로 문제를 갖고 마오쩌둥에게 서한을 보내

---

187) 鄧榕, 『我的父親鄧小平-文革歲月』, 임계순 역, 『불멸의 지도자 등소평』(서울: 김영사, 2001), 77-78.

구차하리만큼 구구절절 호소하는 '간절한 입장의 부친'으로서 모습을 보이고 있다.

> "저는 아이들과 가까이 의지하며 생활하기를 희망합니다. 특히 작은
> 두 아이들, 모모 및 비비와 생활할 수 있기를 바랍니다. 모모는 섬북 농
> 촌에 배치된 지 이미 3년여 되었고, 현재 장애인이 된 큰아들이 집에
> 있기 때문에 우리들은 보살필 수가 없어 잠시 모모로 하여금 집에 돌아
> 와 오빠를 돌보게 하고 있습니다. 모모는 의학을 공부하고 싶어 하여
> 독학으로 조금 기초를 공부했습니다. 비비도 산서 생산대에서 지낸 지
> 이미 3년이 되었습니다. 그들은 저로 인하여 성분이 나빠 비교적 좋은
> 곳에 배치될 수 없었습니다. 우리는 나이가 많아서 아들과 딸을 염려하
> 지 않을 수 없습니다. 그들이 제가 일하고 있는 부근에 배치되기를 희
> 망하며 가장 좋은 것은 공장 노동자가 되어 고정수입을 얻을 수 있다면
> 좋겠고 모모가 의학을 공부할 수 있다면 더욱 좋겠습니다. 이러한 일들
> 이 저의 걱정거리여서 이 기회에 주석께 말씀드렸습니다."[188]

덩샤오핑은 1916년 고향 마을을 떠난 후 1927년 모친이 사망했
을 때나 1940년 부친이 사망했을 때도 고향을 찾지 않았다. 그가
1986년 중국 남부지역인 광시장족자치구廣西壯族自治區에서 휴가를

---

188)   鄧榕, 『我的父親鄧小平-文革歲月』, 245-246.

보내던 중 그곳 최고책임자가 헬기로 고향에 한 번 모시겠다고 제 안했지만 일언지하에 거절했다.[189)]

고향은 그에게 몸과 정신을 부여해준 땅이며 부모가 영면하고 있는 곳이었으나 사적으로 고향을 챙긴다는 지적을 피하려는 의 식으로 인해 눈길조차 한 번 주지 않았던 것이다. 정치지도자로 서 덩샤오핑은 지연地緣 같은 사적 연고를 철저히 배제한 인물이 었지만 계모인 샤보건夏伯根과는 평생에 걸쳐 모자간 관계를 이어 간다.

부친의 네 번째 부인이었던 그녀는 남편이 사망하자 의붓아들 인 덩샤오핑을 찾아 충칭으로 간다. 그 후부터 덩샤오핑 가족과 평생을 함께하며 덩의 자녀들을 도맡아 키우고 덩 부부의 노동 개조 생활에도 동반하는 등 피 한 방울 안 섞인 사람들과 새로운 가족관계를 만들었다.[190)]

---

189) Harison E Salisbury, The new Emperors: China in the Era of Mao and Deng, 68.

190) 덩샤오핑의 딸 덩룽은 저서를 통해 할머니 샤보건에 의해 양육되며 많은 감화를 받았다고 회고하고 부친과 모친이 할머니를 '집안의 일등공신'으로 생각했다고 밝 혔다. 상세한 내용은 鄧榕,『我的父親鄧小平-文革歲月』, 90 참조.

2절. 기술관료세대 최고지도자

장쩌민, 양부를 통한 입신과 출세

현대 중국 지도자 가운데 혁명 세대가 아닌 기술관료 세대로서 첫 주자는 장쩌민이다. 그는 1926년 8월 호반의 도시 장쑤성江蘇省 양저우揚州 근교 호족 가문에서 태어났다. 조부 장스시江石溪는 한의사로서 의술을 펴는 한편 자택에 경전 등 다량의 서적을 비치해 자손들에게 학문하는 자세를 보여줬고 선비가 갖춰야 할 거문고, 바둑, 서예, 그림에 능통해 손자가 어릴 때부터 지식과 교양에 눈을 뜨게 한다.

장쩌민은 생부 장스쥔江世俊보다는 양부養父 장상칭江上淸과의 관계를 통해서 입신한 인물이다. 장스쥔의 동생인 장상칭은 그 당시로는 보기 드문 엘리트로서 상하이예술대학 국문과를 졸업하고 고향인 양저우로 돌아와 가업인 의술에 종사하고 있었고 1937년 항일유격대에 참가하여 신新4군의 위생부 부장직을 맡아 활동하기도 하였다.

그 당시 장상칭과 함께 활동하던 천이陳毅, 장아이핑張愛萍, 리셴녠李先念 등은 후일 현대 중국 정계를 주름잡는 거물들이었다. 형제애 이상으로 단단했던 이들 사이의 관계는 장상칭의 양자인 장쩌민이 기술 관료로서의 한계를 극복하고 후일 중국 정계에서 우

뚝 설 수 있게 된 배경으로 작용한다.[191]

장상칭은 1943년 국공내전 당시 국민당과 전투에서 총탄을 맞고 28세의 나이로 사망하는데 그에게는 어린 두 딸이 있었지만 아들은 없었다. 전통적 중국문화에서는 아들이 대를 잇고 제사를 모셔 조상을 받든다. 때문에 동생 집안의 대가 끊길 것을 우려한 장스쥔은 아내와 의논 끝에 자신의 아들 장쩌민을 사망한 동생의 양자로 입적시킨다. 장쩌민은 숙부의 양자로 입적됨과 동시에 공산주의 영웅이자 순교자의 법적인 아들이 된다.

비록 그 당시 어린 그로서는 알 수 없었겠지만, 양부의 죽음은 공산주의 혁명사에서 불후의 사건으로 남게 된다. 후일 이는 장쩌민에게 '혁명가 가문'이라는 배경을 만들어줌으로써 당으로부터 한층 더 두터운 신임을 받고 정치적 이력에도 큰 힘이 되었다.[192]

장쩌민은 1943년 이공계 명문 상하이교통대학上海交通大學 기계전기학부에 입학했고 재학 중 공산당 지하조직에 가입하였다. 대학 졸업 후에 국영 사료공장과 식품공장에서 전기 기술자로 근무하다가 1954년 제1기계공업부 상하이 제2설계분국 전기과장으로 발령받아 기술관료의 길에 들어선 이후 순탄하게 공직생활을 이어간다.

---

191) 문봉수·오용택, 『등소평과 강택민』(서울: 대영문화기획, 1992), 59.
192) Robert Lawrence Kuhn, THE MAN WHO CHANGED CHINA, 박범수 등 역, 『중국을 변화시킨 거인 장쩌민』(서울: 랜덤하우스중앙, 2005), 42.

덩샤오핑 복권과 개혁개방 분위기에서 진행된 전문가 중용 정책에 따라 1979년 국가수출입관리위원회 부주임, 전자공업부 제1부부장과 부장직을 거쳐 1985년 상하이 당 위원회 부서기로 임명되어 지방 고위지도자로 변신하였다. 1986년 상하이 당 위원회 서기로 승진하면서 중국 제2의 도시 책임자이자 차세대 국가 지도자 반열에 올랐다.

1989년 '6·4 톈안먼 사태'로 인하여 국가적 위기 상황이 이어지자 최고 실력자 덩샤오핑은 사태 발생의 책임에서 비교적 자유로웠던 장쩌민을 난국 타개의 적임자로 낙점하고 당내 원로 지도자들의 중지를 모은다. 이 당시 원로들 눈에 장쩌민은 "장상칭의 양자인 만큼 뿌리가 제대로 되었으니 싹도 제 색깔을 낼 것根正苗紅"이라는 확신을 주기에 충분한 인물로 비쳤다.[193]

장쩌민은 1989년 6월 공산당 제13기 중앙위원회 4차 전체회의에서 총서기로 선출되었고 같은 해 11월 당 중앙군사위원회 주석, 1990년 3월 국가 중앙군사위원회 주석직에 올랐다. 명실공히 중국 최고의 자리에 오른 것이다. 그가 총서기로 선임되었을 때 중국 전문가와 해외 언론은 '충격'으로 받아들였고 권력 기반이 취약해 정치적 생존이 어려우리라 전망했었다. 그러나 그는 권력 공고화 과정을 보여주는 전형을 만든바, 자파自派 세력의 충원, 반부패

---

193)　문봉수·오용택, 『등소평과 강택민』, 59-60.

운동과 정풍운동의 전개, 새로운 지도이념의 확충이 바로 그것이다.[194]

장쩌민이 최고지도자로서 내세운 새로운 지도이념은 삼개대표론三個代表論으로서 공산당이 자본가, 지식인, 농민과 노동자의 근본이익을 대표한다는 이론이다. 공산당 입장에서 당시에 주요 사회세력으로 부상한 계층을 포용하려는 의지와 자기 변신을 위한 노력을 보였다는 점에서 상당한 의미를 갖는다.

장쩌민은 혁명세대와 달리 중국 전통과 문화에 대해 우호적 태도를 보였다. 이는 총서기 취임 이후 기자들과 대담 시 자신의 교육 배경에 다음과 같이 설명한 데서 잘 드러난다.

> "내 인생에 있어서 나는 세 가지 교육을 받았습니다. 그 첫 번째는 중국의 전통적인 교육, 공자와 맹자의 가르침을 받은 것인데, 어렸을 적부터 '공자 가라사대, 배우고 익히면 그 또한 즐겁지 아니한가' 같은 구절들을 외우곤 했습니다. 두 번째 교육은 상하이 시절 정규학교에서 배운 자산계급의 교육이고 세 번째는 마르크스주의와 혁명 전통의 교육이었습니다."[195]

---

194) 조영남, 「중국 최고지도자의 권력 공고화: 장쩌민의 사례」, 『中蘇硏究』 41권 제3호 (한양대학교 아태지역연구센터, 2017.11), 7-8, 38.

195) 문봉수·요용택, 『등소평과 강택민』, 60.

장쩌민은 마르크스주의에 충실한 공산당원이지만 사고의 바탕에는 전통교육과 서구문화도 깔려 있음을 시사하는 것이다. 굳건한 문화적 뿌리를 갖고 성장한 그는 집권 기간 동안 중국 문명의 전통적 가치와 미덕을 복원하고 이를 마르크스주의와 통합하는 길을 모색했다.[196]

공산당은 이러한 통합을 '마르크스주의의 중국화'라는 개념으로 확대 및 발전시켰다. 마르크스주의를 기반으로 하는 공산당이 대중의 합의와 지지를 얻는 것이 어려워진 데 반해 유학은 전통문화의 핵심으로 도덕 윤리 규범에 입각하여 대중들의 일상생활에 깊이 뿌리박혀 있었고 여전히 강한 영향력을 가지고 있었다.[197]

따라서 장쩌민은 중국 특색의 사회주의를 굳건히 할 수 있는 방안으로서 유교에 대해 깊은 관심을 보였다. 1989년 '공자 탄생 2540주년 기념식' 참석차 중국을 방문한 해외 인사들을 접견하며 행한 그의 발언에서 공자에 대한 인식이 분명하게 드러난다. 이는 전통사상에 대해 부정적이거나 언급하지 않았던 마오쩌둥, 덩샤오핑 시대에서는 듣기 어려운 내용이었다.

---

196)　Robert Lawrence Kuhn. THE MAN WHO CHANGED CHINA, 483.

197)　이동규, 「중국 공산당과 현대신유학의 관계」, 『동북아연구』 30권 2호(조선대학교 동북아연구소, 2015), 169.

"공자는 중국 고대의 위대한 사상가이며 그 사상은 귀중한 문화입니다. 우리는 그 사상 가운데 정수精髓만을 받아들이고 배우며 찌꺼기는 버려야 하는 것입니다. 특히나 그 훌륭한 면으로서 후세들을 교육시켜 후세들로 하여금 더욱 훌륭한 민족의 전통을 계승, 발전시키도록 해야 합니다.[198)

자신의 사상과 시각에 맞지 않는 공자 사상과 논리를 제외하고는 전체적으로 공자를 높게 평가하면서 후세 교육에 활용하겠다는 의지가 담겨 있는 발언이다. 이는 필요할 경우 언제든지 과거와 화해하고 이를 활용하겠다는 의지의 표현이다.

이를 반영하듯 전통적 노인공경 문화를 국가에서 처음으로 선도적인 자세로 이행한 것이 장쩌민 집권 기간인 1996년 제정된 '노인권익보장법'이다. 원론적이며 선언적 수준이었으나 국가의 노인 보호 의지가 담겨 있다는 점에서 상당한 의미를 갖는다. 이는 '사회적 효'라는 차원에서 볼 때 마오쩌둥, 덩샤오핑 같은 혁명세대 지도자와는 상당히 차별화되는 부분이다.

장쩌민은 개인적으로도 중국의 전통적 가치인 효를 실천한 인물로서 양부 장상칭의 부인인 왕쩌란王者蘭을 친어머니처럼 모셨으며 두 누이동생을 끝까지 보살펴줬다.[199) 양부의 친딸인 두 누이

---

198)   문봉수·오용택, 『등소평과 강택민』, 61.
199)   김영화, 『중국정치리더십』, 211.

동생 가운데 임업 전문가로서 대학에서 교편을 잡았던 강쩌후이 江澤慧는 장쩌민의 특별한 배려를 받아 중국임업과학원장, 정협 인 구자원환경위원회 부주임을 지냈다. 한편 장쩌민은 최고지도자 시절에도 줄곧 아내 왕예핑王冶坪의 모친, 즉 장모를 중난하이 관 저로 모셔와 함께 살면서 건강을 살뜰하게 챙기는 등 사위로서의 도리를 다했다.

다만 장쩌민의 자식에 대한 관용적 태도와 관련, 외부에서는 최 고지도자로서의 기준에 결코 부합하지 못한다는 부정적 시각이 분명히 존재한다. 그 사례로서 미국 소재 미중일비교정책연구소 양중메이楊中美 연구원은 장쩌민이 당 총서기로서 자식에 대한 과 한 애정으로 인해 장남 장몐헝江綿恒과 차남 장몐캉江綿康에게 사 업과 직책 등에서 각종 특혜와 특권을 부여했다면서 비판적 시각 을 드러내기도 하였다.[200] 이는 장쩌민도 결코 혈연의 테두리를 벗 어나지 못한 한계를 갖고 있음을 의미하는 것이다.

후진타오, 조화사회의 시작

후진타오는 덩샤오핑이 전문지식으로 무장한 기술관료 출신 차 세대 지도자를 발탁하고 이를 통해 개혁개방 정책을 지속시키기 위해 직접 낙점했던 인물이다. 그는 이전 최고지도자들보다 정치

---

200) 楊中美, 『習近平: 站在歷史十字路口的中共新領導人』, 홍광훈 역, 『시진핑의 선택』 (서울: 알에이치코리아, 2012), 243-245.

적, 이념적 색채가 약하고 집권 이후 국가 운영 과정에서도 관리형 지도자로서의 성격을 크게 벗어나지 않았다.

그는 정치적으로 민감한 문제에 대해서는 공식 원고에 없는 발언을 극도로 조심했으며 개인적 일화도 공개하지 않았다.[201] 이 때문에 시진핑과 달리 '스토리가 없는 지도자'로 평가되기도 한다.

후진타오는 1942년 12월 초등학교 교원인 후쩡위胡增鈺와 난통南通여자사범학교 출신 리원루이李文瑞 사이에서 장남으로 태어났다. 부친은 생계를 위해 소규모 차茶 상점을 겸업하며 자식들을 돌보았으며 병약했던 모친은 후진타오 누이 여동생 두 명을 출산한 이후 사망하였다. 때문에 후진타오는 다섯 살 때부터 이모 손에서 자란다.[202]

가족 배경을 보면 그는 금전에 모든 가치를 두었던 부친과 갈등으로 인해 반항심을 키웠던 마오쩌둥, 유복한 환경에서 부친의 든든한 지원을 받았던 덩샤오핑, 혁명 열사의 양자로 입적되어 입신 기회를 얻었던 장쩌민 등 전임 지도자들과는 상황이 달랐다. 즉 부친과의 갈등, 부친의 든든한 지원 같은 것이 없이 성장하였다.

---

201) "후진타오는 매스컴이 사람을 떠받들어 올릴 수도 있지만 받들어 올랐던 사람을 하루아침에 떨어뜨릴 수도 있다는 사실을 잘 알고 있었다. 그래서 당 중앙 정치국 상무위원 및 서기처 서기를 맡은 후에도 후진타오는 거의 매스컴에 개인에 관한 선전의 글을 싣지 못하게 했다. 더구나 사생활과 가정 배경에 관해서는 입도 뻥끗 못 하게 했다", 任知初·文思詠, 『胡錦濤傳』, 임국웅 역, 『후진타오』(서울: 들녘, 2004), 428.

202) Richard McGregor, THE PARTY: The Secret World China's Communist Rulers, 김규진 역, 『중국공산당의 비밀』(서울: 파이카, 2012), 33.

효와 관련하여 개인적인 이야기가 전혀 나오지 않는 이유이기도 하다.

후진타오는 모친의 부재에도 불구하고 이모의 보살핌 덕에 밝게 자랐다. 총명했던 그는 초등학교에서 월반을 거듭해 타이저우의 중, 고교를 마치고 칭화대학 수리공정水利工程학부에 진학했다. 졸업 후 모교의 정치보도원政治輔導員 근무 중 문화혁명으로 인해 고초를 치르게 되자 정치와 관계없는 기술자의 길을 선택하고 간쑤성甘肅省 제4댐건설국으로 발령받는다. 이곳에서 능력을 인정받아 성 건설위원회 부주임으로 발탁되고 1982년 공청단 중앙위원회 서기로 승진한다. 그 후 공산당 조직부장으로 거론되었으나 당내 파워게임에 밀려 오지奧地인 구이저우성貴州省 당 서기로 내려갔다.[203]

낙후된 지역의 대명사로 인식된 서부 내륙의 구이저우성과 티베트자치구西藏自治區에서 단련되면서 기층의 삶을 알고 이들과 동고동락하려는 의지를 보이는데 이는 그의 출세에 결정적 영향을 미치는 경력으로 작용한다. 그는 구이저우성에서 극빈층 구제를 위해 경제 살리기와 교육 불평등 해소에 노력을 기울였다.

이어 1988년 말 티베트자치구 당서기로 보임되어 4년간 근무하며 고산병에 시달렸지만 '오지奧地의 지도자'라는 이미지를 얻는

203) 홍인표, 『중국의 미래권력』(서울: 한울아카데미, 2012), 18.

다. 특히 1989년 초 승려들의 독립요구 반정부 시위에 강경하게 대응, 조기에 진압한 것이 향후 대권을 잡는 데 있어 결정적 역할을 하게 된다.[204] 그로서는 직책상 선택의 여지가 없었지만 공권력을 동원한 종교 탄압, 인명 살상은 정치경력에서 흠집으로 남아 있다.

후진타오는 1992년 공산당 제14기 1차 중앙위원회 전체회의에서 파격적으로 정치국 상무위원으로 선임되어 중앙 정치무대에 데뷔했다. 장쩌민 휘하 2인자로서 묵묵히 국정을 보좌하며 때를 기다렸고 2002년 당 중앙위원회 총서기직에 오른다. 2003년 국가주석, 2004년 당 중앙군사위원회 주석 직책까지 넘겨받아 명실공히 중국 제4세대 최고지도자가 된다.

후진타오의 제4세대 지도부는 2003년 제16기 3차 중앙위원회 회의에서 핵심강령으로서 과학적 발전관科學發展觀을 제시하였다. 이는 인간 중심以人爲本에다, 전면적全面的이며 조화롭고和諧, 지속 가능한可持續 발전을 지향하는 것이다. 당 지도부로서는 성장 위주 경제정책에서 벗어나 부정부패, 빈부격차, 환경오염 등 새로운

---

204) "후진타오는 티베트인들의 격렬한 저항과 국제적인 비난여론을 부를 것이라는 일부 반대에도 불구하고 국무원에 계엄령 실시를 강력히 요구했다. 무장부대 투입으로 티베트 사람들의 봉기는 순식간에 진압됐다. 티베트자치구 최초의 문관 당서기 후진타오는 군복 차림에 철모를 쓰고 피로 물든 시가지를 순찰했다. 독립을 외치던 티베트 사람들의 꿈은 좌절됐지만 위엄 있는 전사(戰士)의 모습을 선보인 후진타오는 당 중앙 지도자들에게 강인한 인상을 심는 데 성공했다", 이승익, 『중국 최고 정치지도자들의 리더십』(서울: 디비북스, 2011), 192.

모순을 극복하는 한편 실업, 의료, 노후문제 등 민생을 개선하려는 의지의 표현이었다.[205]

과학적 발전관에는 중국이 직면한 사회모순을 극복함으로써 지역과 계층, 분야별로 균형 잡힌 성장과 발전을 통해 모두 함께 과실을 나누는 사회를 이루겠다는 희망이 담겼다. 여기에는 '사람이 사회의 주체'라는 인식이 녹아 있다.

중국공산당은 2004년 제16기 4차 중앙위원회 회의에서 '조화사회'和諧社會의 건설을 공식적으로 제기하였다. 이는 효율을 중시한 선부론先富論과 달리 사회적 평등을 강조하여 약자들에게 기회를 균등하게 주자는 뜻을 담고 있다. 또한 지속적이며 안정적 발전, 인민 기초생활 보장, 공정성 수준 제고, 안정된 사회질서 구축을 특징으로 한다.[206]

---

205) "장쩌민 시대를 시장경제의 제도화와 경제성장의 시대라고 한다면 후진타오 시대는 국가 발전 목표를 선진국과 발전 격차를 줄이는 데 두지 않고 실업, 의료, 노후 등 민생문제를 개선하는 데 주력했다. 이와 더불어 성장 일변도 정책에서 비롯된 환경파괴, 빈부격차, 도농격차, 지역격차를 줄이는 데도 주력했다", 조호길·리신팅, 『중국의 정치권력은 어떻게 유지되는가』(서울: 메디치, 2017), 295.

206) 이승익, 『중국 최고 정치지도자들의 리더십』, 196.

중국공산당과 지도자들이 통치 이념의 빈곤에 직면한 상황[207] 하에서 공자가 부활토록 기치를 든 것은 후진타오였다. 그는 2005년 3월 제10기 전국인민대표대회 3차회의에서 재차 조화사회를 제시하며, '조화를 소중히 여긴다'和爲貴는 공자의 언급을 거론했다. 후진타오 지도부가 통치 이념을 새롭게 모색하는 과정에서 전통적 가치관이었던 유교주의는 더 말할 나위 없는 대안이 되었다.

실제로 그가 집권한 직후부터 강조했던 인본人本과 친민親民 개념은 공자의 핵심사상인 인의仁義와 맥을 같이 하는 것이다. 이후 공산당 이론가들에 의해서 체계화 작업을 거친 조화사회론은 공자가 "적은 것을 걱정하지 말고 고르지 않은 것을 걱정하라."[208]라고 언급한 것과 아주 절묘하게 들어맞았다. 사회 안정과 체제 유지 기능이 상당히 강한 공자의 유교주의는 후진타오가 이끄는 중국공산당 제4세대의 통치 이념으로서 제격인 셈이었다.[209]

중국의 문화정책을 다룬 국내 연구결과에 의하면, 후진타오 시

---

207) "과거 베이징의 중 공산당 중앙당교는 가톨릭교회가 그토록 이질적인 전 세계 신자들 사이에서 응집성과 이념적 통제를 유지하는 방법이 무엇인지 자세히 알아본 적이 있다. 베이징의 공산당 간부들에게 무엇보다 매력적으로 다가오는 부분은 가톨릭교회가 2000년 이상 수많은 시험과 도전을 이겨내고 성공적으로 살아남았다는 점이다. 물론 중국공산당은 가톨릭교회가 지닌 최대의 이점을 누릴 수 없다. 따르는 자들에게 아무런 약속을 할 수도, 죄를 사해줄 수도 없다. 초월적인 존재에게 호소할 수도 없다. 이처럼 영적인 자원이 없다는 점이 중국의 현대 지도자를 괴롭히는 부분이다", Kerry Brown, CEO, China: The rise of Xi Jinping, 도지영 역, 『CEO 시진핑』(서울: 시그마북스, 2017), 306-307.

208) 『論語』「季氏」, "不患寡患不均".

209) 정동근, 『후진타오와 화해사회』(서울: 동아시아, 2007), 236.

대 조화사회 문화는 조화를 이념으로 하는 문화의 성질과 형태로 인간과 자아, 인간과 인간, 인간과 사회, 인간과 자연 사이의 조화로운 공존을 의미한다고 정의되는 한편 사회풍습, 제도 및 체제, 가치체계, 행위규범, 사상이념 등 다양한 존재 방식을 갖추었다.[210] 이처럼 사회가 문화적으로 상대방 존재를 인정하고 조화 속 공존을 추구하는 것은 현대 중국 정치사에서 결코 찾아보기 어려운 진일보한 시도이다.

여기에서 주목되는 점은 공산당 지도부가 조화사회 건설을 위한 대내적 조치에만 그치지 않고 대외적 측면에서 다원주의 및 국제사회의 공동 번영, 상호이익을 전제로 하는 합작을 제창하는 등 조화세계和諧世界 강조였다. 덩샤오핑 시대에 개혁개방 정책을 펼쳤지만 세계와의 만남은 경제 부분에 한정되었다.

따라서 조화세계 강조는 중국이 문화적 측면에서 국수적, 폐쇄적 상태를 벗어나 세계와 함께 호흡하려는 의지를 보인 것이며 자국 문화에 대한 자부심의 표현이었다. 부정적인 시각에서 본다면 흔히 얘기되는 '전통적 중화사상'의 발로이자 '자국우월주의'라는 해석도 나올 수 있는 부분이다.

긍정적인 측면에서 해석하자면 후진타오가 제시한 조화사회, 조화세계 개념은 최성규가 효 운동을 펼치며 설파했던 하모니와 맥

---

210) 노남중, 「중국의 문화진흥정책과 한중문화교류」, 박사학위논문, 군산대학교, 2017, 36.

락을 같이 하는 것이다. 아울러 '7효'에 담긴 자연사랑, 환경보호, 이웃사랑, 인류봉사의 가치에 상당히 근접해 있음을 알 수 있다. 시기적으로나 정치적으로 양인 간에 소통이나 맥락이 닿아 있는 것은 전혀 없으나 지향점은 일치하는 것이다.

후진타오는 재임 중 전통적 가치에 대해 긍정적인 평가를 내리면서 노인 문제를 언급하였다. 2007년 12월 31일 티엔진시天津市 양로원 방문 시 발언에서 그의 인식이 명확하게 드러난다.

> "노인들을 존중하고 사랑하고 보살피는 것은 중화민족의 우수한 전통이며 또한 한 국가의 문명 발전의 지표이기도 합니다. 우리는 중화민족의 노인존중 전통 미덕을 힘써 발양하고 노인분들이 생활상 도움과 정신적 위로를 받으실 수 있도록 함으로써 노인분들 모두가 편안하고 행복한 만년을 보내실 수 있도록 해야 할 것입니다.[211]

지도자로서의 후진타오를 평가하면서 전통적 관념의 효를 기준으로 삼는다면 개인적인 효행이나 부모와의 일화 등에서는 별다른 특이점을 찾을 수 없다. 그에게서 개인적인 효 캐릭터나 효를 통한 정치, 국정운영의 특징은 찾기가 어렵다. 정치권에서 경쟁자의 공격에 노출될 경우 가해질 위기 상황을 우려하는 특유의 방

---

211)   孫承武, "胡錦濤元旦夕前到天津親切看望慰問基層幹部群衆", 《中國政府網》(2007. 12. 31).

어적 자세에서 기인하는 것으로 해석도 가능하다.

그러나 그가 집권 기간 중에 사람과 사람, 사람과 자연, 중국과 세계 사이의 공존과 조화를 제기하고 이를 실행키 위해 노력했다는 점은 큰 의미가 있으며 주목할 만한 부분이다. 이는 현대사회가 추구하는 가치와 분명히 궤를 같이하는 것으로, 최고지도자로서 절대적으로 필요한 선견지명을 갖춘 데서 비롯되었다고 평가할 수 있다. 사람과 자국민을 중시하면서도 환경과 주변 국가를 결코 무시하지 않는 세계관을 갖는다는 것은 현대사회에서 지도자에게 반드시 요구되는 리더십의 요소이기 때문이다.

3절. 전임 지도자의 효 의식 종합

마오쩌둥과 덩샤오핑은 중국 근대의 혼란기에 태어나 항일활동과 공산혁명에 참여한 혁명세대이며 1949년 신중국 건국에 결정적으로 기여함으로써 국가 지도자로 자리했던 인물이다. 양인 공히 자수성가한 부농의 부친을 두었고 전통사회의 가치관하에서 성장했지만, 부친으로 상징되는 기성세대와 체제를 부정 내지 타도하는 인생을 살았다.

마오쩌둥은 부친과의 불화를 통해 보여주듯 효 관념과 거리가 있는 인물이다. 그는 이웃에 대한 동정심을 가졌으며 모친을 사랑했으나 부친에 대해서는 욕설을 마다치 않고 증오의 감정을 드러냈다. 더욱이 부친의 장례식조차 참석하지 않는가 하면 외국 언론과 인터뷰에서 부친과의 불화를 거리낌 없이 밝히기도 했다.

그는 가족 관념도 희박하여 아내와 자녀들을 제대로 돌보지 않아 정상적인 결혼 생활을 이어가지 못했다. 한국전에 참전했던 아들의 죽음조차 오로지 정치적 상황, 북한과의 관계에 활용한 정치의 고수이자 냉혈한이었다.

그는 집권 기간 중 인구 구조상 고령화 문제가 부각되지 않았다는 점을 감안 하더라도 효에 대한 의식[212]을 드러낸 적이 없었고 관련 정책을 이행하거나 장려한 흔적을 찾기 어렵다. 또한 정치 운동을 통해 다수의 자국민을 죽음과 고통으로 몰아넣었다. 따라서 아직까지 중국인들의 존경을 받는 일면도 있으나 효를 기준으로 본다면 극히 미흡한 지도자라고 할 수 있다.

덩샤오핑은 교육열이 높았던 부친에게 순종하고 그 덕에 프랑스 유학을 다녀올 수 있었다. 그러나 공산주의 운동 참여를 계기로 인생관이 바뀌었고 결국 부친과 모친 사망 시 장례식조차 참석치 않았으며 고향에도 발걸음을 하지 않았다. 게다가 철저한 유물론자답게 자신의 유골 가루를 바다에 뿌리도록 유언하였다. 이는

---

212) "'효 의식'이란 자식들의 어버이에 대해 정성을 다하는 효에 대한 의식으로 인간이 인간답게 살고자 할 때 제일 먼저 실천해야 할 도리에 대한 의식이요, 인간의 인격 형성의 근본이 되는 의식을 말한다", 박종윤·곽종형, 「중년층의 효 의식이 부모에게 미치는 영향」, 『한국사상과 문화』 92권(한국사상문화학회, 2018.3), 227.

전통적 중국의 상례喪禮를 거부한 것으로서 과거와 단절하려는 그의 정신세계를 어느 정도 짐작할 수 있는 단서가 된다.

그가 마오쩌둥과 다른 점은 가정과 가족에 대한 인식과 태도이다. 마오쩌둥이 가정에 큰 의미를 두지 않은 데 비해 덩샤오핑은 자신의 정치적 부침 과정에서 가족과의 관계에 큰 가치를 부여하였다. 숙청을 당했을 때는 아내에게 의지했으며 특히 자녀들을 위해서라면 자존심을 버리고 마오쩌둥을 향해 수차례 서한을 보냈다. 서한에서 구구절절 은혜를 베풀어줄 것을 간곡히 사정하는 내용이 발견된다.

그는 항시 과묵했고 감정 표현에 결코 익숙하지 않았지만 정치인으로서 실각과 복권을 거듭하면서도 아내 및 자녀들과는 친애의 분위기 속에서 상호 교감했다. 가정이라는 부분에서 그를 수식하는 '작은 거인'의 이미지는 찾기가 어렵다.

그의 딸 덩룽은 저서에서 다음과 같이 시간이 경과한 후에도 부친에 대한 그리움을 드러내고 있다. 책의 서술 내용에는 오로지 정치인이 아닌 부친으로서의 모습만 그려진다.

"아버지가 우리들을 떠난 지 이미 3년이 지났다. 정말로 세월은 유수처럼 빨리 지나갔고, 시간은 화살처럼 빨리 지나갔다. 문혁의 역사를 책으로 쓰는 이 시간에 아버지의 음성과 웃는 모습이 때때로 나의 눈앞에 나타났다. 꿈속에서, 나의 마음은 자주 아버지의 발자취를 따라서 떠돌아다녔다. 나의 마음속에 확실히 느낀 것은 아버지는 우리들로부터 떠나가지 않았다는 것이다. 아버지는 아직 우리들 가까이 있었고, 우리들 전 가족과 함께 둘러앉아서, 우리들이 말하는 것을 들으면서, 우리들이 웃는 것을 보면서, 여전히 그렇게 아무 말 없이 인간 세상의 가장 따뜻한 혈육의 정과 기쁨을 누리고 있다."[213]

덩샤오핑은 문선文選이나 인터뷰, 그리고 그의 딸 덩용이 쓴 전기傳記에도 유교에 관한 태도를 표명한 적이 없다. 단지 류샤오치가 간부의 기준으로 제시한 덕재겸비德才兼備의 친유교적 사고를 지지하여 간부 선발 기준으로 누차 강조해온 데서 그의 유교에 대한 태도를 짐작할 수 있을 뿐이다.[214]

그의 집권 기간 중 노인 문제, 인구 고령화가 국가 현안으로 등장하지는 않았으며 국정을 이끌면서 효도 문제를 거론하거나 장려한 것은 없다. 따라서 효와 관련해서는 가족을 중심으로 한 개인적인 부분에서 평가되는 인물이다. 그는 부모의 은혜를 입었지만 성인이 된 후에도 보은 의식과 행동을 찾기 어렵다.

다만, 정치적으로 좌절할 때 아내에게 의지하고 가정을 중시하는 등 평범한 가장의 모습을 보였다. 때문에 중국정치 전문가인 김영화 교수는 덩샤오핑이 정치적 생활은 마르크스-레인주의-마오

---

213) 鄧榕, 『我的父親鄧小平-文革歲月』, 628.
214) 김영화, 『중국정치리더십』, 243.

쩌둥사상의 전파자이자 대리인으로서 보냈지만, 가족생활은 중국의 전통적 생활 태도를 보여준바, 그의 정치사상은 중국문화와 사회주의 사상 간의 조화 내지는 융합의 선상에 있었음을 나타내는 것[215]이라는 평가를 내린다.

마오쩌둥과 덩샤오핑으로 대표되는 혁명세대가 전통에 대해 비판적, 배타적 태도를 견지했던 것과는 달리 장쩌민과 후진타오 등 기술관료 시대에는 전통적 효에 대한 이해와 동의가 이뤄진다. 나아가 국정 운영 과정에서 반영되기도 한다.

장쩌민은 신식교육을 받았고 해외 연수도 다녀왔지만 전통적 가풍에서 성장했기에 고전에 정통하고 중국문화에 이해가 깊다. 이를 입증하듯 과거 공산당이 경시했던 도덕성이야말로 중국 문명의 모습이라는 판단하에 집권 기간 가족과 국가, 교육의 가치 등에 대해 깊은 관심을 기울였다.[216] 그러나 사회주의 국가의 폐쇄성을 반영하듯 자신의 가족과 사생활은 공개하지 않았고 관련 일화 등을 찾기가 어렵다.

그럼에도 효행과 관련된 그의 업적은 법적인 측면에서 발견된

---

215)　김영화, 『중국정치리더십』, 244.
216)　"과거의 공산당은 도덕성을 인민의 이데올로기적 믿음을 당대의 정치적 기준에 맞추기 위해 휘두르는 망치 정도로 이용했었다. 그러나 장쩌민에게 있어서 도덕성은 중국문명의 가장 순수한 형식을 대표하는 것이었다. 그 도덕성은 가족, 애국심, 교육, 사회질서, 과학과 기술, 음악, 예술, 문학, 정직성, 고된 노동, 심지어 예절에 이르는 고상한 정신의 이상을 전달하는 단어였다", Robert Lawrence Kuhn, THE MAN WHO CHANGED CHINA, 302.

다. 그가 집권 이후 내놓은 것이 중국 최초로 노인의 권리와 위상을 제고키 위한 '노인권익보장법' 제정이다. 이 법은 담긴 내용으로 볼 때 강제성보다는 선언적 의미에 방점이 찍혔지만 노인에 대한 국가 및 사회 공동체, 가정 구성원의 인식과 도덕적 책임감을 현실적 정책으로 전환시키려 했다는 데서 큰 의미를 갖는다.

후진타오는 중국이 당면한 경제, 환경, 그리고 사회적 문제들에 대한 종합적 처방[217]으로서 구성원과 구성원 간의 조화를 중시하는 조화사회를 제시하였다. 개혁개방 이후 발전 지향 일변도의 국가정책이 가져온 모순을 해결키 위한 것으로 사람과 사람, 사람과 환경, 중국과 세계의 조화는 '7효'에서 강조하는 정신과도 맥락을 같이한다.

특히 최근의 화두인 환경문제를 놓고 본다면 상당히 앞선 사고였다. 후진타오는 장쩌민 계열 인사들이 건재한 가운데 임기를 시작했다. 따라서 권력 기반 강화가 급선무였다. 그 일환으로 추진된 것이 '민중 속으로 파고들어 가는' 전략으로서 노동자, 농민, 노인 등 소외받는 계층에 대한 관심과 대변자 역할의 자임이었다.

조영남 교수는 이와 같은 전략에 대해 후진타오가 매우 강조하

---

217) "후진타오정부는 등장 이후 세 가지 슬로건을 제시한 바 있다. '이인위본', '화이부동', 그리고 '평화굴기'이다. 이들의 귀결인 조화사회는 중국발전을 위한 하나의 모델로서 중국이 당면한 경제, 환경, 그리고 사회적 문제들에 대한 종합적인 처방이다", 이정태, 「후진타오정부의 조화사회」, 『대한정치학회보』 15집 5호(대한정치학회, 2007.10), 62.

는 '인민에게 친근함'親民이라는 것은 현대 민주주의 이념보다는 전통시대의 유교적 민본民本개념에 가깝다[218]고 지적한다. 후진타오 시대의 대중大衆친화적 정책과 전략이 유교적 전통에서 강조되던 것과 궤를 같이하는 것으로 볼 수 있다는 것이다.

---

218) 조영남, 『후진타오 시대의 중국정치』(파주: 나남, 2006), 182.

4부

시진핑의 효도 리더십을
모색해보다

시진핑은 효자 이미지가 강한 지도자이다. 그는 당정 선전 관련 기관을 동원한 체계적 작업을 통해 청소년 시절부터 현직에 이르기까지 분투 경력, 부친 및 모친과의 일화 등을 대중들에게 노출시켰다. 그리고 이를 국정 운영에서 '지도자 자질을 제대로 갖춘 인물'임을 내비치는 소재로 십분 활용하였다. 그에게 있어 특히 효도는 단순히 '오래된 이야기'가 아니라, 국민들과 교감하고 공감을 이끌어낼 수 있는 '새로운 이야기'로서 적극 활용되는 상황이다.

공산당과 국무원 조치로 인해 시진핑 개인사는 상당 부분 공개된 상태이다. 부친의 교육관과 부자관계, 급전직하 수준의 집안 몰락과 방황, 7년간의 하방과 성장 경험, 아내와의 러브스토리, 연로한 모친과 친애 등의 일화는 부모에게 효도하고 고난을 극복했으며 가정적인 지도자 캐릭터를 만들었다. 이는 '이미지의 상징화' image symbolization 전략[219)]에 따른 결과로서 국민들에게 호감으

---

219) "'이미지의 상징화(image symbolization)' 개념은 상징의 매개물인 이미지가 계속 적으로 반복되면서 그 이미지가 하나의 상징성에 도달하는 것을 의미한다. (중략) 이처럼 어떤 사물과 인물에 대해 어떠한 이미지를 부여하고 계속적인 반복을 가 하므로 해서 자연스럽게 상징적 사고로 연결되고 그 상징과정 및 상징전략을 통해 상징성을 갖게 되는 것, 이것이 바로 '이미지의 상징화' 전략이다", 정교진, 「북한의 수령, 성격 변화에 관한 연구: 지도자상징정치 측면으로」, 『북한연구학회 춘계학술 발표논문집』(북한연구학회, 2017.4), 152.

로 다가설 수 있도록 해주는 정치적 자산이자 중요한 리더십 덕목으로 자리한다.

시진핑은 서사敍事적 인생의 기승전결起承轉結 과정을 노정시킴으로써 사상 면에서 뿌리가 깊은 집안 출신에, 스스로 온갖 역경을 극복했으며, 자원했던 지방관地方官으로서 지역민을 위해 장기간 봉사했다는 강점을 최대 최대치로 끌어올렸다. 이를 통해 국가 최고지도자로서 손색없는 인물 이미지를 구축했다. 즉, 국민들에게 어필할 수 있는 스토리와 인간적 매력을 갖춘 것이다. 이와 관련하여 미국의 정치분석가 드루 웨스턴Drew Western은 대중이 정치인 개인의 이야기에 몰입하는 것을 두고 다음과 같은 진단을 내린다.

> "인간은 태생적으로 특정한 구조가 있는 이야기를 원한다. 일관된 이야기 속에는 대개 상황 설정과 주인공, 줄거리 전개를 유발하는 사건, 그 과정에서 등장하는 장애물, 문제 해결을 목표로 노력하는 주인공과 그를 방해하거나 돕지 못하는 사람 간에 종종 벌어지는 충돌, 그리고 마지막으로 원래의 문제가 해결되어지는 대단원 부분이 들어있다."[220]

후진타오가 지극히 신중하고 자기표현을 억제하면서 허용된 권

---

220) Drew Western, The Political Brain, 뉴스위크 한국판 역, 『감성의 정치학』(서울: 2007), 143.

한만을 행사했던 것과 달리 시진핑은 지방 당정 분야 지도자 시절부터 언론사 기고[221] 등을 통해 자신만의 정치철학을 명확하게 표현하였다. 최고지도자 등극 이후에는 그간 유지되어왔던 정치국 상무위원 간 조정과 합의 위주의 집단지도 방식을 대폭 약화시키고 개헌을 통해 '1인 지배' 체제를 구축, 자신의 권위를 강화[222]하면서 국정 전반에 걸쳐 리더십을 거리낌 없이 행사하고 있다.

시진핑은 전통적 가치가 봉건적 잔재로 단죄되고 혁명의 장애물로 인식된 신중국 출범 이후 출생했으나 혁명가 출신 부친으로부터 인간 된 도리를 교육받았고 친애의 가정환경 속에서 인륜의 질서를 체화시켰다. 나아가 청년기 하방 경험과 오랜 지방지도자 경력을 통해 효에 관한 자신만의 확고한 철학을 갖게 되었다. 지도자 등극 이후에도 지속적, 공식적으로 효를 강조하면서 공산당 당원과 국민들을 향해 적극적인 호응을 요청하고 있다.

시진핑은 청년기 7년간의 하방 기간 중에 『순자』를 열독함으로

---

221)   시진핑은 당정 분야 지방 관료로서 첫 보직인 정딩현 서기 시절부터 《中國青年》, 《農村青年》, 《人民日報》 등 언론매체에 농촌문제, 애국심, 노인존경 등을 주제로 기고를 했다. 허베이인민출판사는 시진핑의 기고를 모아 2015년 『知之深, 愛之切』 제하 책으로 출간하였다.

222)   "19차 당대회와 13차 전국인대(全國人大)를 통하여 이루어진 가장 주목받는 변화는 시진핑의 권력 강화이다. 가장 관심을 끈 것은 13차 전국인대에서 이루어진 개헌을 통하여 국가주석 임기제한 규정을 폐지한 것이다. 그것을 통하여 당 총서기와 중앙군사위원회 주석을 겸임하는 국가주석이 중임 이후에도 임기를 지속할 수 있는 법적 기초를 확보한 것이다. 19차 당대회의 개정 당장(黨章)에서 '시진핑을 핵심으로 하는 당 중앙'이라고 한 것은 결국 시진핑의 권위 강화와 시진핑으로의 권력 집중을 말하는 것이다", 안치영, 「과연 시진핑 1인 체제가 형성되었는가?」, 『황해문화』 여름호(새얼문화재단, 2018.6), 212-213.

써 사회와 공동체에 관한 자신만의 독특한 사고방식을 갖게 된바, 그에게 있어 효도라는 것은 사회규범이자 공동에 의식의 중요 요소로 자리한다. 이와 관련하여 동양 철학계 일각에서 제기된 "현대사회 문제점 해결에는 현실중심 철학으로서 '사회규범 준수 및 공동체 의식 함양'을 내세우는 순자의 사회철학 사상을 원용할 필요가 있다."[223]라는 주장은 시진핑 내면 의식과 행동 철학을 들여다보는 데 시사점을 제공한다.

이번 4부에서는 시진핑의 효 사상에 담긴 리더십은 과연 어떤 것이며, 양자 간에 상호 어떤 연관성을 갖는지, 무엇을 지향하는지 살펴보면서 분석 작업을 진행할 것이다. 이 작업을 통하여 그의 효도 사상이 리더십에 자연스럽게 용해되는 과정을 파악토록 하겠다. 또한 그가 국가 운영 과정에서 효행을 강조하고 노인 등 사회적 약자의 고통에 공감하면서 정책을 통해 구체적, 실질적으로 보듬는 정치적 행보를 자세히 확인해보겠다.

---

223) 김혁, 「荀子思想의 社會哲學的 含意」, 박사학위논문, 성균관대학교, 2018, 231.

1장

효도 사상과 시진핑 리더십의 연관성

1절. 리더십과 정치적 리더십의 성격 및 의미

리더십은 인간과 공동체가 존재하는 곳에서는 항시 등장하는 주제로서 학자와 전문가들에 의해 다양한 정의가 내려져 있다.[224] 공동체의 존립과 성장이 가능하려면 필연적으로 리더로 불리는 인물이 앞장서 전체를 이끄는 역할을 수행해야 한다. 이 역할 수행 과정에서 어떤 방식으로 구성원의 공감과 지지를 확보하고 문제를 해결하는지가 관심의 대상이었다. 우리가 역사상 기억하고 존경하는 리더들은 고도로 평가할 만한 자질, 특성을 갖고 있었고 시대적 상황에 대한 치열한 고민과 헌신적 자세, 미래 지향적

---

224) "랄프 스톡딜(Ralph M. Stogdill)은 72개에 달하는 리더십 개념을 수집, 정리하였으며 워렌 베니스(Warren Bennis)와 버트 나누스(Burt Nanus)는 리더십의 개념으로 등장한 것만 해도 350개를 상회한다는 주장을 폈다", 정기산, 「중간관리자의 리더십 유형별 행동특성과 신뢰와의 관계」, 박사학위논문, 서울대학교, 2002, 6-7.

통찰력, 강력한 추진력을 보였다.

이 책의 연구 주제인 효 사상, 여기에서 생성되는 리더십을 설명하는 데 있어 대통령학 권위자인 최진의 연구는 적절한 논리를 제공한다. 그는 리더로서 상대방의 '마음'에 대한 접근 필요성을 제기하면서 "리더십이란 지도자와 구성원, 즉 사람과 사람의 인간관계 속에서 의의를 갖기에 리더십 개념을 설명할 때 빼놓을 수 없는 것이 사람의 행태를 움직이는 동력, 곧 마음이다."라고 설명한데 이어 "요컨대 리더십은 사람의 마음을 움직여서 특정 목표를 향해 자발적이고 능동적으로 행동토록 하는 심리적 영향력 또는 설득력이라고 할 수 있다."[225]라고 주장하였다.

한편, 리더의 자질과 관련하여 삼성전자 부회장을 지낸 권오현은 "본성에 의한 영향력이 3분의 1, 훈련으로 얻을 수 있는 부분이 3분의 2"라고 규정하였다. 그는 사람에게는 타고난 본성이나 태생적 기질이 존재하지만 성장 환경의 영향 또한 무시할 수 없다는 견해를 내놓았다. 구체적으로 집안과 부모의 영향력은 생각보다 강력하여 때로는 성장 환경이 타고난 그 사람의 성격마저 바꿔놓을 때가 있다[226]고 설명하였다. 후천적 노력을 통해 리더가 만들어지기도 하지만 선천적 자질, 태생적 배경을 결코 무시할 수 없다는 논리이다.

---

225) 최진, 『대통령리더십 총론』(파주: 법문사, 2007), 3.

226) 권오현, 『초격차』(서울: 쌤앤파커스, 2018), 29-30.

따라서 '리더의 자질을 검증할 경우 대상자의 성장 과정에서 집안은 화목했는가?', '필요한 교육을 누구에 의해 어떠한 방식으로 받았는가?' 등이 중점적으로 파악되어야 한다. 특히 '인생에서 어떠한 것을 자신의 중요한 가치로 삼는가?' 등의 요인을 살필 필요가 있다.

본 저자는 효 의식이 강한 정치인의 리더십을 다루는 만큼 논의 초점을 정치적 리더십에 맞출 것이다. 경영 분야 리더십은 생산성과 효율성, 이에 따른 이익 창출을 추구하지만 정치에서 리더십은 성격과 양상이 다르다. 정치학자 논리에 따르면, 정치지도자 임무는 국민의 통합을 이끌어내고 국민들에게 행복과 복지를 제공해 줄 수 있는 정책구현[227]이다.

오랜 기간 중국 정치지도자 연구에 매진한 이승익은 정치적 리더십을 "정치 권력을 이용하여 사회자원을 동원해 국가 또는 사회를 목표하는 방향으로 이끌어가는 지도자의 능력"[228]으로 정의하고 있다. 이 정의는 정치적 리더십이 국가와 사회라는 공동체에서 요구되는 것으로서 공공성을 갖는 것임을 의미한다.

리더십을 설명하는 책에서는 "국가의 목표와 가치를 추구하기

227) 김창희, 「정치과정에서 신뢰와 정치리더십 연구」, 『지역과 세계』 40권 1호(전북대학교 사회과학연구소, 2016.4), 127.
228) 이승익, 「당대 중국 최고 정치지도자들의 리더십 유형 연구」, 박사학위논문, 계명대학교, 2010, 6.

위해 추종자들을 유도하고 조정하는 정치적 역량"[229]을 정치적 리더십으로 규정하고 있다. 이는 '국가'라는 공적인 분야에서 목표와 가치를 구현키 위해 지도자에게 필요한 역량은 구성원을 어떤 방향으로 이끌고 갈등을 어떻게 해결할 수 있는지에 달려 있음을 강조한 것이다.

이처럼 정치지도자 역할은 사회의 자원인 재화나 가치의 공정한 분배에 중점을 둔 만큼 생산성과 효율성보다 공공성과 공정성이 중요한 위치를 점한다. 때문에 정치적 리더십은 정치공동체의 비전 혹은 국가의 현안을 둘러싸고 정치지도자가 국민들을 설득하고, 정치적 지지를 이끌어내며, 정책 목표와 비전을 성취해 가는 일련의 과정과 밀접한 관련을 지닌다.[230] 여기에서 설득은 진정성을 근간으로 하되 확고한 논리의 무장과 함께 강력한 힘이 수반되어야 기대, 목표하는 효과를 제대로 거둘 수 있다.

정치지도자의 리더십은 일반 집단이나 조직의 리더십보다 권력지향적인 경향이 매우 강하다. 또한 시대적 환경과의 상호작용에 필요한 뛰어난 정치적 집단구성원들의 관리기술이 요구된다.[231] 여기에 부합할 수 있도록 정치지도자를 포함한 집권 세력은 시대

229) 배정훈, 『리더십 에센스』(서울: 형설출판사, 2010), 15-16.
230) 김채현, 「김영삼과 김대중의 정치리더십 비교」, 박사학위논문, 전북대학교, 2007, 10.
231) 오승철, 「박정희 대통령과 노무현 대통령의 정치리더십에 관한 연구」, 박사학위논문, 동아대학교, 2017, 11-12.

환경에 맞는 다양한 이슈를 선점하고 정책화시키면서 국민의 눈높이에 맞추고 욕구가 충족되도록 집권 기간 중 다양한 노력을 기울이게 된다.

정치지도자는 국민들의 다양한 요구와 목소리를 효과적으로 국가정책에 반영하고 각종 집단이나 세력, 계층과의 협상, 타협을 통해 지지와 협조를 유도할 수 있어야 한다. 또한 복잡하고 처리하기 곤란한 현안들을 해결하기 위한 정책적 대안 제시가 가능해야 한다.

따라서 정치지도자에게 있어 정치철학과 집행 능력은 필수조건이 된다. 철학이 빈곤하고 추진력이 없는 지도자의 국정 운영이 국민을 어려운 상황으로 내몰 수 있음은 동서고금을 막론하고 자주 목도되었다. 이와 관련하여 중국의 경우를 살펴본다면, 시진핑은 정치지도자로서 필요한 자세를 다음과 같이 설명하고 있다.

"중국은 960만 제곱킬로미터의 국토에 56개 민족, 13억이 넘는 인구가 살고 있으며, 경제사회 발전 수준이나 국민의 생활 수준이 아직은 높지 못합니다. 이러한 국가를 다스리기란 쉽지 않은 일입니다. 높은 곳에 올라서 멀리 내다보아야 하며, 동시에 발을 땅에 단단히 딛고 있어야 합니다. 저는 중국의 여러 지방에서 오랫동안 일한 적이 있어서, 중국의 동부와 서부, 중앙에서 지방에 이르는 각 지역과 각 계층의 차이가 대단히 크다는 것을 잘 알고 있습니다. 중국에서 지도자가 되려면 반드시 정확한 상황 파악에 기초하여 총괄적으로 균형을 도모하고, 중점을 부각하면서 전반적인 측면을 이끌어가야 합니다. 때로는 큰 것을 위해 작은 것을 희생하고, 큰 것으로 작은 것을 겸하기도 하며, 때로는 작은 것으로 큰 국면을 이끌어가고, 작은 것을 통해 큰 것을 알 수도 있습니다. 비유하자면 10개의 손가락으로 피아노를 쳐야 한다는 것입니다."[232]

시진핑의 설명처럼 정치지도자는 극히 어려운 조건하에서도 철저히 현실에 기반을 두되 희망을 주는 장기적인 미래 비전을 제시할 수 있어야 한다. 아울러 통치 대상에 대한 정확한 이해와 인식, 균형 잡힌 감각, 가치판단에 따른 선택과 집중을 추구하는 가운데 자신이 보유한 모든 역량의 동원이 요구된다. 그렇다면 정치 리더십 형성에 영향을 주는 환경적 요인은 무엇일까?

주요 요인으로 리더의 성장 배경과 과정, 시대적 상황 등을 들 수 있다. 이 가운데 성장 배경과 과정은 리더의 인격 및 자아 형성에 절대적 영향을 미친다. 마오쩌둥을 예로 들자면 그는 부친과의 불화 속에서 기존 권위와 전통에 대해 극도의 부정적 인식을 갖게 되었고 이는 전생에 걸쳐 혁명과 타도의 형태로서 나타난다.

한편, 시대적 상황은 리더의 유형을 좌우하게 된다. 현대 중국

---

232) 習近平, 『習近平談治國理政』, 131-132.

의 사례를 살펴보면 제국주의적 압박에 처한 상태에서 마오쩌둥으로부터는 혁명적 리더십[233]이 도출되었다. 이에 비해 실사구시實事求是의 정신으로 개혁개방을 주도했던 덩샤오핑 시대에는 개혁적 리더십이 작동되었다. 덩샤오핑은 질서와 제도가 철저하게 붕괴된 국가를 다시 일으키기 위해 '창조적 파괴'로서 혁신을 일으킨다.[234]

정치지도자의 정점 위치인 대통령 리더십과 관련하여 정치학자들은 필요 덕목으로서 비전 제시 능력, 의사소통 능력, 국정 운영 능력, 정치력, 공감 능력을 제시하였다. 이 가운데 비전 제시 능력은 시대정신과의 교감, 현실 적합성 및 구체화 가능성, 비전의 공유와 확산에 주안점을 둔다고 설명하였다. 또한 공감에 대해서는 "우리 사회에 대중의 관심 밖에서 고통받는 많은 국민들에게 대통령이 함께 아파하고 고통을 나누려는 진정성을 보일 때 시민들의 공감적 유대감도 확산되어 갈 것"[235]이라고 강조하였다.

정치에서의 공감 능력은 무한경쟁 시대에서 낙오되고 소외되어 존재 가치를 상실한 이들의 고통을 인지하고 함께 나누는 능력이

---

233) "마오쩌둥은 반식민, 반봉건지로 전락한 당시 중국의 현실과 농민들의 질곡을 타파하기 위해서는 유럽에서 발아한 사회주의가 러시아에서 노동자혁명으로 성공했듯이 중국도 혁명을 통해 사회주의 국가를 세워야 한다는 진단을 했다", 이승익, 『중국 최고 정치 지도자들의 리더십』, 99.

234) 최재선, 『불멸의 이노베이터 덩샤오핑』(서울: 청림출판, 2009), 30.

235) 이현출·김영삼, 「전환기 대통령 리더십의 성공조건」, 『유라시아연구』 14권 3호(아시아·유럽미래학회, 2017.9), 34.

다. 이는 다른 사람들이 직면한 곤경을 목도하고 측은함을 느끼는 수동적인 성격의 동정에서 그치는 것이 아니라, 고통받는 사람에 대한 면밀한 관찰 및 그들의 정서와 합일된 자세를 견지하고 고통을 해결해주는 적극적 참여이자 실천인 것이다.

측은지심惻隱之心은 모든 인간이 가져야 할 기본적인 윤리 덕목이며, 특히 지도자가 갖춰야 될 최고의 통치 덕목이다. 때문에 정치권 지도자는 약자에 대한 사회적 책임에 민감한 자세를 요구받는다. 사회적 약자를 보호하며 그들에게 희망을 주는 정치를 펼쳐야만 한다.

이는 '7효'에서 집어본 것처럼 효의 확장성 차원에서 지향하는 사회적 효와도 상당히 깊은 관련성을 갖는다. 예를 들어 정치지도자가 질병과 가난이 이어지는 삶 속에서 죽음만을 기다리는 노인들 처지를 십분 이해하고 사회적 관심을 촉구함과 아울러 의료나 재정적 지원책을 강구하는 것은 공감 능력의 구체적 표출이라 할 수 있다.

노인은 삶의 최종 단계에 있는 사회적 약자이다. 그들은 쇠약해진 육체와 정신으로 인해 사회성까지 침체되었으며 활력과 자부심마저 잃어가고 있다. 그러나 과거 전통사회에서는 집안의 어른으로서 가치수호와 전승의 담당자였으며 삶의 본보기였다. 아울러 장수長壽하는 것은 인간이 누릴 수 있는 오복五福 가운데 하나로서 공동체 구성원들의 축복을 받을 만한 가치이기도 하였다.

그렇지만 이제는 상황이 바뀌어 현대 고령화 사회에서 노인들은 권위와 역할을 박탈당하고 심지어 국가 재정을 축내는 존재로까지 인식된다. 이웃 국가인 중국의 경우만 보더라도 상당수 노인들은 빈고貧苦, 병고病苦, 무위고無爲苦, 고독고孤獨苦 같은 4고四苦의 고통을 겪는 실정[236]이다. 때문에 정치 영역에서 노인들의 고통을 이해하고 보듬으며 사회구성원의 합의와 참여를 유도해 해결방안을 모색하는 것이 바로 '노인 친화적 정치'이다.

이러한 정치적 행보는 인구 고령화가 급속히 진행되면서 역사적으로 한 번도 경험하지 못했던 상황에 직면한 한국과 중국 등 국가에서는 특히 더 필요한 것이다. 가보지 않는 길을 가야 하는 상황에서 반드시 발휘되어야 할 리더십인 것이다.

2절. 시진핑의 효도 사상과 관련된 리더십

리더십은 윤리를 근간으로 하여 이타적 사랑을 통해서 구성원들의 마음을 움직인다. 이런 점에서 효 사상과 공통점을 가지고 있다. 이와 관련, 효 학계 일부 연구자는 효를 부모와 자녀의 통합성을 증가시키는 윤리 덕목virtue이면서 또한 관계능력이라는 역

---

236) 장건군, 「고령화사회의 중국 노인평생교육 발전 방안 연구」, 박사학위논문, 전주대학교, 2016, 18.

량ability으로 해석하고, "다양하고 변화하는 환경을 관찰하는 자녀는 부모에게 공경하고 존중하고 지지하면서 또 다른 한편으로는 배려하며 변화된 가치를 요구하고 책임감에 발로하여 긍정적인 변화를 완성한다."라고 설명하였다. 아울러 이를 기초로 "효는 가족의 존속을 위해 자녀가 부모에게 하는 요구demand와 지지support이며, 부모의 긍정적 변화를 위해 자녀가 부모의 삶에 적극적으로 참여하는 의지"[237]라는 정의를 내린다.

이는 '효도'라는 것이 자녀가 가정에서 부모를 대상으로 행사하는 일종의 리더십으로서 성격을 갖고 있음을 시사한다. 즉 '부모'라는 대상의 존재, '긍정적 변화'라는 목적, '적극적 개입'이라는 행위 주체가 설정되는바, "리더가 조직의 목표를 달성하기 위해 구성원과 함께 상호작용하면서 영향을 미치는 것"[238]이라는 리더십 정의와 동질성을 갖는다.

리더십은 대규모 조직이나 공동체에서 주로 논의되지만, 효 차원에서는 사회 최소 단위인 가정에서도 개인적 삶의 형태로서 충분히 실천될 수 있음이 확인된다. 따라서 가정에서 출발한 효 기반 리더십이 지역공동체, 사회, 국가로 올곧이 확장되며 국가 지도자의 통치행위에서도 구현될 수 있는 근거가 확보된다.

---

237) 류한근, 「세대 갈등 극복을 위한 효 반응체계」, 『효학연구』 12호(한국효학회, 2010.12), 69-70.
238) 최재덕, 「리더십을 통한 성경적 효의 정착에 관한 연구-가족공동체를 중심으로」, 박사학위논문, 성산효대학원대학교, 2009, 31.

문헌상으로도 『효경』에서는 "부모를 섬기는 사람은 윗자리에 있어도 교만하지 않고 아랫자리에 있어도 질서를 어지럽히지 않으며 같은 무리와 서로 다투지 않는다."[239]라고 언급하고 있다. 또한 『소학』의 "위에 있으면서 교만하지 않으면 위태롭지 않고, 예절에 맞게 하고 법도를 삼가면 가득해도 넘치지 않는다. 그런 뒤에야 능히 그 사직을 보존하며 그 인민을 화목하게 할 수 있으니, 이는 제후의 효이다."[240]라는 서술은 효와 리더십의 상관관계를 명확히 보여준다.

조선 시대 실학의 상징적 인물인 다산茶山 정약용은 아래 서술과 같이 효를 임금과 스승의 권위를 세우는 출발점으로 인식하였다. 또한, 자녀교육에서 얻은 경험이 사회에서 사람들을 부릴 수 있는 배경이 될 것이라고 강조하였다. 효가 사회를 통해 구현될 경우에는 리더를 세우고 존재토록 하는 팔로워십followership으로서 핵심 역할을 하며 가정에서는 자녀양육이 리더십 함양의 원천이라는 해석으로 다가온다.

> "아버지 섬기는 것을 바탕으로 높은 이를 존경함으로써 군도君道가
>
> 세워지고, 아버지 섬기는 것을 바탕으로 어진 이를 어질게 여김으로써

---

239) 『孝經』「紀孝行章」, "事親者, 居上不驕, 爲下不亂, 在醜不爭".

240) 『小學』「明倫」, "在上不驕, 高而不危, 制節謹度, 滿而不溢. 然後能保其社稷, 而和其民. 此諸侯之孝也".

사도師道가 세워진다. 형 섬기는 일을 바탕으로 존장尊長을 섬기고 자식

기르는 일을 바탕으로 대중大衆을 부린다."[241]

효와 리더십의 상관성에 대한 연구결과를 확인해보면 리더십과
배려의 관계를 논하면서 효는 부모에게 친절을 베푸는 일로, 사람
들을 다스리고 보살피기 위한 훈련이 된다[242]는 연구결과가 있다.
자녀가 가정생활을 통해 부모를 성심껏 대하는 태도로 나타나는
효가 바로 리더십의 출발점이며 또한 사회에서 필요로 하는 리더
십의 함양이 이루어질 수 있음을 시사하는 것이다.

아울러, 효 리더십 분야의 권위자인 다산문화교육원 김종두 이
사는 "현대 리더십이 인본주의에 입각해 구성원들의 신념, 욕구,
가치 등을 외부 환경과 조화시킴으로써 구성원 스스로가 자발적
으로 목표 달성에 참여케 하는 데 초점을 두고 있다는 점에서 효
사상과 밀접한 관련을 갖는다."라고 평가하였다. 더불어 이와 같
은 성격을 가진 기존의 리더십으로서 셀프 리더십, 서번트 리더
십, 원칙 중심 리더십, 가치 중심 리더십을 들었다.[243]

---

241) 『茶山詩文集』卷十「原教」, "資於事父, 以尊尊以君道立焉, 資於事父, 以賢賢以師道立
焉, 資於事兄以長長, 資於養子以使衆".

242) 김수동, 「동양고전에서 이해한 배려의 리더십: 논어를 중심으로」, 『교육실천연구』
10권 2호(한국교육실천연구학회 2011.6), 52.

243) 김종두, 「효 사상과 현대 리더십의 연계성 고찰」, 『윤리연구』 65권(한국윤리학회,
2007.6), 53.

이러한 연구결과는 효와 리더십의 상관성에 대한 새로운 시각이자 접근 방식으로서 효 연구와 적용 공간의 확대를 위한 시도로서 상당한 의미를 갖는다. 더불어 효가 현대사회에서 조직을 이끌어가는 데 반드시 필요한 덕목이자 올바른 가치임을 입증하는 노력의 일환이라 평가할 수 있다.

이 책은 위와 같이 리더십과 관련한 고전古典의 언급 내용, 전통적 관념, 현대 시각의 연구결과를 논거論據로 삼아 각 리더십별로 개념 및 내용을 살펴보겠다. 이 과정에서 효는 인간 윤리 가운데 핵심인 만큼 윤리적 리더십도 서술 범위에 추가된다. 이제 3부에서 살핀 것처럼 시진핑의 출생부터 최고지도자 등극에 이르기까지 배태되고 체화되어 정책으로 드러난 효도 사상과 리더십이 어떠한 맥락을 갖고 있으며 상호 연관성을 보여주는지 확인토록 하겠다.

셀프 리더십

전통적 리더십은 '조직 내에서 리더가 구성원에게 영향을 미치는 행위'로 이해된다. 이와 달리 1980년대 말 미국에서 경영환경 변화에 따른 기업들의 체질 개선과 글로벌 경쟁력 확보를 위한 고민의 결과로서 등장했던 셀프 리더십Self Leadership은 구성원 자신이 스스로에게 영향을 미치는 리더십이다. 즉 '내가 원하는 방향을 향해 나 자신을 이끌어가는 행위'라고 할 수 있다. 자신만의 목표와 계획을 갖고 자신을 통제하는 것이므로 자기 동기 부여 self-motivation와 자기 주도self-direction가 이 리더십의 성격을 결정짓는 중요 요소이다.

효와 셀프 리더십의 관계 설명은 『효경』의 "효는 덕의 근본이요, 모든 가르침이 그로 말미암아서 생긴다."[244]라는 언급에서 단서를 찾을 수 있다. 이 내용은 자식으로서 부모에게 효를 행하는 마음이 타인에게도 동일한 마음을 갖도록 하며, 이를 통해서 자연스럽게 부모의 뜻을 받들려고 하는 마음을 불러일으키니 교육이 저절로 이루어질 수 있다는 것을 의미한다.

부모로부터 전수받은 친애의 가치는 자식에게 효로 체화되고 세상을 살아가는 데 필요한 기본 덕목으로서 역할을 한다. 이 덕목은 사회에서 조직을 이끌거나 조직 구성원으로서 임무를 수행하는 데 있어 긴요한 자원이 되므로 효와 리더십은 연결성을 갖는다. 부모를 의식하고 가르침을 받드는 효는 유년기에 수용, 내재화된 인식이 청년기와 장년기를 거쳐 노년기에 이르기까지 삶의 전 과정에서 부모가 바라는 방향으로 자신을 이끌어가도록 작용한다는 점에서 셀프 리더십이 중시하는 지속적인 자기 의지 점검, 자기 정렬 확인과 일맥상통하는 것이다.

시진핑은 혁명가 출신 고관의 자제로 태어나 엄격한 부친의 솔

---

244) 『孝經』「開宗明義章」, "孝, 德之本也, 敎之所有生也".

선수범과 밥상머리 교육을 통해 공산주의 가치관 및 전통적 가치관과 인간으로서의 도리를 배웠다. 그러나 부친의 정치적 몰락에 따른 가정 해체로 부모형제와 생이별을 해야 했으며 중학교 이후에는 정상 교육을 받지 못한 채 10대 시절 하방까지 당한다.

그는 사춘기의 미성숙한 정신역량에다 량자허의 극히 열악한 환경까지 더해지자 생활에 적응치 못한다. 결국에는 하방 현장을 이탈해 베이징으로 도주를 감행했지만 결코 부모님을 욕되게 하지 말고 기층에서 부딪치며 새롭게 시작하라는 이모 부부의 간곡한 당부에 정신을 차리고 량자허로 되돌아온다. 그에게 있어 부모는 현실적으로 만날 수 없었지만 결코 거역할 수 없는 존재이자 스스로 일어나 현실과 부딪치면서 미래를 향해 나가도록 일깨운 계시였다.

시진핑으로서는 량자허 생산대에서 7년에 걸쳐 10대 후반을 보내며 고군분투하는 과정을 통해 자기 동기 부여와 자기 주도의 셀프 리더십이 함양된다. 우선 그가 겪어야 했던 서북내륙 산골 마을의 곤궁한 생활, 끊임없이 이어진 고된 육체노동은 그를 강인하게 단련시켰다. 부모로부터 물려받은 신체를 훼손하지 않고 건강하게 관리했으니, 『효경』의 "부모로부터 받은 몸과 머리카락, 피부까지도 감히 훼손하거나 다치지 않게 하는 것이 효의 시작이다."[245]라는 가르침이 지켜진 것이다.

다음으로, 하방 때문에 중단되었던 배움은 토굴 속 등불 아래서 치열하게 이뤄진 주경야독의 지적 탐구로 나타났다. 그의 배움은 독학 방식으로 이행되었는데 하방의 원칙이 노동을 통해 농촌 지역에서 심신을 단련하고 농민들의 생활을 경험토록 하는 것이기에 여건상 학교의 도움이나 선생의 지도를 받을 수 없었다.

때문에 주변에서 구할 수 있는 책은 닥치는 대로 읽었던 '무체계의 학습 방식'이었지만 이를 통해 인식을 넓히고 사고를 성숙시켜 자신만의 철학을 갖게 되었다. 매우 불안정하고 극히 어려운 환경이었지만 자각을 통한 자기 주도의 셀프 리더십이 배태胚胎되었다고 할 수 있다.

그는 피할 수 없던 환경에 적응하면서 부모 부재를 딛고 육체적 단련과 지적인 탐구를 거듭했다. 이러한 자기 주도 행위가 축적되면서 육체와 정신이 건강한 청년으로서 현지민의 호평과 인정을 받았으며 이를 기초로 삼아 생산대 서기로 선임되었고 기층을 상대로 리더십을 발휘할 수 있었다.

따라서 그의 셀프 리더십은 자강불식自强不息의 성격을 갖는다. 부모가 걸어왔던 혁명가의 길을 따르기 위해 공청단은 아홉 번째 시도 끝에 입단했고 공산당 입당은 열한 번째 신청서를 제출하는

---

245) 『孝經』「開宗明義章」, "身體髮膚受之父母, 不敢毁傷孝之始也".

등 천신만고의 과정을 거쳐 성공에 이른다. 자각을 통한 자기 주도의 노력을 기울인 결과, 리더로서 첫발을 내디뎠던 것이다.

서번트 리더십

리더가 구성원을 섬기면서 그들에게 영향력을 발휘하는 서번트 리더십Servant Leadership은 1970년 로버트 그린리프Robert K. Greenleaf가 최초로 제시한 개념으로서 1998년 제임스 헌터James C. Hunter, 2001년 버라디Alexander J. Berardi에 의해 심화, 발전되었다.[246] 원래 서번트servant라는 단어는 '하인이나 봉사자'를 의미하는 만큼 서번트 리더십은 '낮은 자세로 구성원에게 봉사하는 리더십'이라고 정의할 수 있다. 일부 연구에서는 서번트 리더십을 두고 '리더가 지녀야 할 것은 구성원들을 섬기며, 돌보아주고, 보살펴주는 사랑의 실천임을 강조하는 리더십'이라며 내적인 사랑의 마음이 외적으로 구현될 때 비로소 진정한 리더십이 발휘될 수 있다[247]고 해석하기도 한다.

서번트가 처음에 리더십 개념으로 제시되었을 때 새로운 패러다임으로서 이목이 집중된 배경에는 용어가 내포한 역설이 자리한다. 리더십은 원래 '앞에서 이끌다'라는 의미를 갖는 데다 1970년

---

246) 김종두, 「효 사상과 현대 리더십의 연계성 고찰」, 67.

247) 박진숙, 「전통적 리더십과 최근 리더십에 관한 탐색적 고찰: 윤리적 리더십을 중심으로」, 『한국행정학회 학술발표논문집』(한국행정학회, 2011.12), 11.

대 상황하에서 '통제', '지시', '명령', '권력 행사'의 이미지로 자리하고 있었다. 때문에 서번트와는 상당히 이질적 조합이었다. 기존의 리더십 모델과 서번트 리더십의 가장 중요한 차이는 전자가 리더와 추종자의 차별성, 수직적 관계에 초점을 맞춘 데 비해 후자는 같은 구성원이라는 동등성과 수평적 관계를 중시한다는 점이다.

서번트 리더십은 구성원에게 무한한 사랑을 베풀어야만 진정한 리더십이 창출될 수 있다는 시각의 접근으로, 리더가 구성원과 조직에 대한 사랑을 배제할 경우 쉽사리 권력에 기대게 되고 결국 구성원과의 조화로운 상태가 깨져 직면하는 문제들은 해결이 불가능해진다는 것이다. 이 때문에 구성원이나 부하를 권력을 행사하는 대상으로 보는 대신 섬김의 대상으로 여겨야 한다는 점이 강조된다.

리더의 구성원을 향한 사랑은 곧 올바른 일을 실행한다는 의미이다. 이는 제대로 형성된 인격의 구현인 만큼 리더십을 계발하는 것과 인격을 함양하는 것은 결국 하나이다.

서번트 리더의 전형적 유형으로는 출산의 고통을 이겨내고 사랑의 마음으로 자녀를 헌신적으로 양육하는 세상 모든 어머니를 비롯해 예수, 간디, 테레사 수녀 등을 들 수 있다.[248] 아무런 대가도 바라지 않는 전형적 어머니의 자애로움과 헌신 자세는 자녀가 성

---

248) James C. Hunter, The Servant Leadership, 김광수 역, 『서번트 리더십』(서울: 시대의 창, 2004), 163.

장 과정을 거치면서 효를 자각, 실천할 수 있는 배경이자 원천이 된다. 아울러 예수나 테레사 수녀가 보여준 사랑과 봉사, 간디와 만델라 전前 남아공南阿共 대통령이 실천했던 희생과 용서는 서번트 리더의 참모습이 어떤 것인지를 상징적으로 보여준다.

어머니의 경우를 예시했듯이 효와 서번트 리더십은 사랑, 희생, 헌신, 봉사, 용서 등을 공통의 덕목으로 갖추고 있다. 어머니가 자식을 위해 한평생을 사랑으로 대하고 잘못을 감싸며 희생을 감수하듯이 서번트 리더 역시 사랑의 마음가짐으로 구성원을 섬기고 실수에 대해서 관용을 베풀며 조직을 위해 봉사하는 존재이다. 이런 점에서 볼 때 어머니와 서번트 리더는 동일한 속성을 가졌으며 결과적으로 이들의 행위에 피드백되는 것은 각각 자녀의 효행과 보은의 자세, 구성원의 호응과 지지의 태도이다.

시진핑의 10대 하방 생활에서 생성된 리더십에서는 셀프 리더십뿐만 아니라 서번트 리더십도 발견된다. 그는 현지 주민과 어울리며 농촌지역의 곤궁한 현실을 직접 목도하고 생생한 민초들의 목소리를 경청하게 되었다. 이러한 그의 경험이 후일 현장에서 문제를 찾고 답을 모색하는 현장 밀착형 리더십으로 구현된다. 이러한 리더십은 인간 중심 리더십 성격을 갖는다.

그는 첫 부임지 정딩현에서 퇴직 원로를 위해 차량을 양보하고 자전거로 출퇴근을 했으며 현 청사 대회의실을 노인들의 문화 공간으로 제공했다. 이와 같은 사례를 통해 알 수 있는 것은 국가를 위해 헌신했던 원로와 노인들을 극진하게 섬기는 서번트 리더의 자세를 확실하게 드러냈다는 점이다.

그는 정딩현에서의 초임 관리자 생활을 마치고 닝더지구 서기로 보임되어 삶의 현장을 확인하고 점검하는 생활 밀착형 공직자로서 서서히 자리를 잡는다. 관할 지역 가가호호家家戶戶를 방문하는 현장 행정 습관을 통해 푸젠성 최초로 '민원 상담제'를 만들었다. 이는 당정 조직의 일선 지도자로서 실사구시 자세를 견지하며 서민층의 고통과 애로를 확인하고 실무선에서 적극 반영, 해결되도록 하려는 신념과 노력의 결과로서 나타난 것이다.

그렇다면 시진핑이 생각하는 이상적 리더의 모습은 어떤 것일까? 2013년 6월 28일 공산당 전국조직업무회의에서 행한 그의 발언에서 확인할 수 있다.

> "좋은 간부는 신념이 투철하고, 인민을 위해 봉사하고, 근면하고 성
> 실하게 과감히 책임지고 청렴결백한 간부를 말합니다. 당 간부는 인민
> 의 충복이 되어 인민에게 충성하고 인민과 더불어 애환과 고락을 함께
> 하고 전심전력으로 인민을 위해 봉사해야 합니다."[249]

시진핑은 저장성 근무 당시 "군중 속에서 나와 군중 속으로 들

---

249) 習近平, 『習近平談治國理政』, 504.

어간다."라는 자세를 견지했다.[250] 이는 서민과 삶을 함께해야만 진정한 리더로 성장하는 것이며 리더십이라는 것은 결국에 서민으로 귀결된다는 의미를 담고 있어 서번트 리더십으로서 특성을 확연하게 드러낸다. 그는 공직자로서 봉사와 충성의 자세·실천이 리더십의 구현임을 정확히 파악했던 것이다.

언론매체를 통해서도 알려졌듯이 시진핑은 당정 최고지도자 등극 이후에 수행원도 없이 길거리에서 시민들 틈에 끼어 만두를 먹거나 지방 시찰 시 현지 서민들과 동일한 메뉴로 식사를 했다. 리더로서 친민을 지향하는 상황에서 이른바 '샤오츠小吃 정치'[251]를 통해 서민들과 함께 밥을 먹는 식구로서의 자세를 여실히 보여주었다. 이른바 '낮은 리더십'을 발휘한 것이다.

원칙 중심 리더십

만유인력처럼 자연현상의 인과因果 관계를 결정하는 법칙이 존재하듯 인간의 의식과 의지를 지배하는 도덕 법칙도 존재한다. 인

---

250) 저장인민출판사는 시진핑이 저장성 근무당시 저장일보에 기고했던 232편의 글을 모아 『之江新語』제하 책으로 발간하면서 2013년 중판본(重版本) 서문에 "시진핑은 현실 생활 속의 인민군중이 가장 관심을 갖는 문제에 대해 즉각적으로 회답한 것이며 군중 속에서 나와 군중 속으로 들어간다는 자세를 견지했다"고 밝혔다. 상세한 내용은 習近平, 『之江新語』(杭州: 浙江人民出版社, 2013), 重印說明 참조.

251) "시진핑은 집권 이래 중국인민의 마음을 잡기 위한 친민 이미지 형성에 심혈을 쏟고 있다. 우선 그의 먹거리 정치를 주목할 필요가 있다. 친민의 이미지를 수립하려면 밥을 같이 먹는 '식구'임을 부각하는 것만큼 좋은 게 없다. 그런 까닭인지 시진핑은 틈만 나면 서민들과 어울려 식사를 한다. 이른바 시진핑의 '샤오츠(小吃, 간단한 먹거리)정치'다", 유상철, 『2035 황제의 길』(서울: 메디치, 2018), 177.

간으로서 지켜야 하는 사고와 행위의 원리, 즉 원칙은 지난 인류 역사의 모든 사회와 문명에서 시작되어 현재까지 이어지는 지배적 사회 가치이며 정도正道의 성격을 갖는다.

그런데 현대사회에서 가치전도 현상이 자주 목격된다. 가치 차원에서 우선적인 것과 편의적인 것이 혼동되고 있으며 혁신과 모방이 동일 개념으로 혼용되는가 하면 전통과 구태를 구분하지도 않는다.

이 때문에 공동체 사회를 지도에 비유한다면 나아갈 길을 찾기 위해 원칙이라는 '도덕과 가치의 나침반'이 필요하다. 항구적이며 객관적으로 일정한 방향을 알려주는 존재로서의 원칙은 조직을 이끄는 리더에게 필히 적용되어야 한다.

원칙은 인류의 삶에서 오랜 기간 행위의 기준이었고 사람들이 이를 준수하느냐 못하느냐에 따라 조직의 흥망성쇠가 갈리기도 했다. 이러한 원칙을 리더십의 개념으로 끌어들이고 개념을 정립한 인물은 스티븐 코비Stephen R. Covey이다. 코비가 제시한 원칙 중심 리더는 부하의 역할모델이 되고 끊임없이 학습하며 봉사의 자세를 견지하고 균형이 잡힌 삶을 영위하는 사람이다.

원칙 중심 리더십Principle Centered Leadership 철학은 삶의 영위 방식에서 무엇보다 가장 기본적 원칙에 충실한 것이다. 따라서 바름과 기본을 그 바탕으로 삼는다.

이를 효 차원에서 적용, 해석한다면 부모와 자식 간 떼려야 뗄

수가 없는 천륜이 바로 원칙이다. "부모는 자애롭고 자녀는 효도한다"는 부자자효나 "어버이와 자식 간에 서로 사랑한다"는 부자유친 등의 가장 기본적인 효 개념은 시공을 초월하는 불변의 법칙인 것이다. 효의 실천적 개념으로 제기된 '3통 7효' 가운데 '3통'의 통시성과 같은 맥락에서 해석할 수 있다.

『논어』에 "군자는 모름지기 근본에 힘써야 하며, 근본이 서면 길과 방법이 자연적으로 이루어지는 것이니, 효도와 우애는 인을 행하는 근본이다."[252]라는 구절이 있다. 이는 원칙이 리더십의 근본이며 이를 통해 리더십이 지향해야 할 방향을 설정하고 해법을 찾는 것임을 시사하며 방법으로서는 부모와 자식 간 효, 형과 아우의 우애가 있음을 설명한다.

쉬중신이 시진핑에게 가르친 지도적 위치의 공직자상은 근검절약 자세와 '노블레스 오블리주' 정신을 가진 사람이다. 부친으로서 이처럼 자식에게 본을 보여주는 부위자강父爲子綱이 이행되면서 원칙을 중시하는 리더십이 시진핑에게 전수되었다. 그가 푸젠성 성장 재직 시 부친의 88세 생신을 맞아 보낸 서한에서 사람 됨됨이를 부친으로부터 배웠다는 고백을 한 것이 이를 입증한다.

시진핑의 지방 고위지도자 시절을 조망하며 확인했듯이 그는 2001년 춘절 기간 중 지역 시찰로 인해 부모를 뵙지 못하고 모친

---

252) 『論語』「學而」, "君子務本, 本立而道生. 孝悌也子, 其爲仁之本與".

과 전화통화를 했다. 이때 모친인 치신의 당부는 자식으로서, 공직자로서 원칙에 충실한 것이 효도라는 것을 상징한다. 모친의 "네가 일을 잘하는 것이 우리한테는 가장 큰 효도라는 것을 잊지 마라", "당과 인민에 충성을 다하는 것이 가장 큰 효도라는 것을 명심해라."라는 말은 지역 책임자로서 명절 기간 근무하던 자식의 원칙에 충실한 자세를 상찬하고 격려하는 것이었다. 여기에서 나타난 시진핑의 원칙 중심 리더십은 수기치인修己治人의 성격을 지닌다.

시진핑은 노인공경 자세가 남다르지만, 정치에서의 원칙은 노인에 대해서도 예외가 없이 확고하다. 즉, 덩샤오핑 집권 이후 당 중앙고문위원회에 혁명원로들이 대거 자리를 잡으며 국정운영에 참여한 것이 주요 원인이었다. '노인간정'老人干政, '원로정치'253)라는 용어가 나올 정도로 원로급 은퇴 정치인들이 법과 규정을 무시하고 당과 정부 업무에 수시로 개입하는 현상이 심각해지자 이들의 월권과 불법적 행태를 원천적으로 봉쇄한 것이다.

시진핑은 구체적 조치로서 2016년 11월 정치 원로들에 대한 초법적 대우를 대폭 축소하는 문건을 정치국 회의에서 통과시켰다.

---

253) "원로정치는 원로들이 개인 권위에 기초하여 정치적 영향력을 행사하면서 나타난 현상으로, 기본적으로 비공식 정치의 특징을 갖고 있다. 이들의 개인권위는 사회주의 혁명과 건국 과정에서 담당했던 역할을 통해 얻은 명성이다. 다른 하나는 원로들이 구축한 광범위한 개인적 관계망 혹은 인맥이다. 이런 인맥을 통해 원로들은 공식 직위 유무와 상관없이 당, 정, 군에 막강한 영향력을 행사할 수 있게 된 것이다", 조영남, 『중국의 엘리트 정치』(서울: 민음사, 2019), 240-242.

이로 인해 호화로운 차량 제공이 금지되고 은퇴 후 사무실을 반납하도록 하는 등 규제가 가해졌다.[254]

정치 원로들이 당과 국가에 충성하고 공헌했던 것에 대해서는 존경과 감사를 표하지만, 현실 정치에 훈수를 두고 사익을 탐하는 행위에는 강력히 반대하는 것으로서 공사의 구분이 명확한 원칙 중심 리더십의 구현이었다.

가치 중심 리더십

가치는 인간 정신의 지향점이라고 할 수 있는 보편타당의 당위라고 할 수 있다. 가치 중심 리더십Value Based Leadership의 철학은 "인간은 본래부터 가치 지향적 존재이다."라는 데서 출발한다. 가치를 바라보는 시각, 즉 가치관은 인간으로 하여금 올바른 판단의 기준을 제공하는 척도로서 직면하는 세상을 판단하고 평가하며 대처하는 관점이다. 가치관은 인간이 출생 이후부터 접하게 되는 다양한 교육과 경험의 축적에 의해서 형성된다.

효도를 개인 가치관에 대입, 설명해보겠다. 자녀는 부모로부터 생명을 부여받고 부모의 양육을 통해 효를 배우고 사회화 과정을 거치며 효행 필요성을 느끼는 과정에서 효를 인식, 체화한다. 예를 들어 자녀 입장에서 부모의 은혜에 어떤 방식으로 보답할 것인

254)　유상철, 『2035 황제의 길』, 240.

지, 부모와 갈등이 발생할 경우 어떤 방식으로 해결할 것인지, '부모 제2유형'[255]인 장인과 장모, 또는 시아버지와 시어머니를 모실 것인지, 모신다면 어떻게 모실 것인지 등 일상생활에서 효행과 관련, 제기되는 질문을 놓고 자신의 가치관에 따라 답을 찾고 선택을 할 것이다. 이처럼 가치관은 행동을 결정하는 데 있어 핵심적인 요소이다.

가치 중심 리더십은 가치를 존립 기반으로 하고 가치를 구현하는 것을 목표로 삼는 리더십이다. 근대 한국 사례로 일제강점기 나라를 찾기 위해 목숨을 초개와 같이 내던졌던 안중근, 이봉창, 윤봉길, 유관순 열사의 의거와 이름 없이 만주벌판, 형장刑場의 이슬로 사라진 애국지사들의 행동은 나라 없는 백성의 설움을 절감한 가운데 나라 찾기에 인생의 의미를 부여했던 데서 기인한다.

현대의 대표적 사례로는 베트남 파병을 앞두고 1965년 10월 강원도에서 수류탄 투척 훈련 도중 부대원이 실수로 떨어뜨린 수류탄에 몸을 던져 부대원의 생명을 구하고 장렬히 산화한 고故 강재구 소령이 있다. 홀어머니를 극진히 모시던 효자이자 아내와 어린 아들을 둔 가장으로서 제3자를 위해 살신성인한 것은 장교로서의 책임감, 평상시 가졌던 생명에 대한 사랑의 정신이 앞섰기 때문이

---

255) "성인이 되면 부모의 개념이 달라진다. 육신의 친부모만이 아니라 배우자의 부모도 부모-자녀 관계로 성립된다. 육신의 부모를 '부모 제1유형'이라고 한다면 배우자의 부모는 '부모 제2유형'이 된다", 류한근, 「세대 갈등 극복을 위한 효 반응체계」, 『효학연구』 12호(한국효학회, 2010.12), 71.

다. 부하의 생명을 지키는 책무를 다하는 것, 희생을 감수하면서 사랑을 실천하는 것이 그의 확고한 가치관이었다.

일부 연구자는 강재구를 소재로 1968년 제작된 영화 〈소령 강재구〉에 대해 비판적 시각을 노출하며 영화 속 강재구를 "군사화된 대중 영웅"이라고 지칭하고 "그의 희생을 당시 정부가 대중을 선동하고 정치적 목적에 동원했다."[256]라는 논리를 펴고 있다. 그러나 이는 강재구의 희생정신을 폄하하는 것으로서, 사회와 유가족 동의를 받기 어려운 주장이다.

효는 한국과 중국 등 동아시아권 국가 정신문화의 근간으로서 가정과 사회의 윤리이며 보편적 가치이다. 이러한 효를 가정에서 시작해 사회와 국가로 확장시키는 과정에서 가치 중심 리더십의 발휘가 요구된다. 국가적 현안이자 해결 과제인 저출산과 인구 고령화 문제를 해결키 위해서는 사회 전반에 걸쳐 어린, 노인 등 효의 대상에 대한 사랑과 공경 등 확고한 가치관이 정립되어야 한다.

특히 이와 같은 가치관이 구성원 간에 상시적으로 공유되고 실천으로 이어져야 한다. 사회 최소 단위인 가정을 예로 든다면, 효에 대한 확고한 가치관을 가진 가족 구성원들은 부모가 원하는 삶, 부모의 기대에 호응하는 삶을 살아갈 수 있다.

시진핑의 인식세계에서 가치 중심 리더십은 반드시 고차원의 정

---

256)   백태현, 「소령 강재구와 사나이 UDT에 나타난 군사주의적 남성성」, 『한국학연구』 67권(고려대학교 한국학연구소, 2018.2), 143, 163.

치적 행위에서만 구현되는 것이 아니라 우리가 본받을 만한 보통 사람들의 일상에서도 충분히 발견되는 것이다. 그가 2014년 초등학교 학생들을 대상으로 행한 연설에서 이를 확인할 수 있다.

> "각 부문에서도 우리가 본받을 만한 **훌륭한** 인물들이 많습니다. 우주비행 영웅, 올림픽 메달리스트, 대과학자, 노동모범, 청년 자원봉사자 등이 있는가 하면 남을 돕는 것을 낙으로 사는 사람들, 정의로운 일에 서슴없이 나서는 사람들, 성실하게 신용을 지키고 맡은바 직무에 **충실**한 사람들, 효성이 지극하고 가족을 사랑하는 사람들이 있습니다. 본보기의 영향력은 대단합니다. 여러분은 그들을 마음속의 기치旗幟로 삼고 그들을 따라 배우며, 그들처럼 **훌륭한** 사상과 품성을 길러야 합니다."[257]

시진핑이 강조하는 내용은 공공의 가치와 이익을 위한 큰 리더십도 중요하며, 일상에서 성심을 다하고 가족 내에서 효와 친애를 실천하는 작은 리더십도 필요하다는 것이다. 그의 발언 속에는 어린아이들 입장에서 자신의 주변 인물들이 일상생활을 통해 작은 가치를 실천하는 모습을 배우고 따르는 것이야말로 리더십 함양의 첫 단추를 끼우는 것이라는 철학이 담겨 있다.

---

257) 習近平, 『習近平談治國理政』, 228.

윤리적 리더십

윤리적 리더십Ethical Leadership은 마땅히 해야 할 도리를 중심으로 발휘되는 리더십이다. 리더의 도덕적 해이moral hazard로 인해 사회와 조직이 심각한 타격을 받는 상황이 전개되자 이를 타개키 위해 철학적 측면이나 도덕 규범적 차원에서 주로 논의되던 인간의 윤리와 품성의 특질을 조직관리 분야에 적용, 재해석한 것이다.

리더십에 대한 연구를 진행하는 과정에서 새롭게 등장했던 진성 리더십Authentic Leadership, 영적 리더십Spiritual Leadership, 변혁적 리더십 등도 리더의 성격을 놓고 볼 때는 분명한 차이를 보인다. 그럼에도 개념적으로는 윤리성을 내포한다는 차원에서 윤리적 리더십과 일부 영역에서 유사성을 갖는다.

국내 리더십 연구결과를 보면, 윤리적 리더십은 성과 향상에 집착하지 않고 업무처리 과정에서 공명정대하고 남들을 배려하며, 사회에 미치는 영향을 고려한다는 설명을 내놓았다. 이어 조직 목표를 조직 효과성에 한정하지 않으며 사회를 지향하고 공익과 정의와 인간 존엄성을 중시하기 때문에 공공부문의 좋은 리더가 되려면 변혁적 리더십 이전에 윤리적 리더십이 먼저 필요하다[258]는 논리를 제시하였다. 윤리의식이 결여된 리더가 공공부문을 맡았

---

258) 김호정, 「21세기 공공부문 리더십의 변화: 이론적 성찰과 전망」, 『한국행정학보』 51권 1호(한국행정학회, 2017.3), 126.

을 때의 문제점을 지적한 것이다.

윤리적 리더들은 정직하고 사려가 깊으며 원칙주의적인 동시에 공정하고 균형 잡힌 의사결정을 하는 특징들을 갖고 있다. 또한 이들은 자신의 부하들과 윤리와 관련된 이슈에 대해 자주 대화를 나누며, 일을 처리함에 있어서도 명쾌한 윤리기준을 사전에 설정한 이후 이러한 기준들이 일의 추진과정에서 유지되어 나갈 수 있도록 채찍과 당근을 적절히 사용하였다. 더불어 윤리적 리더들은 말만 앞세우는 것이 아니라 자신들이 주장하는 바를 반드시 실천에 옮김과 동시에 부하들에게는 윤리적 행동에 대한 적극적인 역할 모델이 되었다.[259]

인간의 기본 도리인 효를 행한다는 것은 윤리적 리더십의 실천 행위라고 할 수 있다. 자기 자신과 직접적인 관계 맺음을 한 부모, 형제와 자매, 아내와 자녀 등 가족에 대한 사랑과 배려의 효에서 시작하여 사회를 향했을 때 효의 성격은 실천적 윤리로서 자리한다. 이웃과 스승, 어린이와 청소년, 제자 등 간접적인 관계 맺음의 대상에 이르기까지 효 기반의 행위는 윤리적 리더십으로 성격 부여가 가능한 것이다.

'7효'에서 실천의 여섯 번째 항목으로 적시된 자연사랑과 환경보호도 인간을 둘러싼 생태와 환경에 대한 윤리적 접근이므로 이

---

259)　곽신근, 「윤리적 리더십이 역할 갈등, 직무 스트레스 및 조직유효성에 미치는 영향」, 박사학위논문, 성균관대학교, 2010, 6-7.

과정에서 발휘되는 리더십은 윤리적 리더십에 포함된다. '나'와 '현재'만의 편의와 이익을 위해서 자연을 약탈적으로 대하는 자세를 지양하고 '우리'와 '미래'를 위해 보호와 공존을 고민하는 자세인 것이다. 이와 같은 리더십은 욕망을 통제하고 기본으로 돌아오는 것이므로 극기복례克己復禮의 특성을 보인다.

시진핑이 취임 이후 진행한 부패 척결은 공직윤리에 대한 확고한 신념에서 비롯된 것이다. 그는 2013년 벽두부터 반부패 드라이브를 걸고 보시라이 전 충칭시 당 서기, 저우융캉 전 정치국 상무위원 같은 거물급 공직자들을 뇌물수수 혐의로 사법처리하는 등 사정의 칼날을 당·정·군 전 분야의 고위급 인사들에게 겨눴다. 공직사회를 불안에 떨게 한 이 조치로 인해 그는 부정과 부패에 염증을 내던 국민들의 호의적 여론을 등에 업고 집권 초기 단시간 내에 국정을 장악할 수 있었다.

윤리적 리더는 조직체와 구성원들에게 정직성과 공정성, 배려심 같은 윤리적 행위를 실행하는 모델로서 역할을 요구받는다. 사회가 필요로 하는 윤리적 행위의 하나인 효도 또한 리더가 구성원들에게 먼저 모범을 보여야 할 영역이다. 구성원들의 효 의식이 회박해지거나 효를 홀시할 경우 리더로서는 선행적 대응의 필요성이 더욱 높아진다.

시진핑은 국가주석 자격으로 2014, 2015, 2016, 2018, 2019년 등 5차례에 걸쳐 자신의 집무실에서 국민들을 대상으로 신년사를 발표하였다. 이때 핵심 비서진과 당정 선전 담당 부서는 그의 부친과 모친, 아내와 딸 등 가족과 함께 찍은 사진의 액자를 집무실 서가에 비치하는 등 세심한 준비를 마치고 《인민일보》 등 관영 언론매체를 통해 공개하였다.[260] 국민과의 소통을 중시하는 미국 대통령들이 자주 활용하는 방식을 차용한 것이다.

신문에 실리는 최고 통치자 사진은 보도사진 범주에 속하지만 일반 보도사진과 달리 기자들에 의해 소재와 주제, 표현법 등이 결정되는 것이 아니라 권력의 필요와 상황에 따라서 결정된다. 최고 통치자의 사진은 시각적 아이덴티티visual identity로서 공중들의 마음속에 긍정적인 이미지를 심기 위해 계획되고 의도된 재현이며, 궁극적으로 시간이 지날수록 호의적 평판을 얻기 위한 목적을 갖고 있다.[261]

아직까지 효와 가정을 중시하는 중국인들에게 큰아들이자 남편, 아버지로서의 추억을 소중하게 여기고 늘 기억하려는 여러 장의 사진은 시진핑의 친근하고 인간적인 이미지를 극대화하는 장치로 작용하였다. 그와 참모진은 이처럼 세심한 방식으로 가족사진을 배경화한 퍼포먼스를 선보임으로써 효 윤리와 가족윤리의

---

260) 2013년에는 국가주석이었던 후진타오가 신년사를 발표했고, 2017년에는 시진핑이 별도 회견장에서 신년사를 발표하였다. 그의 집무실 서가에는 부친의 휠체어를 밀고 모친과 산보하는 모습 등 다양한 가족사진이 비치돼 있다.
261) 변영욱, 『남북한 최고통치자 보도사진 프레이밍 비교: 동아일보와 노동신문 사진을 중심으로』, 박사학위논문, 성균관대학교, 2014, 28-29.

의미와 가치를 선명하게 드러냈다. 이는 국민들이 효 의식을 갖고 일상생활에서 실천적 행동에 나서도록 촉구하려는 의중이 담긴 것이다.

시진핑은 신년사 발표 형식에서처럼 최고지도자로서 효를 행하고 효를 중시하는 모습을 보여주었다. 이는 지도자이자 가장으로서 기본인 효와 가정을 우선시하는 자신의 윤리적 리더십을 확실히 행사한 것이라 평가할 수 있다.

2장

'7효'로 본 시진핑 리더십의 성격

현대국가 지도자는 국민 개개인 문제부터 사회, 국가의 문제 해결 의무와 함께 구성원들의 대립과 갈등을 해소하고 화합과 공동체 의식을 모색하는 사회통합의 과제를 안고 있다. 나아가 글로벌 시대를 맞아 지역 내 국가와 교류 및 협력은 물론 정치체제와 이데올로기가 다른 국가들과의 관계 증진에도 소홀할 수 없다. 상황에 따라서는 지구촌의 미래까지도 내다보는 식견을 갖춰야 한다.

이런 상황을 토대로 국가 지도자의 리더십과 '3통 7효'의 관계성에 대해 살펴보면 통교, 통시, 통념의 '3통'은 이념과 시대, 종교를 초월하는 개념으로서 상생과 소통의 세계를 지향한다. 효는 사회 체제의 패러다임 변화에도 상존하는 것이다.[262] 따라서 다른 국가

---

262) "효는 긴 시간, 전(前)근대와 근대, 그리고 탈(脫)근대라는 시대적 사회 체제의 패러다임 변천에 따라, 급기야 '4차 산업혁명'이라는 신조어가 만들어지는 작금의 시대에도 아직 유효하다. 또한 장소적으로 중국이나, 우리나라 등 어느 지역만이 아닌 기독교 세계관, 혹은 그 이외의 곳곳에도 효 관련된 정신은 늘 상존하고 있다", 박희원, 『소학』 효행의 이중적 의미와 통합코칭-켄 윌버의 AQAL에 따른 3사분면 중심으로」, 『효학연구』 26호(한국효학회, 2017.12), 100.

와 지역 지도자가 구현하는 효에도 적용이 가능하다.

효의 실천적 개념인 '7효'는 개인에서 시작해 가족과 이웃, 사회와 국가에 이르고 자연과 환경, 세계와 미래까지도 포괄하므로 국가 지도자에게 필히 요구되는 리더십 덕목과 서로 맥락을 같이한다. 즉, '7효'는 구체성과 실천성을 가졌기에 '지도자의 리더십'이라는 차원에서 해석, 적용할 여지가 충분한 것이다.

때문에 '7효'는 성격상 개인의 효행을 넘어 현대국가 지도자의 리더십 측정을 위한 객관적 기준이자 실제적 도구로서 충분히 기능을 수행할 수 있다. '7효'의 항목은 원래 효를 실천키 위한 실천 대상이지만 국가 지도자에게 적용해본다면 필히 관심을 갖고 항시 지켜줘야만 할 대상이기도 하다.

이 책의 서술 과정에서 '7효'를 유용한 분석의 기제로 차용하였다. 이를 통해 우리와 체제 및 이념이 다르지만 중국 지도자 시진핑의 효에 대한 인식과 태도를 대입하고 이것이 어떻게 리더십으로 전환되는지 체계적으로 비교, 추적하는 것이 가능해진다.

1절. '7효' 항목별 내용에 대입해본 리더십

경천애인

경천애인敬天愛人은 하늘을 의식하고 경외하는 자세를 바탕으로, 윗사람을 존경하고 아랫사람을 사랑하는 당위적 인간 감정이다. 여기에서 '하늘'은 인간이 범접할 수 없는 지존의 위치에 자리하며 생명을 잉태하고 만물을 소생시키는 힘이다.

하늘에 대한 경외는 원시시대부터 태풍, 홍수 같은 강력한 자연현상에 대한 두려움, 과거 농경사회의 자연 섭리에 순응하던 생활 방식에서 비롯되어 과학기술 발달로 자연을 어느 정도 극복한 현대에서도 변할 수 없는 원초적인 심리로 존재한다. 인간은 물질문명에 노출될수록 정신적으로 황폐해지며 고독감과 불안감 때문에 초월적인 존재를 찾아 의탁하게 된다.

유가에서 효를 논할 때 하늘이 자주 등장한다. 『효경』의 "사람 행위 가운데 효보다 큰 것이 없고, 효는 아버지를 공경하는 것보다 큰 것이 없으며, 아버지를 공경하는 것은 그를 하나님 옆에 모시는 것보다 큰 것이 없다"[263], "효는 하늘의 법칙이고 땅의 질서이며 백성들이 실천해야 할 것이다."[264]라는 문구는 공자가 효의 근거를 하늘에 두고 있다는 점을 명백히 입증하는 것이다.

유교 사상에 정통한 오석원은 색다른 해석을 내놓고 있다. 유교의 효 사상은 사랑과 공경으로써 내 부모를 섬기고 더 나아가 인도人道를 실현하여 인류애를 구현하며 궁극적으로는 인간 시조의 본질인 천天을 섬기는 종교적 경지까지 이르러야 그 본질이 올바

---

263) 『孝經』「聖治章」, "人之行莫於父, 孝莫於嚴父, 嚴父莫於配天".
264) 『孝經』「三才章」, "孝, 天之經也, 地之義也, 民之行也".

르게 구현되는 것[265]이라는 해석이다.

　기독교에서도 인간에게 생명을 부여한 하나님은 어버이의 참된 본질이요, 모상模像임을 강조하면서 "우리가 하나님을 아버지로 섬기고, 하나님 아들이 되는 것이 최고의 은혜요, 구원의 완성"[266]이라고 설파하였다. 신학적 측면에서 효를 연구하는 학자는 성경적 효 해석을 통해 '7효'의 첫 번째 항목을 "하나님 중심의 삶"이라 정의하고, 이러한 삶은 우리로 하여금 이 세상에서 절제된 삶으로 인도한다[267]고 설명하였다. 또한 일부 연구자는 첫 번째 항목에 대해 맥락과 궁극의 지향을 연결시키는 '신의 목소리'이며 무비판적인 관습의 경직성에서 벗어나도록 '질문하게 하는 목소리'로서, 이 목소리는 효 실천 대상의 특징과 범위를 설정하는 데 필요하다[268]는 논리를 제시하기도 하였다.

　이처럼 하늘에 대한 경외가 동서양과 종교, 사상 구분 없이 보편적으로 드러나는 가운데 시진핑의 관련 의식은 어떠했을까? 그는 공산당 원로의 아들이자 20대 초반 공산당에 입당했던 골수 당원으로서 "마르크스주의에 대한 신앙, 사회주의와 공산주의에

---

265)　오석원, 「儒敎의 孝思想과 現代社會」, 『유교사상문화연구』 13집(한국유교학회, 2006.3), 364-365.

266)　『성경』 갈 4:6;7.

267)　최용석, 「현대문화와 성경적 효」, 『성산논총』 19집(성산효대학원대학교 성산학술연구원, 2018.12), 73-74.

268)　류한근, 「조화(harmony)로서 효(HYO)의 개념과 조화의 실천」, 『성산논총』 18집,(성산효대학원대학교 성산학술연구원, 2017.12), 420.

대한 신념은 공산당원의 정신적인 영혼이며 어떠한 시련도 이겨낼 수 있는 정신적인 기둥"[269]이라는 논리를 견지하는 무신론이다.

따라서 그와 공산당은 기독교 등 서구종교에 대해 위기의식과 경계심을 갖고 있음이 분명하다.[270] 다만, 하늘의 존재만큼은 인지하고 있는바, 그의 저서『지강신어』에서 유교 경전을 인용해 다음과 같이 절대적 존재인 하늘을 분명하게 언급한다.

"하늘이 장차 큰 임무를 그 사람에게 내리려 할 때는 반드시 먼저 그 마음의 의지를 괴롭히고, 그 근육과 뼈를 지치게 만들며, 배를 굶주리게 하고, 생활을 가난하게 하여 행하는 일이 하고자 하는 바와 같지 않게 만든다. 그것은 마음을 흔들어 참을성을 기르게 하기 위함이며, 지금까지 할 수 없었던 일을 할 수 있게 하기 위함이다."[271]

---

269) 習近平,『習近平談治國理政』, 30.

270) "최근 몇십 년 동안의 경제발전과 번영의 혜택으로 중국의 기독교는 급성장하게 되었는데, 심지어 공산당 당원 중에도 기독교인이 있다고 판단될 정도에 이르렀다. 중국 공산당은 기독교로 인해 사회적 기강이 예전에 비해 느슨해졌다고 판단하고 있다. 빠른 속도로 증가하고 있는 기독교인의 수치는 체제 안정과 정권 안정을 목표로 하는 중국공산당과 중국정부 나아가 중국지도부에는 큰 위협으로 인식되고 있다. 공산주의를 위해 분투해야 하는 중국의 도덕 체계는 인민들의 물질주의와 실용주의 앞에서 제 역량을 발휘하지 못하고 있으며 점점 더 젊고 유능한 사람들의 기독교에 대한 우호적인 분위기는 중국공산당에 더 큰 위기의식을 불러일으키기에 충분해지고 있다", 김애린·김형근, 「시진핑 시대 중국기독교 발전 방향-기독교 중국화를 중심으로」,『중국지역연구』4권 2호(중국지역학회, 2017.12), 98-99, 117.

271) 『孟子』, "天降大任於斯人也, 必先苦其心志, 勞其筋骨, 餓其體膚, 空乏其身, 行拂亂其所爲, 所以動心忍性, 增益其所不能".

시진핑의 의식 속에 '하늘이 인간 행위 판단의 절대적 기준'이라는 것이 확실히 자리했음을 알 수 있다. 『지강신어』에 실린 '기초를 튼튼히 하려면 절약해야 한다'[272] 제하의 또 다른 글에서도 『순자』의 "부지런히 농사를 짓고 아끼며 절약한다면 하늘도 가난하게 만들 수 없다."[273]라는 문장을 인용하였다. 유교 사상가의 언급을 차용한 방식이지만, 그의 심저에는 경외의 대상인 하늘이 분명하게 각인돼 있다.

인간은 홀로 존재하는 것이 아니라 타인과의 관계 맺음을 통해서야 진정한 존재감이 생긴다. 현대인들은 사회생활을 하면서 다양한 이유로 고통을 겪으며 삶의 무게를 느낄 때 하늘을 의식하고, 공존하는 사람들로부터 때로 상처를 받기도 한다.

반면, 위로를 받을 경우 그들을 소중히 여기게 되고 인간에 대한 사랑의 감정이 일어나게 된다. 따라서 지도자의 위치에 있다면 인간에 대한 사랑과 믿음을 갖고 조직을 이끌어야 한다. 즉, 동서양과 고금을 막론하고 지도자에게 요구되는 덕목 가운데 대표적인 것이 애민愛民의 정신과 자세인 것이다.

시진핑은 최고지도자 등극 이후에도 길거리 만두집 앞에서 수행원 없이 줄을 서서 기다리고 뒷골목 두부 전문 식당에서 목도되는 등 친서민적 이미지가 강하다. 때문에 중국인들이 '시따따'習

---

272) 習近平, 『之江新語』, 250.
273) 『荀子』「天論」, "强本而節用, 則天不能貧".

大大, '시 형님'이라고 부르기도 한다. 그의 행보에는 소탈함과 친근감이 묻어 있다. 이처럼 권위를 내세우지 않고 길거리에서도 국민에게 가까이 다가서는 것은 권력자로서가 아니라 국민으로부터 권한을 위임받은 대리인으로서의 자각과 의식을 갖는 데서 출발한다.

그가 "모든 당원 동지들은 영원히 인민과 한마음이 되어 호흡을 같이하고 운명을 같이하며 인민을 지향하는 아름다운 생활을 분투 목표로 삼아야 한다."[274]라고 강조했듯이 지도자로서 그의 사랑이자 목표는 인민이다. 하늘은 현실에 직접 와 닿는 존재가 아니지만, 인민은 현실 정치에서 그가 늘 의식하고 지향해야 할 하늘 같은 존재이다.

부모·어른·스승 공경

『성경』은 자녀와 부모를 향해 "네 아버지와 어머니를 공경하라. 이것이 약속이 있는 첫 계명이니, 이는 네가 잘되고 땅에서 장수하리라. 또 아비들아, 너희 자녀를 노엽게 하지 말고 오직 주의 교양과 훈계로 양육하라."[275]라고 가르치며 양방향의 효를 강조하였다. 나아가 "너는 센 머리 앞에 서고 노인의 얼굴을 공경하며, 네

---

274) 성균중국연구소, 『제19차 중국공산당전국대표대회보고』(서울: 지식공작소, 2018), 7.

275) 『성경』 엡 6:1-4.

하나님을 경외하라. 나는 여호와니라."[276]라며 효가 가족이기주의에 간히는 것을 경계하였다.

불교 『범망경』[277]에서도 "모든 남자는 네 아버지이고, 모든 여자는 네 어머니이다. 그러므로 육도의 중생은 모두 네 부모로 생각하고 공경해야 된다."라면서 혈연주의 극복을 주문하였다. 이처럼 기독교와 불교 공히 부모와 어른은 동일 선상에서 존경과 공경을 받는 대상임을 명확히 하고 있다.

가정윤리인 효는 사회윤리로 이어지며 확장성을 갖는데, 스승 또한 효의 대상이 된다. 예로부터 군사부일체君師父一體라 하여 스승을 군왕, 부모와 같은 반열에 놓고 삶의 자세를 가르치며 세상의 지혜를 전수해준 것에 대해 수혜자는 공경과 감사의 자세를 갖도록 요구되었다. 공자의 수제자 안회顔回는 스승에 대해 아래와 같이 경외감까지 표하고 있다.

> "스승님의 덕은 우러러볼수록 더욱 높고, 파고들수록 더욱 견고하며, 앞에 계신 것 같은데 어느덧 뒤에 계신다. 또한 사람을 이끌어 학문으로 넓혀주시고 예의로서 다듬어주신다. 그만 배우려고 해도 그만둘 수 없게 하시고, 내 능력을 다해 쫓아가나 또 앞에 우뚝 서 계신 듯하다.

---

276) 『성경』레 19:32.
277) 『梵網經』은 불교 대승계(大乘戒)에 관한 경전으로 우리나라 불교 계율의 기초를 이룬다.

그러니 아무리 따르고자 하여도 따라갈 수가 없는 것이다."[278]

시진핑은 당정 최고위급 인사 자제로 태어났으나 부친의 실각으로 인해 10대 시절에 하방을 겪었다. 그 후 30대 초반부터 장기간 지방관료 생활을 하면서 낮은 곳부터 단계를 밟아 최고 정점까지 올라온 인물로, 대중과 호흡을 같이 하고 스킨십을 나누는 과정을 통해 밑바닥 정서를 정확히 알고 있다. 그는 지도자로서 항시 겸손한 자세를 견지하는 한편 부모와 어른 등 앞선 세대의 현명함과 풍부한 경험이 갖는 의미[279]에 대한 자각, 사회적 약자에 대한 관심, 실천적 태도를 보여주어야만 생존이 가능하고 더 큰 지도자로 성장할 수 있음을 체득한 것이다.

시진핑은 초급 지도자로 공직생활을 막 시작한 정딩현 부서기 시절인 1984년 《인민일보》 기고를 통해 노인공경은 중화민족의 우수한 전통임을 전제하고 "오늘날 이 전통적 미덕에서 봉건적 부분을 빼고 새로운 사회의 내용을 첨가한다면, 사회주의 정신문명의

---

278) 『論語』「子罕」, "仰之彌高, 鑽之彌堅, 瞻之在前, 勿焉在後, 夫子, 循循然善誘人, 博我以文, 約我以來, 慾罷不能, 旣竭吾才, 如有所立卓爾, 雖慾從之, 未由也己".

279) "노인은 현명하며 경험이 풍부하다고 여겨지기 때문에 집단에서 언제나 큰 의미를 갖는다. 오늘날 능력과 성공에만 집착하는 사회에서는 노인을 '무능력'하고 '쓸모없는 존재'로 치부하고, 젊은이가 능력을 발휘하고 성공할 수 있도록 이들이 자리를 비워주기만을 바란다. 이는 인간의 추락이 아닐 수 없다", Bernhard Grimm, Macht und Verantwortung, 박규호 역, 『권력과 책임』(서울: 청년정신, 2002), 213.

구성 성분이 될 것"[280]이라며 지역 청년 간부들의 각성을 촉구하였다 이는 전통적 효에서 비판받는 봉건적 잔재의 색깔을 탈색시키면 새로운 성격의 효로 바뀌고 사회주의 통치원리로서 충분히 원용될 수 있다는 기대감의 발로이다. 또한 전통적 가치관에 대한 현대적 변용의 시도이기도 하다.

시진핑은 국가 지도자 등극 이후에도 노인부양과 스승 공경의 당위성 및 갖춰야 할 정신자세에 대해 수시로 밝히고 있다. 노인부양 문제의 경우, 2013년에는 당 총서기 자격으로 3월 17일 '제12기 전국인민대표대회 제1차 회의' 연설, 11월 12일 '중국공산당 제18기 3차 중앙위원회 2차 전체회의' 연설을 통해 인민대표와 당원들에게 중복해서 강조하였다. 그 내용은 "전체 인민이 누구나 배울 수 있고, 일을 하면 소득을 얻으며, 병이 나면 치료받고, 늙으면 봉양받으며 내 집에서 살 수 있도록 끊임없이 새로운 진전을 보여야 한다."[281]는 것이다.

스승 공경에 대한 시진핑의 의지는 2014년 5월 14일 '5.4 청년의 날'을 맞아 진행된 '베이징대학교 학생 및 교직원과의 간담회' 연설에서 확인이 가능하다. 그는 연설을 통해 "선생님들은 가장 장엄하고 신성한 사명을 갖고 있다."라고 평가했다. 또한 "대학교수들은 학문의 스승이자 품행의 스승으로서 기꺼이 디딤돌이 되고 인

---

280)   習近平, 『知之深 愛之切』(石家庄: 河北人民出版社, 2015), 179.

281)   習近平, 『習近平談治國理政』, 59, 126.

격적으로 학생들의 정신을 인도하고, 조예 깊은 학술로서 학생들에게 지혜의 문을 열어 달라."[282)는 당부를 잊지 않았다.

2014년 9월 9일에는 교사 양성 특화대학인 베이징사범대학교 교수 및 학생대표와 간담회를 가졌다. 시진핑은 이 자리에서 "국내의 많은 선생님이 자신을 잊고 온몸을 학생들에게 바치는바, 많지도 않은 급여를 털어 학생의 학업 중도 포기를 막는가 하면 학생을 업고 등교시키거나 학생 손을 잡고 급류를 건너고 장애인임에도 선생의 자리를 지켜 사람들로 하여금 눈물을 짓게 만든 사례가 비일비재합니다."라고 밝혔다. 아울러 "이것은 인간으로서의 큰 사랑"이라고 상찬하면서 "사회가 이들의 행적과 품격 및 도덕을 적극적으로 홍보하고 고양시켜야 합니다."[283)라고 강조하였다.

그가 국민에게 전하려는 부모에 대한 효와 스승 공경의 메시지는 초등학교 학생들의 눈높이에 맞춘 연설에서 더욱 명확하게 나타난다. 2014년 베이징 소재 민족소학교를 방문한 자리에서 학생들에게 설명한 내용이다.

"어린이들은 어른처럼 사회에서 많은 일을 할 수가 없습니다. 그러나

어릴 때부터 날마다 생각을 할 수 있습니다. 조국을 사랑하는가? 집단

을 아끼는가? 공부를 열심히 하는가? 학우들을 배려하는가? 선생님을

---

282)   習近平, 『習近平談治國理政』, 220-221.

283)   人民日報評論部, 『習近平講故事』(北京: 人民出版社, 2017), 59.

존경하는가? 부모님께 효도하는가? 공중도덕을 지키는가? 훌륭한 사람과 좋은 일을 보면 감탄하는가? 나쁜 사람과 나쁜 일에 분노하는가? 이런 것들을 많이 생각할수록 스스로 더 많은 것을 실천할 수 있게 되며 시간이 지나면서 좋은 사상과 좋은 품성이 점점 몸에 배게 됩니다."[284]

간결하지만 핵심이 들어 있는 내용으로서, 초등학교 수준에서 마음에 새기고 체화되어야 할 기본적 행위 덕목을 당부한 것이다. 시진핑의 부모와 어른, 스승 공경에 대한 의지는 '7효'의 지향점과 상당히 근접해 있다는 것이 발견된다.

어린이·청소년·제자 사랑

전통적 관념에서 효도는 아랫사람이 윗사람을 대상으로 행하는 일방적인 성격을 가졌으며 이들 간의 관계는 수직적인 관계였다. 그러나 현대적 의미의 효도는 양방향의 행위로 인식되며 여기에는 어린이와 청소년, 제자에 대한 사랑도 포함된다. 오늘날 우리 사회는 구성원 공히 인격체로서 인권을 향유할 권리를 갖는다. 아울러 남녀노소 차별 없이 상호 존중과 배려가 이뤄지는 수평적 인

---

284)   習近平, 『習近平談治國理政』, 228-229.

간관계를 지향해야 한다.[285)

어린이와 청소년, 제자는 사회의 약자로서 일정 기간은 보호를 받아야 하는 만큼 아직까지 완성된 존재가 아니다. 사회의 기준으로 봤을 때 행동과 사고가 미숙하여 성장과 발전의 시간을 필요로 한다. 그러나 이들은 현재보다는 미래의 가치를 갖고 있다. 이들이 존재해야 가정과 사회와 국가의 영속성이 담보되고 전통과 문화, 사상과 가치관이 후대로 이어질 수 있다.

특히 가장 약자이면서 가능성이 많은 어린이는 미래사회의 주역이므로 가정과 학교, 사회와 국가의 사랑과 관심 속에서 바르며 슬기롭고 씩씩하게 성장할 수 있도록 양육되고 보호되어야 한다. 효 학계의 논리를 빌리자면 이들에 대한 사랑의 정도는 사회구조가 어느 정도로 견고한지를 드러내게 한다.[286)

어린이 사랑 측면에서 시진핑은 매우 세심한 면모를 드러내는 지도자이다. 그는 2018년 8월 28일 "중국 학생들의 근시안 발생률이 높고 저령화 추세를 보이고 있어 어린이들의 심신 건강에 해가 되고 있다."라고 지적하였다. 이어 "국가와 민족의 미래와 관계되

---

285) "오늘날 부자관계의 수직적 효는 부부관계의 수평적 평등관계로 이행되고 있다. 개인주의의 영향으로 가족법이 개정되고 가부장제도가 무너지고 있다. 그렇다고 해서 효가 완전히 무너지는 것이 아니라 모습을 다르게 해서 적용되어야 할 것이다. 효에 대한 해석이 상하관계가 아니라 호혜관계, 더 나아가 수평적 관계로 확장적인 재해석을 할 수 있다", 오길주·곽종형, 「현대사회에서 상호적 관계로 효 개념 재해석 필요성 및 방안」, 『사회복지경영연구』 3권 2호(한국복지경영학회, 2016.12), 322.

286) 류한근, 「조화(harmony)로서의 효(HYO)의 개념과 조화의 실천」, 420-421.

는 이 문제를 고도로 중시하고 방임치 말아야 한다."[287]라고 강조하면서 관계 당국에 중요 지시를 내렸다. 이는 어린이들의 건강문제에 대한 국가 최고지도자로서의 책임 있는 자세와 조치를 보여준 것이다.

현재 중국 사회는 자녀 중심 사회로서, 특히 '한 자녀 정책'이 시행된 이후 아이들은 부모와 친부모, 외조부모의 사랑을 한 몸에 받고 있으며 이를 당연시한다. 이처럼 소황제小皇帝로서 넘치는 관심과 사랑을 받으며 생활하기 때문에 대학생 자녀들은 독립된 성인으로서 부모를 보호하며 보살핀다든지 정서적 교류를 통해 부모의 친구나 의논 상대가 되려 하기보다는 성인기에 진입해도 여전히 부모의 관심과 애정을 필요로 하고 부모에게 그것을 요구하는 경향이 있다.[288]

이와 같이 어린이와 청소년에 대한 부모의 과잉보호가 심각한 부작용으로 나타나고 사회문제화된 것은 장기간 이어진 중국 정부의 인구 억제 정책에 기인한 후유증으로서 효도 교육의 필요성이 대두된 배경의 하나이기도 하다.

---

287) "중국 국가통계국에 따르면 시력장애를 갖고 있는 5세 이상 인구는 2012년 1억 명에서 2015년 5억 명으로 급증했다. 이 중 근시는 4억 5000만 명으로 청소년들 중에선 중학생의 70%, 고등학생의 80%가 해당한다. 짧은 기간에 특히 어린이·청소년의 시력약화가 급증한 것이다. 시진핑 주석이 지난달 28일 '절대로 방치해서는 안 된다.'며 대책 마련을 지시한 이유다", 양정대, "중 청소년 시력보호 위해 게임 규제·숙제량 제한", 《한국일보》(2018. 9. 9.), 18.

288) 유계숙·유행, 「한국과 중국 대학생자녀의 효의식 비교」, 『한국가족관계학회지』 19권 3호(한국가족관계학회, 2014), 58.

한편, IT 시대에 접어든 현재는 연소자, 신세대가 정보와 지식으로 무장하고 기성세대는 인식치 못한 사회적 가치와 이슈를 선점하기도 한다. 벤처사업 분야에 종사하는 일부 청년세대는 창업 등으로 부富의 지도를 바꿔 놓으며 영향력 측면에서 기성세대를 능가하는 경우도 빈번하게 발생하고 있다.

오늘의 청년세대는 경제적 풍요와 자유를 향유하면서 성장했기 때문에 윤리 문제에 대한 인식과 태도가 부모세대와는 사뭇 다르다. 가족과 사회의 구성원으로서 반드시 이행해야 하는 '의무로서의 윤리'가 아닌, 자신이 행하고 싶은 '자유로서의 윤리'에 더 많은 관심을 보인다. 윤리는 이들에게 강요가 아닌 선택의 문제이다.

때문에, 현대사회의 현실은 기성세대가 사회에서 단지 연장자라는 이유만으로 청년세대로부터 일방적으로 대우를 받거나 공경이 대상이 되기는 지극히 어려운 상황이다. 과거를 들먹이거나 상대방에게 "너 몇 살이야?"라는 식으로 나이만을 내세울 경우 자칫 반발은 물론 '피곤한 꼰대'라는 소리를 들을 수도 있다.

중국 청년세대는 창업 국가를 지향하는 정부 정책[289] 덕에 과거

---

289) "중국은 2015년부터 '혁신'과 '시장'의 키워드를 핵심으로 하는 '대중창업, 만중혁신'(大衆創業, 萬衆革新) 정책을 구체화하고 있다. 시진핑 정부의 이 정책 추진으로 중국은 지금 창업 열풍으로 가득 찼다. 실제로 85%의 중국 국민이 창업을 희망하고 있어 세계 1위를 차지하였고 신규 창업자 수와 기업 수는 지속적으로 증가하는 상황이다", 홍성범, 「중국 대중창업, 만중혁신 정책 추진의 역사적 맥락: 혁신과 시장의 키워드를 중심으로」, 『과학기술정책』 299호(과학기술정책연구원, 2017.2), 29, 31.

와는 달리 사회의 일원으로서 경제 분야를 중심으로 다양한 방식의 사회 참여를 시도하고 있다. 그러나 아직까지는 국가와 사회의 주역으로 대접받지 못하는 실정이다.

이런 현실에서 시진핑은 청년세대에게 더 많은 기회를 부여해야 함을 강조한다. 2013년 5월 4일 개최된 '우수청년대표 좌담회'에서의 발언에서 이를 확인할 수 있다.

> "청년이 흥해야 나라가 흥하며 청년이 강해야 나라가 강해집니다. 각급 당 위원회와 정부는 청년들을 충분히 신뢰하고 각별히 관심을 가지며 엄격히 요구해야 합니다. 또 그들에게 생각을 실현할 수 있는 기회를 더 많이 제공하고, 실천과 혁신을 할 수 있는 더 큰 무대를 마련해주며, 그들이 삶을 개척할 수 있도록 보다 많은 기회를 제공하고, 그들이 공을 세울 수 있도록 보다 유리한 여건을 마련해주어야 합니다. 각급 간부들은 청년들의 소망에 대해 관심을 기울이고 그들의 발전과 창업을 지원하며, 그들과 속마음을 나눌 수 있는 친구가 되고 청년사업에 심혈을 기울이는 열정적인 인물이 되어야 합니다."[290]

시진핑의 발언은 당과 정부 책임자들이 청년들과 교류, 소통하는 자세를 견지하고 지원에 나설 것을 촉구하는 것이다. 아직은

---

290) 習近平, 『習近平談治國理政』, 77.

약자인 청년들에게 기회를 부여하고 정성을 기울여 이들을 육성하려는 그의 의지가 실려 있다.

가족사랑

가족의 사전적 의미를 찾아보자. 사전에서는 '어버이와 자식, 부부 등의 관계로 맺어져 한 집안에서 생활을 함께하는 집단' 또는 '부부를 기초로 하여 한 집안을 이루는 사람들'[291]로 풀이한다.

기독교 관점으로는 하나님이 세워주신 인류 최초의 공동체이다. 『성경』은 "하나님께서는 세상의 모든 것을 지으시고 보기에 좋다고 말씀하셨다. 그러나 하나님 형상과 모양으로 지음받은 아담이 혼자 있는 것이 하나님께서 보시기에 좋지 않았다. 그래서 하나님께서는 아담에게 돕는 배필인 가족을 주시고 가정을 이루게 하셨다."[292]라며 하나님이 보기 좋은 것이 가족임을 시사했다.

남녀가 부부로 맺어지는 것을 천생연분天生緣分이라 하고 부모와 자녀 관계를 천륜天倫이라고 하는 것은 사람들 인식 저변에 가족이 하늘로 인해 맺어진 귀중하고 존엄한 존재라는 것이 확고하게 깔려 있음을 의미한다. 그러나 현대로 접어들며 사회와 문화의 급격한 변동 과정에서 가족 개념과 인식도 달라졌고 가장과 구성원의 경제적, 윤리적 불안정이 가족공동체 결속을 약화시켰다. 또

---

291) 이희승, 『국어대사전』(서울: 민중서림, 2005), 40.
292) 『성경』창 2:22-24.

한 전통적 대가족이 핵가족화됨으로 인해 혈연 중심 가족관도 거주 중심 가족관으로 변하면서 가족 해체가 급격하게 진행 중이고 '독거노인', '1인 가구' 급증 현상이 벌어지는 상황이다. 사회의 질적인 면으로 눈을 돌리면 가족관계를 포함해 인간관계의 연결고리가 약해지고 무연사회無緣社會가 진행되어 미래사회에 어두운 그림자를 드리우고 있다.[293]

사회의 기초 단위로서 가정이 점차 존재감을 잃어가는 가운데 가족 해체는 세대 간 갈등을 야기하고, 정부로서는 고령 부모세대에 대한 부양의 의무를 지게 된다. 그 결과로 인해 고령화 사회에서 피해갈 수 없는 복지비용 급증, 조세부담 가중, 청년층 반발, 사회 불안정 초래 식으로 도미노 현상이 벌어질 개연성이 높아진다.

중국의 경우에도 노령인구 증가, 물질만능주의 확산에 따른 도덕 관념 약화 등 사회문제가 누적된 가운데 국가에서 모든 것을 책임지는 것은 쉽지 않은 상황에서 시진핑은 가족의 역할에 주목하였다. 그는 한 가족이 생활하는 집, 가족공동체인 가정을 교육적 측면에서 해석해 "가정은 아이의 첫 번째 교실이며, 부모는 첫 번째 스승입니다."라고 강조하고 부모가 모범을 보이며 바른 행동과 사상, 바른 교육 방법으로 아이를 인도해야 한다[294]고 주문하

---

293) INSTITUTE OF GERONTOLOGY The University of Tokyo, TODAI GA TSUKUTTA KOREI SHAKAI NO KYOKOSHO, 최예은 역,『도쿄대 고령사회 교과서』(서울: 행성비, 2019), 62.

294) 習近平,『習近平談治國理政』, 230.

였다.

아이가 탄생과 함께 가족 구성원이 되며 부모를 통한 가정교육 과정에서 처음으로 사회화가 이뤄지는 만큼 가정을 중국 공민 육성의 시발점으로 인식한 것이다. 그는 또한 "노인공경과 어린이 사랑, 가화만사성 등 가정의 미덕이야말로 중국인들의 영혼에 새겨져 있으며 혈맥 중 녹아 있는 중요한 정신적 역량"[295]이라고 정의하고 있다.

시진핑은 유년기 시절 국무원 부총리 자제로서 유복한 환경하에서의 추억, 소년기 부친의 정치적 몰락에 따른 가정 해체의 기억, 청년기인 16세부터 22세까지 생이별한 부모를 만나기조차 불가능했던 하방의 경험, 짧은 기간 동안 결혼 생활을 했던 첫 번째 부인과 이혼[296]의 상처를 갖고 있다. 때문에 가족의 필요성과 중요성을 절감하는 인물이다. 그는 이와 같은 개인적 기억과 경험을 바탕으로, 국가 최고지도자로서 화목한 가족공동체에서 출발, 건전한 사회공동체를 거쳐 안정된 국가공동체로의 단계적 확산을 추구하고 있음이 분명하다.

가족은 구성원 간 사랑과 배려, 희생의 덕목으로 유지가 된다. 이는 위정자가 국가 운영 과정에서 국민들을 향해 기대하는 덕목

---

295) 習近平, 『習近平談治國理政 第二卷』,(北京: 外文出版社, 2017), 353.

296) 시진핑은 1990년대 초반 커화(柯華) 前 영국주재 중국대사 딸 커링링(柯玲玲)과 결혼했으나 성격차 등을 이유로 2-3년 만에 이혼했고 둘 사이에 자녀는 없다. 상세한 내용은 高曉, 『他將領導中國: 習近平傳』, 584-585 참조.

이기도 하다. 국가와 가정은 같은 원리가 적용되는 유질동상類質同像으로 볼 수 있다. 즉, 규모의 차이일 뿐 마찬가지 원리가 내재된 사회 조직체이다. 더욱이 효의 관점에서 볼 때, 국가와 가정의 조직적 형태는 동일한 것으로 볼 수 있다.[297] 따라서 효가 가족에서 출발, 사회로 파급되고 국가적 차원으로 승화가 가능하다면 국정 운영은 큰 동력을 얻게 될 것이다. 다만, 일각에서 이러한 가족의 성격 부여에 대해 비판적 시각이 존재한다.

즉, 효가 직계가족 통합 원리로부터 더 나아가 사회의 결속을 위한 목적으로 활용된다면서 '유교 가족주의'[298]를 제기하는 것인바, 결코 무시할 수 없는 것도 현실이다. 이는 가족에서 사회로 나가고 국가를 지향하는 효의 속성에 대해 긍정과 찬성을 표하는 입장에서는 극복해야 할 과제이기도 하다.

국정 운영 과정에서 효의 효용성에 대해 고려대 김일수 명예교수는 효가 다시 살아나게 할 수 있다면, 아직 불안전한 사회적 안전망을 구축하는 데 있어서나 생산적 복지국가를 건설하는 데 있어 국가가 부담해야 할 부자연스러운 역할을 줄이고 자발적인 가족 간의 유대관계를 통해 문제의 상당 부분을 해결할 수 있는 길

---

297) 박희원, 「서주(西周) 종법제와 효윤리 상관성의 체계론적 고찰」, 『효학연구』 7호(한국효학회, 2008.8) 167.

298) "유교 가족주의는 효를 핵심으로 하는 가족규범을 바탕으로 하여 가족 자체의 질서를 확립할 뿐만 아니라, 가족적 관계를 사회에 확대ᆞ적용함으로써 전체 사회의 질서유지를 꾀하는 것이다", 최홍기, 『한국 가족 및 친족제도의 이해-전통과 현대의 변화』(서울: 서울대학교 출판부, 2006), 46.

이 열릴 것[299)]이라고 전망했다. 전통적 효가 '일방통행식의 가치관'으로 비판을 받으면서 그 폐단이 지적되기도 하지만 가정과 사회, 나아가 국가로 이어질 수 있는 '대안적 윤리'이자 '복지의 보완적 가치'로서의 역할을 충분히 수행할 수 있다는 가능성을 제기한 것이다.

국내 학자가 중국의 개혁 분야를 다룬 저서에서 중국의 가족은 국가의 근대화 열망을 충족시키는 역할을 수행해야만 했던 숙명으로 인해 근대에서 현대에 이르기까지 줄곧 국가에 의해 동원되었음을 지적[300)]했듯이 시진핑이 가정에 대한 인식과 태도를 명확히 노정한 것은 국가적 필요성과 정치적 목적에서 비롯되었음도 부정하기는 어렵다.

그러나 시진핑이 보여왔던 부모에 대한 효행, 아내 펑리위안 및 딸 시밍쩌에 대한 친애의 태도 등은 천륜의 관계를 매우 중시한다

---

299) 김일수, 「한국법에 나타난 효도법의 원형-특히 형법을 중심으로」, 『효학연구』 1호 (한국효학회, 2004.4), 73.

300) "중국의 가족은 사회주의 혁명부터 오늘날에 이르기까지 꾸준히 국가의 근대화 열망-즉 부국강병과 경제적 풍요-을 충족시키는 역할을 수행해왔다는 사실을 강조할 필요가 있다. 국가는 가족을 단 한순간도 가만히 내버려두지 않았다. 사회주의 혁명 시기에는 생산력의 발전과 정치권력의 집중을 위해 기존의 종족 집단을 해체하고 가부장으로부터 권력을 제거했으며 전통적인 남녀의 역할을 무시했다. 개혁 이후에는 강한 국가를 만들기에 인구가 너무 많다는 것을 깨닫고 계획생육 정책을 시행하고 가족의 재생산에 직접 개입했다. 또, 경제성장에 따른 상품화된 시장에 적합하도록 가족을 소비 주체로 재편하고 실업 문제와 가족 양육 문제를 해결하고자 여성이 집 안에 들어가도록 독려했다. 이처럼 중국의 가족은 적어도 중국이라는 근대적 국가의 형성 및 바람직한 인민의 양성 속에서 이해될 수 있다", 이현정, 『개혁중국 변화와 지속』(파주: 한울아카데미, 2019), 248-249.

는 것을 입증하는 것으로서 '7효'의 가족사랑과 상통하는 면을 분명히 찾아볼 수 있다.

여기에서 주목할 점은 퍼스트레이디 신분을 갖기 이전까지는 유명 성악가로 활발히 사회활동을 했으며 전국적인 지명도가 남편보다 훨씬 더 높았던 펑리위안도 가정의 중요성에 대해 다음처럼 확고한 신념을 갖고 있다는 점이다.

> "사업하는 사람들을 보면 가정보다는 사업에 푹 빠져 있어요. 만일 나더러 사업을 하라고 한다면 가정도 필요 없고 아이도 필요 없다고 말하는 사람들의 그런 태도를 나는 이해할 수 없다고 느낄 겁니다. 가정은 여자가 기댈 언덕이고 편안한 항구입니다. 나의 가정은 모든 사람들과 마찬가지로, 평범한 가정이고 행복한 가정입니다."[301]

중국사회에서는 마오쩌둥의 부인 장칭이 국정을 농단했던 기억 때문에 그간 국가 지도자의 부인이 대외활동에 나서는 것에 대한 부정적 시각이 있었다. 이를 의식하듯 장쩌민과 후진타오의 부인들은 대외 발언이나 공개 활동을 극력 피한 채 남편의 그림자로서만 지냈다. 그러나 펑리위안은 국민가수로서 자신의 일에 충실했으며 사회활동에도 깊은 관심을 갖고 중국 현대정치에서 퍼스트

---

301) 김성진, 『13억 중국의 리더 시진핑』(고양: 씨앤북스, 2015), 96-97.

레이디의 새로운 유형을 보여줬다. 가정의 가치에 대한 시진핑의 메시지는 이러한 아내를 통해 더욱 부드럽고 효과적으로 국민들에게 전해진다.

나라사랑

국민으로서 자신이 속한 가장 큰 단위는 나라이다. 국가는 사람의 탄생과 성장, 활동의 배경을 이루는 존재로서 국적이 바뀌더라도 모국으로서 '어머니의 품'과 같은 이미지를 갖는다. 사람은 국가의 보호와 혜택을 통해 생존권을 보장받고 소속감과 정체성을 가지며 언어와 관습, 문화와 사상의 전수를 받아 자신의 현재, 미래를 이어간다. 나아가 조국을 위해 전쟁터에서 기꺼이 목숨을 바치고 국권을 잃으면 되찾으려 죽음을 불사한다.

우리 근현대사만 되돌아봐도 의병 활동, 독립운동에서 나타났던 선열들의 희생과 의지는 나라의 존재가 얼마나 중요한지를 보여준다. 일본강점기 35년 동안 망국亡國의 슬픔을 겪었듯이 나라 없는 국민은 부모를 잃은 것과 같다.

나라가 있어야만 나와 가족이 보호를 받고 인간다운 삶의 영위가 가능하기에 국민으로서 나라에 대한 의무와 책임도 반드시 요구된다. 따라서 가족사랑이 나라사랑으로 확장되면서 자기 나라에 대한 자부심, 발전과 번영을 위한 헌신, 정부에 대한 충성심을 보이게 된다. 이런 점에서 나라사랑의 정신과 자세는 나라를 굳건하게 떠받치는 버팀목이라고 할 수 있다.

전통적으로 나라사랑은 애국심[302] 또는 애국주의patriotism으로 표현되는데, 만약 국민들의 애국주의가 완전히 소멸된다면 결국 국민들은 모래알처럼 흩어지고 국가는 존립의 기로에 서게 된다. 다만, 자기 나라에 대한 사랑이 조국으로 제한된 한 국가를 절대화하기보다는 오히려 그것을 인류라는 보다 높고 위대한 질서에 용해시켜야 한다. 세계 공동체와 연결한 세계 시민으로서 나라사랑은 인권과 인류애를 지향하게 하는 '열린 나라사랑'이라 할 수 있을 것이다.[303]

중국인들도 나라를 사랑하는 국민으로서 오랜 역사와 문화, 개혁개방 후 눈부신 경제성장 과정에서의 국력 신장에 대해 큰 자부심을 갖는다. 시진핑은 2016년 1월 '성장 및 장관급 간부 세미나'에서 "공산당 제11기 3차 중앙위원회는 개혁개방의 역사적 신시기를 열었습니다. 그 이후 30여 년간 각종 어려움을 만났으나, 우리는 제2차 세계대전 이후 한 국가가 이룩한 '최장의 경제 고속성장'

---

302) "애국심의 개념적 정의는 두 가지로 정리할 수 있다. 첫째, 그 대상은 '국가'라는 존재이다. 애국심은 국가가 존재하지 않는다면 존속할 수 없는 개념이기 때문에 국가의 존재는 중요하다. 둘째, 국가에 대한 충성 또는 사랑의 감정을 가지는 주체는 바로 국민이라는 점이다. 국가가 존재하려면 그 대상에 대해 충성하고 동일시하며 사랑의 감정을 지니는 국민이라는 요소가 필요하다는 것이다", 임여진, 「애국심의 윤리학적 정당화와 군 정신교육 연구」, 박사학위논문, 경상대학교, 2015, 18-19.

303) 정종훈, 「애국주의와 나라사랑의 현대적 의미」, 『교육교회』 303권(장로교신학대학 기독교교육원, 2002.6), 14.

이라는 기적을 이뤄냈습니다."[304]라고 언급하였다.

이는 덩샤오핑의 결단으로 인해 중국이 세계에 문호를 개방하고 '중국의 특색을 지닌 사회주의 시장경제'라는 독특한 체제를 채택하며 경제발전을 이룬 데 대한 자부심의 표출이었다. 또한 국민들에 대한 감사의 표시였다.

이에 앞서 그는 2013년 5월 4일 '우수청년대표와 좌담회'에서는 "도덕사상을 수양하고 애국주의, 집단주의, 사회주의 사상을 스스로 끌어올리며 사회 도덕과 직업윤리, 가정 미덕을 적극 제창하여야 합니다."[305]라면서 다음 세대를 향해 애국적 자세의 견지, 집단의 가치와 덕목 수용, 사회주의 사상의 강화, 가정의 고유 미덕 함양 등 국가 운영에 적극 협조할 것을 당부하였다.

이처럼 애국주의가 그의 공식 발언을 통해 자주 강조되는 것은 국민들에게 현 국가체제 및 정권에 대한 절대적 인정과 적극적 참여를 요구하는 것으로 해석할 여지를 남긴다. 또한, 중국이 미국· 일본· 한국 등 주요 국가와의 무역 분쟁, 해상 패권, 역사 논쟁, 외교 마찰 등을 겪는 과정에서 대응에 소요되는 주요 동력원으로서 국민을 동원하려는 의도를 배제할 수 없다.

사회주의 국가의 특성상 중국 내에서 당과 정부의 절대적인 영향권에 놓인 관영언론의 보도 내용과 논조를 보면 이와 관련한 일

---

304)　習近平, 『習近平談治國理政』, 230.

305)　習近平, 『習近平談治國理政』, 75.

련의 움직임이 감지된다.

대표적인 것이 《인민일보》 자매지인 《환구시보》環球時報이다. 당과 정부가 공식적으로 표현하기 어려운 주장과 입장을 대리하는이 신문은 국수적 논조로 자국을 옹호하면서 자국민의 감성을 자극하고 애국심에 호소하는 한편 해당 외국 국가들을 격렬한 용어로 비난한다.[306] 주요 국제 현안을 놓고 이웃 국가인 한국과 일본은 물론 미국에 대한 날 세운 공격은 다반사이다.

당의 지휘와 통제를 받는 관영언론의 이런 움직임은 내부적 결속을 위한 조치로서 그 근본적 배경을 살펴보면 국정운영의 동력확보를 위한 애국심의 고취에 있다. 그러나 나라사랑이 국가적 필요성과 목적에 의해서만 강조, 홍보될 경우 애국주의는 자칫 변질될 가능성이 지극히 높다. 이와 관련하여 중국전문가 김창규는1990년부터 본격화된 중국 내 애국주의가 민족주의nationalism에다 집단주의적 사회주의에 대한 애정까지도 포함되고 있다는 점에서 국가주의statism이며, 전통의 문화 우월성을 전제로 민족적 배타성을 지니고 있다는 점에서 신중화주의neo sinocentrism로도 볼수 있다[307]고 지적하였다.

중국이 2008년 베이징 올림픽의 성공적 개최를 통해 국민의 사

---

306) 권운영, 「중국 환구시보를 통해 본 사드」, 『중국학논총』 57집(고려대학교 중국학연구소, 2017.9), 370.

307) 김창규, 「수치(羞恥)와 현대 중국의 내셔널리즘」, 『감성연구』 14권(전남대학교 호남연구원, 2017.3), 135.

기를 진작시켰으며 애국심을 모으고 응집력을 강화[308]했듯이 애국주의가 긍정적으로 작용할 경우 국민통합과 화합에 기여하는 것은 분명하다. 그러나 자국에 대한 자부심이 도를 넘어서면 다른 국가의 애국주의와 충돌함으로써 상호 갈등을 야기하고 자칫 분쟁과 전쟁의 원인으로 작용할 수도 있다.

자연사랑·환경보호

자연은 인간을 비롯한 모든 생명체의 터전이지만, 현재와 같은 고도의 물질 지향, 개발만능주의가 지속된다면 회복할 수 없을 정도로 파괴되고 결국에는 생존이 불가능해진다. 때문에 자연과의 공존, 즉 자연보호가 필요한데 자연을 보호하는 방법으로서는 자연을 사랑하는 길이 유일하다.[309]

자연과 인간의 관계를 놓고 최성규는 끝을 모르는 이윤추구의 욕망과 한계를 모르는 소비생활, 편리에 집착하는 본능이 환경을 파괴한다는 지적과 더불어 자연과의 평화 없이는 인간 사이의 어

---

308) 성공에 대한 이야기는 개인 차원이나 조직 차원에서 사기를 진작하고 유지하는 데 중요할 뿐 아니라 국가 정통성을 유지하는 데에도 매우 중요하다. 자국의 성취를 자랑하고 경쟁국들을 압도하고 싶어 하는 국가들에게는 국제행사가 절호의 선전 기회이다. 상세한 내용은 David Welch, Propaganda: Power and Persuasion, 73 참조.

309) "죄성(罪性)을 지닌 인간은 보편적으로 자기를 모든 것으로부터 분리시키고 자기를 추구한다. 하나님 없는 인간은 자기를 하나님 자리에 세우고 자기를 추구한다. 여기에서 자연을 보호하는 방법은 자연을 사랑하는 길밖에 없다". 최성규, 『효신학개론』, 67.

떤 평화도 있을 수 없다[310]는 진단을 내렸다. 인간의 통제되지 않는 본능은 자연에 대한 투쟁적인 태도로 이어지고 결국 자연 점유를 둘러싼 '인간 대 인간'의 대립과 불화를 내다본 것이다.

기독교 분야 논문의 논리에 의하면, 자연 생태계 파괴 때문에 결국은 인간 생명 자체가 위협을 받고 있으며 현대인은 정신적 위기에 봉착했다. 아울러 생태계의 파괴는 단순히 인간을 둘러싸고 있는 환경 파괴에 그치는 것이 아니라 인간과 자연의 유기체적 관계, 인간과 인간의 사회적 관계, 그리고 인간과 초월적인 세계의 관계가 온당하지 못하고 단절되어 있음을 생생하게 보여주는 증거인 것이다.[311]

한편, 생태윤리를 다룬 학자는 논문에서 자연을 지배했다고 과신했던 인간을 향한 생태계의 습격 앞에 경제적으로 가난한 사람들은 거의 방어능력을 갖추고 있지 않다는 점에서 생태계의 위기는 사회, 경제적 불의不義와 관련이 있다[312]고 지적한다. 이것은 환경과 관련하여 '인간의 인간에 대한 책임'을 추궁하는 것이다.

이제 인간은 피조물에 대해 일방적 지배자로서 군림하는 존재가 아니라 하나뿐인 지구에서 자연에 대해 1차적인 책임을 진 위

---

310) 최성규, 『우리가 꿈꾸는 하모니세상』, 141-142.

311) 유정원, 「다종교사회와 생태위기시대의 그리스도 이해」, 박사학위논문, 가톨릭대학교, 2010, 2-3.

312) 김만수, 「생태계 위기 극복을 위한 생태관계윤리의 정립」, 박사학위논문, 성결대학교 신학전문대학원, 2012, 12.

탁자임을 깊이 인식해야 한다. 그간 지배와 소유의 동기에서 비롯되어 자연을 대했던 오만한 태도가 생태계 위기를 초래한 만큼 원인 제공자로서의 각성이 요구된다.

오늘날 드러나는 환경문제는 미래를 살아갈 인간의 삶에까지 영향을 미칠 것이기에 인류의 영속성 차원에서 볼 때는 더욱 심각하다. 파괴된 자연에서 인류는 결코 미래를 기약할 수 없기 때문이다.

국제사회의 비판에도 불구하고 오염물질과 쓰레기 수출입이 선진국과 후진국 간에 지속될 정도로 경제 논리가 지배하는 현 상황은 『성경』에서 "여호와 하나님이 그 사람을 이끌어 에덴동산에 두사 그것을 다스리며 지키게 하시고"[313]라며 인간이 자연을 지키는 것은 피할 수 없는 숙명이요 의무임을 적시한 것을 무색하게 하는 것이다. '7효'에 자연사랑과 환경보호가 포함되어 있듯이 효차원에서 살펴봤을 때, 자연은 인간을 포함한 모든 피조 세계이다. 자연은 효를 할 수 있는 환경조건도 되며 생명의 원리로 다스려지는 영역이다.[314]

중국은 개혁개방 이후 추진했던 경제개발 과정에서 급속한 도시화와 산업화를 이루어냈다. 그러나 이에 대한 대가로서 대기오

---

313) 『성경』 창 2:15
314) 류한근, 「관계 메타포에 의한 정체성과 반응윤리-기독교세계관으로 본 효의 의미」, 『신앙과 학문』 17권 3호(기독교학문연구회, 2012.9), 109.

염, 수질오염, 토양오염이 심각하게 진행되었고 결과적으로 환경의 질이 급속도로 하락하였다.

신유학의 태두인 하버드대학교 뚜웨이밍杜維明 교수 지적처럼 중국은 성공적인 국가 건설을 위해 경제적 차원의 축적, 기술 능력의 보유, 물질적인 조건의 개선 등을 추구하면서도 사회자본, 문화적 능력, 도덕적 각성, 정신적 가치, 생태윤리와 같은 장기적이고 깊은 의미를 갖는 가치들에 대해서는 전혀 무관심했다.[315] 이는 장쩌민과 후진타오 시대에 추진, 완공되었던 산샤三峽댐 건설에서 상징적으로 나타난다. 공산당과 정부는 국내외 반대여론을 조금도 고려치 않은 가운데 개발 논리만을 앞세워 건설을 강행함으로써 지역 영향권 내의 생태계를 파괴했으며 역사적 유적지를 초토화시킨 결과를 초래했다.

자국의 경제개발 과정에서 수반된 환경파괴의 심각한 후유증 때문에 대책 마련에 고심하던 중국 정부는 시진핑 집권 3년 차인 2014년 4월 '생태문명 건설'을 입법 이념으로 삼아 환경보호법을 개정했다. 개정된 이 법은 환경보호 우선 원칙, 예방 위주 원칙, 종합관리 원칙, 대중 참여 원칙, 피해 책임 및 배상 원칙 등 엄격한 내용으로 이루어진 '5대 기본원칙'을 규정하고 있다.[316]

---

315) 杜維明, 『對話與創新』, 김태성 역, 『문명들의 대화』(서울: 휴머니스트, 2006), 354.
316) 개정된 중국 환경보호법은 세계에서 가장 강력한 환경법으로 평가된다. 관련 내용은 한승훈, 「중국 환경보호법의 최근 동향-문제점과 개선 방안을 중심으로」, 『환경법연구』 29권 2호(한국환경법학회, 2018.4), 69 참조.

그럼에도 생태환경 문제는 중국 현대화 과정을 제약하는 요인의 하나로서 환경오염 악화 추세는 육지에서 근해로, 지표에서 지하로 확장되고 단순오염에서 복합오염으로 나타나는 상황으로서 토지 황폐화로 인하여 약 4억의 인구가 영향을 받고 있다.[317]

시진핑은 지방 당정 관료로 근무하면서 국가 전체가 경제개발 논리에 함몰되어 소홀히 대했던 환경문제의 심각성을 인식하고 자연보호의 필요성을 제기하였다. 닝더지구 근무 시절인 1989년 외부 매체 기고문을 통하여 "임업은 생태 효익과 사회 효익이 대단히 높은 산업이다. 예를 들어 산림은 환경을 아름답게 만들며 수자원을 가둘 수가 있고 물과 토양을 유지시킬 수 있다. 또 방풍과 모래 차단을 가능케 하고 기후를 조절함으로써 생태환경의 선순환을 실현한다."[318]라면서 임업 진흥의 필요성을 역설하였다.

그의 자연과 환경에 대한 초창기 인식, 태도는 최고지도자가 된 후에도 변치 않는다. 당 총서기로 연임된 제19차 당 대회 업무보고 연설 내용을 보면 환경에 대한 확고한 철학을 확인할 수 있다.

"인간과 자연의 조화로운 공생을 견지해야 합니다. 생태문명을 건설하는 것은 중화민족의 영속적인 발전을 모도하기 위한 천년대계千年大

---

317) 이재호, 『시진핑 시대, 중국의 미래 전망과 대응 전략』(서울: 대외경제정책연구원, 2012), 69.

318) 習近平, 『擺脫貧困』(福州: 福建人民出版社, 1992), 110.

計입니다. 가장 엄격한 생태환경 보호제도를 실행하며 녹색발전 방식과 녹색생활 방식을 형성하고 생태 양호를 지향하는 문명 발전의 길로 확고하게 나가며 '아름다운 중국'을 건설함으로써 인민에게 좋은 환경을 마련해 주고 글로벌 생태 안전을 위해 기여해야 합니다."[319]

그러나, 시진핑이 환경에 대해 결연한 의지를 보이고 있음에도 불구하고 스모그 등 중국 내 환경 악화를 놓고 일부 연구는 미세먼지와 관련된 정부 정책의 경우 근본적인 대책이 결여되었다고 지적하고 시진핑의 환경정책과 관련한 리더십을 '소극적인 리더십'으로 평가절하하고 있기도 하다.[320]

이처럼 중국 내 환경보호과 경제개발이 갖는 이상과 현실 간 차이가 존재하며 경제개발 논리가 아직까지 지배적 위치를 점하는 가운데 개발을 뛰어넘는 진정한 환경보호의 시대를 여는 것은 시진핑이 풀어야 할 과제로 남는다. 중국으로서는 자국이 '개발도상국'이라는 식의 보호막을 앞세워 환경과 생태에 요구되는 세계의 기준을 수용치 않는 태도 또한 확연하게 바뀌어야 할 것이다.

---

319) 성균중국연구소, 『제19차 중국공산당전국대표대회보고』, 81.

320) "시진핑 정부는 미세먼지로 인한 심각한 스모그 현상에 대해 안이하게 대처하고 있다. 오염물질을 발생시키는 공장들에 대한 근본적인 조치 없이 도시 스모그 문제를 해결하려 하고 있다. 따라서 시진핑은 국민의 생명과 직결된 환경문제에 대해서는 소극적인 리더십을 보였기에 창의적인 리더가 될 수 없다", 김동하, 『아베 신조와 시진핑의 리더십 연구』, 141-146.

이웃사랑·인류봉사

효는 가정윤리와 가족 간의 사랑을 바탕으로 이웃을 사랑하고 나아가 인류에 봉사하는 마음이다. 이웃은 우리 가정을 외롭지 않게 해주고 공동체를 이루도록 해주는 존재이다.

전통사회에서는 '이웃사촌' 개념을 공동체 미덕으로서 이해했고 미덕을 해치는 행위는 지탄의 대상이 되었다. 이는 『성경』의 "네 마음과 목숨을 다하여 이웃을 네 몸과 같이 사랑하라."[321]라는 가르침을 통해서도 확인되는 것이다. 또한 "인류의 모든 족속을 한 혈통으로 만드사 온 땅에 거하게 하시고 저희의 연대를 정하신다."[322]라는 언급은 우리가 이웃을 혈육 관점에서 사랑할 당위성을 제공한다.

그러나 현대사회 구성원들은 치열한 생존경쟁, 극도의 이기주의, 배금주의 같은 현실적 상황에 직면해 자신의 문제 해결에만 급급하고 일상생활에 지친 채로 무감각, 무관심 상태에서 타인의 고통과 어려움을 외면한다.

때문에 중국 학자 허옌링何艷玲은 '좋은 이웃', '신뢰할 만한 이웃'이 존재하는 사회를 만드는 것이 현재 중국 정부의 국정 운영에서 중요한 문제로 대두되었다면서, 이러한 사회를 만드는 데 있어 필

---

321) 『성경』마 22:37-39.
322) 『성경』행 17:26.

요한 것은 보다 강한 공공정신[323]이라고 주장하였다.

이웃사랑을 효의 기본원리에 적용하면 사랑과 공경의 원리, 관계와 조화의 원리, 자기 성실과 책임의 원리와 연관된다.[324] 이웃을 사랑과 공경의 자세로 대해 상호 조화를 이루는 관계를 맺어야 하며 이를 위해서는 자기 성실이 수반된 책임감이 요구되는 것이다.

함께 산다는 것, 즉 공생은 승자독식의 제로섬 게임zero-sum game이 아니라 모두 승자가 되는 것을 지향하는데 여기에서 전제되는 것은 상호 이해와 배려이다. 이를 위해 구성원 간에는 무엇보다도 상대방을 위한 공감과 이해, 동행의 자세가 필요하다.

최성규가 "효HYO의 사명은 모두가 함께 이루어나가야 할 인류구원과 인류행복의 하모니 세상을 이루는 일이다."[325]라고 천명했듯이 이웃사랑의 효는 인류를 위한 봉사로 차원을 높여가야 한다. 통신과 교통의 발달로 지구촌이 하나로 연결되는 상황에서 인류봉사의 당위성은 더 높아져 간다.

그 사례로 매년 이뤄지는 노벨평화상의 시상은 동물의 세계에

---

323)　何艶玲,「面向家庭的治理變革」,『城市治理硏究』第三卷(上海交通大學出版社, 2018.7), 61.

324)　김종두,『효패러다임의 현대적 해석』(서울: 명문당, 2016), 255.

325)　최성규,『우리가 꿈꾸는 하모니세상』, 171.

서나 있을 법한 '집단텃세'[326] 같은 인류의 갈등과 충돌로 인해 고통이 끊이질 않고 있음을 상징한다. 아울러 이에 따른 인간애와 봉사의 필요성이 절실함을 보여준다. 이웃사랑과 인류봉사는 '국가 대對 국가' 관계에서도 적용된다.

시진핑은 2013년 3월 23일 네덜란드에서 개최된 '제3회 핵안보 정상회의'에 참석해 다음과 같이 세계평화를 대하는 자국의 인식에 대해 밝히고 있다. 그러나 이는 지극히 세련된 외교적 언사임을 감안하고 읽어봐야 한다.

> "중국의 옛말 중에 '하늘이 주는 좋은 때는 지리적 이로움만 못하고,
> 지리적인 이로움도 화합만 못하다'天時不如地理, 地理不如人和는 말이 있
> 습니다. 세상은 발전을 필요로 하고 발전은 평화를 필요로 하고 있는
> 이때에 한 번쯤 생각해볼 만한 말이 아닐 수 없습니다. 중국 국민은 세
> 계 각국의 국민들과 마찬가지로 평화로운 국제환경 속에서 자신을 발
> 전시키고, 자신이 발전을 통하여 세계의 평화를 수호해야 합니다."[327]

세계평화에 대한 기대와 핵核으로 촉발될 수 있는 전쟁에 대한 경계를 표한 것으로 국가 차원에서의 이웃사랑과 인류봉사 정신

---

326) "'집단텃세'는 동물들이 경계를 긋고 살아가는 것처럼 인간은 경계를 침범하는 침략자에 대해 공격적인 반응을 하는 것이다". 강용진, 「생태정치학과 국제정치」, 『대한정치학회보』 13권 1호(대한정치학회, 2005.6), 59.

327) Zhang Fenzi, 『習大大說』, 366.

을 강조했다고 할 수 있다. 그런데 여기서 시진핑의 발언을 선의로만 해석하기에는 일단의 문제점도 발견된다. 언행일치가 제대로 안 되는 최근의 대외적 행태 및 이에 대한 반발 때문이다.

중국의 공세적 해외 진출 전략으로서, 시진핑 정권이 명운을 걸고 추진하는 일대일로一帶一路, One Belt One Road[328]와 관련해 중국 정부는 '철도와 항만, 발전소 건설 등은 국제사회를 위해 중국이 제공하는 공공재'로 선전한다. 그러나 아시아와 중동 등 협력 국가들은 일종의 부채로 인식하는 상황이다.

상대국에 대한 중국 측의 투자금 상환 독촉, 군사요충지 내 중국군 주둔 허용 요구, 접경지역 국토 양보 압박 등으로 인해 곳곳에서 파열음이 나고 있다. 이와 관련해 해당 국가에서 중국 정부는 못 갚을 줄 알면서 악의적으로 빚의 수렁에 빠뜨리는 방식으로 유라시아 국가에 일종의 약탈적 대출predatory lending을 자행하는 것이라며 반발 움직임이 나타나고 있다. 또 일부 중국 전문가는 "만약에 일대일로가 실패로 귀결된다면 중국 내부에서 시진핑 정권도 위기를 맞을 것"[329]이라는 전망을 내놓기도 한다.

---

328) "일대(一帶)는 중국, 중앙아시아, 중동, 유럽을 연계하는 육상교통망인 실크로드 경제벨트를 지칭하고 일로(一路)는 중국, 동남아, 중동지역을 연결하여 유럽에 이르는 21세기 해상실크로드를 지칭한다. 이 두 가지 계획을 묶어 시진핑 주석이 2013년 12월 중앙경제공작회의에서 공식 국가전략으로 천명하였다", 이정태, 「중국 일대일로 전략의 정치적 의도와 실제 분석」, 『대한정치학회보』 25집 1호(대한정치학회, 2017.2), 210-211.

329) 윤성학, 「유라시아 국가들 反中감정 확산」, 『신동아』 10월호(동아일보, 2018. 10), 253-255.

현대국제관계연구원은 중국 정보기관인 국가안전부 산하 싱크 탱크로서 정부의 대외정책에 대해 조언하고 있다. 그런데 이 연구원 푸멍즈傅夢孜 부원장이 일대일로와 관련된 논문을 통해 "일대일로 라인에 접한 국가 다수는 빈국이며 약소국이다. 심지어 일부 국가는 세계 혹은 지역경제의 변방지대에 속한다."라고 서술했듯이 일대일로 프로젝트를 진행하면서 타국을 단지 이익 추구의 대상으로만 인식하고 경제적 약점을 파고드는 중국의 의도[330]는 진정한 이웃사랑, 순수한 차원의 인류봉사와는 상당한 거리가 있다.

일대일로 진행 과정에서 보였듯이 중국은 자국 이익에 집착하고 결국에는 주변국과 수시로 마찰을 일으키게 된다. 여기에서 '핵심이익'core interest이 배타적 가치관으로서 대외관계에 반드시 적용되며 결코 포기나 양보가 없다.

소위 '핵심이익'의 내용은 당과 국가의 기본제도 유지, 영토와 주권 보호, 경제와 사회의 지속적인 발전[331]으로서, 다른 국가들 역시 중시하는 것임에도 국익을 최우선으로 하는 중국은 타협과 양보를 결코 하지 않는다.

때문에 조어도釣魚島, 일본명 센카구 열도를 둘러싼 일본과의 마찰, 남사군도와 관련한 필리핀 및 베트남과의 분쟁, 도카라 지역 소유

---

330) 논문의 상세 내용은 傅夢孜, 「一帶一路 倡議的三個理論視覺」, 『現代國際關系』 350期(中國現代國際關系研究院, 2018.12), 11 참조.

331) 이민규, 「중국의 국가핵심이익 시기별 외연 확대 특징과 구체적인 이슈」, 『中蘇研究』 41권 1호(한양대학교 아태지역연구센터, 2017.5), 42.

권을 놓고 벌어진 인도와의 긴장, 사드THAAD, 고고도미사일방어계획 배치 문제로 야기된 한국과의 갈등 등 예외 없는 중국의 일방통행식 행태가 주변국과의 관계에서 끊이질 않는다.

결국, 시진핑의 중국이 이웃사랑을 외친다고 해도 이는 민심을 잡기 위한 국내용에 머물 뿐 인류봉사로 승화시키기에는 여전히 미흡하다. 시진핑은 외교 이념으로서 이웃 및 주변 국가와 화목하게 잘 지내고親, 진실하게 대하며誠, 상생의 원칙에 따라 혜택을 주고惠, 함께 발전하고 번영하는 포용容을 내세웠다.[332] 이를 타국과의 관계에서 반드시 실천으로 옮겨야 할 것이다.

마찬가지로 시진핑이 중시하는 효의 가치가 제대로 이행, 심화되려면 성산효대학원대학교 박희원 교수의 논리처럼 부모 공양과 입신양명으로 정리되는 '전통적 효'에서 출발하여 가족과 사회, 나라로 확장된 '성찰적 효'를 다시 품어 발달하고 인류애와 자연에 대한 사랑으로 확장된 '전일적 효'의 단계로까지 성장해야 할 것이다.[333] 즉, 보다 심화·숙성된 효의 모습을 보여야 하는 것이다.

---

332)   이창호, 『시진핑 위대한 중국을 품다』(서울: 북그루, 2019), 179.
333)   박희원, 「남북의 사람 간 통합에 관한 소고」, 『성산논총』 19집(성산효대학원대학교 성산학술연구원, 2018.12), 39.

2절. 대입결과 정리

'7효'의 각 항목에 시진핑의 효행 및 효와 관련된 리더십을 대입해 본 결과를 정리토록 하겠다. 이질적인 기준에 맞춘 것일 수도 있지만 우선은 새로운 시도에 가치와 의미를 두고자 한자.

첫째, 하나님을 아버지로 섬김이 경천애인으로 변용될 경우 시진핑은 분명히 '하늘'이라는 절대적 존재에 대한 경외 의식을 드러내고 있다. 또한 국민들을 섬기고 사랑해야 할 대상임을 인지, 국정 운영 과정에서 적극적으로 실천하는 리더이다.

둘째, 그는 초급 간부 시절부터 부모·어른·스승 공경을 솔선수범했고 보은을 강조하였다. 국가 지도자로서도 수시로 공식적인 발언을 통해 전통적 가치관의 수호를 제창하였고 후세들에게 기성세대를 이해하고 존경토록 당부함으로써 사회적 파급효과를 거두었다.

셋째, 그는 어린이와 청소년, 제자 등 미래의 주인공을 소중히 여기고 이들이 건강하게 성장, 발전할 수 있는 사회적 환경을 조성코자 노력하였다. 아울러 당정 리더들에게도 이를 선행토록 촉구함으로써 약자에 대한 국가의 지원을 선도하였다.

넷째, 시진핑은 개인적 기억과 경험을 바탕으로 화목한 가족공동체의 가치를 강조하였다. 여기에서 나아가 건전한 사회공동체를 구성하고 이를 안정된 국가공동체로 확산시키기 위해 노력하는 모습을 보였다. 이는 유교가족주의로 해석될 여지도 남긴다.

다섯째, 나라사랑은 국민으로서 반드시 필요한 덕목이며 시진핑도 이를 애국주의로 인식, 중시한다. 그러나 국가적 필요성과 목적에 의해 강조되면서 애국주의는 민족주의 내지 집단적 사회주의 성격을 보인다. 때문에 나라사랑이 본래의 의미와 다르게 국가주의, 신중화주의로 변질되는 상황이 전개된다.

여섯째, 그는 초급 지도자 시절부터 경제개발보다는 생태환경 보호에 방점을 둔 인물로서 최고지도자 등극 이후에도 엄격한 법적 규제 조치를 취했다. 그러나 중국의 생태환경은 미세먼지, 수질 등이 악화되는 상황으로서 시진핑 리더십의 한계를 드러낸다.

일곱째, 시진핑의 중국은 이웃사랑과 인류봉사에서 한계성을 분명히 갖는다. 일대일로 프로젝트에서 보이듯 경제협력을 빌미로 약탈적 해외진출 행태를 견지하는 한편 핵심이익 수호를 위해 주변국과의 충돌도 불사한다. 이는 G2 국가 위상에 걸맞지 않은 것이며 무책임한 자국 이기주의의 전형적 행태이다.

3장

효도 리더십의 가능성 검토와 평가

현대사회에서 정신적인 가치가 물질적인 가치를 기준으로 환산됨에 따라 물질화되지 못한 정신적인 가치를 외면하고 배제하는 상황이 전개되는 실정이다. 효도 또한 이러한 상황에서 결코 자유로울 수 없게 되었고 생명력의 회복을 위한 사회적 인식과 재해석의 필요성이 절실해졌다.

그런데 과학과 기술의 급속한 발달은 인간의 존재감을 약화시켰지만 역설적으로 '인성 교육' 같은 효도 가치의 새로운 공간을 만드는 계기로도 작용하였다.[334]

인간이 세상 변화에 적응하고 존엄성을 상실하지 않으면서도 지금처럼 세상을 주도적으로 이끌어갈 수 있는 방안의 하나로서 지금 우리 사회에서는 효도에 기초한 리더십이 활발히 모색되고 있

---

334) 건전하고 올바른 인성을 갖춘 국민을 육성하여 국가와 사회발전에 이바지하는 것을 목표로 삼은 '인성교육진흥법'에서 효를 예, 정직, 책임, 존중, 배려, 소통, 협력 등과 함께 핵심적인 가치, 덕목으로 규정함으로써 효가 아동 및 청소년 교육의 주요 콘텐츠로 자리 잡을 수 있는 계기를 마련하였다.

다. 즉, 효도와 리더십을 연결시키려는 노력이 나타난 것이다.

이런 움직임의 일환으로 김종두는 급변하는 현재 상황에 대비키 위해 효를 바탕으로 발휘하는 효 리더십을 제기하였다. 구체적으로 "가정에서는 부모가, 학교에서는 교사가, 종교단체에서는 성직자가, 군대에서는 지휘관이, 시민단체에서는 단체장이 효를 기초로 발휘하는 리더십이 효 리더십"[335]이라는 정의를 내렸다. 이는 효가 공동체를 이끄는 리더십의 중요한 가치기반이 될 수 있음을 의미하는 것이며 공동체 리더들이 필수 덕목으로 갖춰주기를 바라는 효 학계의 기대이기도 하다.

이 책에서는 시진핑의 생애를 통해 효도 사상이 태동 및 내재화되는 사적 영역, 정립 및 정책화 단계로 이어진 공적 영역에서의 변화와 성숙 과정을 확인하였다. 또한 그가 오랜 기간 지방 및 중앙의 지도자 생활을 통해 드러냈던 리더십이 효도의 가치와 상호 밀접한 관계성을 갖는다는 점을 발견하였다.

1절. 효도 리더십의 가능성 검토

과거의 효도는 개인과 가정 영역에서 주로 강조되었다. 개인 영

---

335) 김종두, 「임계국면에서 본 효 패러다임과 과제」, 『성산학보』 23호(성산효대학원대학교, 2016.12), 8.

역의 효도는 수신修身의 효도로서 자기 자신을 수양하고 몸과 마음을 바르게 하여 부모의 근심과 걱정을 덜고 기쁨과 보람을 주는 결과를 얻는다. 가정 영역의 효도는 가족 구성원들이 각자의 본분을 지키고 부모와 자식 간에 상호 도리를 다하며 존중과 사랑을 실천함으로써 가화만사성家和萬事成의 상태를 만든다.

이처럼 개인과 가정 영역에서의 효도는 우리가 일상생활을 통해 익히 알고 경험하는 것이다. 그러나 현대사회와 미래사회에서는 구성원들의 의식과 행태 변화로 인해 과거 부모와 자녀를 중심으로 이뤄졌던 효도와 효행은 더 이상 가정 내 관습적, 의무적 가치관으로서의 모습만을 고수할 수 없다.

부모의 원수를 갚는 것도 효도로 인식했던 전통적 가치관[336]은 이제 완전히 바뀌어야 한다. 따라서 효도 패러다임의 전환[337]과 영역의 확대가 필요하다. 가정은 여전히 가장 중요한 효도의 기반이지만 핵가족의 지속적 증가, 1인 가족 같은 새로운 형태의 가족 출현, 인구 노령화의 급속한 진행 등 다양한 사회변동의 요소를

---

336) 중국의 효행고사(孝行故事)를 분류해보면, 효행은 養親(부모 봉양), 護親(부모 보호), 醫親(부모에 대한 의료 제공), 尋親(잃어버린 부모 찾기), 諫親(부모에게 간언하기), 情神關懷(부모를 정신적으로 보살피기), 親喪(부모 장례 치르기), 報仇(부모 원수 갚기) 등 9가지로 분류된다. 보다 상세한 내용은 任明玉, 『中國孝行故事研究』, 博士學位論文, 臺灣文化大學, 1999, 391 참조.

337) "패러다임의 틀에서 보면 효는 시대와 이념에 따라 다르게 인식되어온 측면이 있다. 공맹(孔孟)시대의 효와 조선시대의 효, 그리고 현대 21세기의 효에 대한 인식은 다를 수 있기 때문인데, 과거의 효는 감성적인 면에 치우친 면이 있었다는 점에서 현대의 효는 감성과 이성이 결합된 균형적 감각의 효가 요구된다", 김종두, 『효 패러다임의 현대적 해석』, 21.

고려하지 않을 수 없다. 이는 앞으로 효도가 사회와 국가 차원에서 이해되고 수용과 장려의 순환 과정을 밟으며 공동체의 합의하에 모두의 과제로서 확고히 자리 잡아야 한다는 것을 의미한다.

효도가 가정의 울타리를 벗어날 때 사회적 효도의 성격을 갖는다. 사회적 효도는 가정에서 부모와 자식 간에 이뤄진 근원적인 사랑을 기초로 하여 이웃과 주변을 향해 효의 인식을 실천으로 드러내는 것이다. 효도는 결코 가족주의적 윤리에 한정될 수 없으며 궁극적으로 사회성을 지닌 질서 체계인 것이다.

더구나 그 속에는 인간의 본분과 의무라는 의리가 녹아 있어 삶의 가치를 더해준다는 점에서 성찰할 필요가 있다. 그런 의미에서 오늘날 요구되는 효는 규범적이 아닌 가치 지향적이 되어야 한다.[338]

사회적 효도는 구체적으로 가정에서 봉양받지 못하거나 소외되는 노인계층, 아동 등 사회적 약자에 관심을 기울이고 보살피는 활동이라 할 수 있으며 사회복지와도 깊은 연관성을 갖는다. 다만 사회적 효도가 정신적 복지에 초점을 맞춘다면 사회복지는 물질적 복지를 핵심으로 한다는 데 차이가 있다.

여기에서 국가 지도자의 지속적인 관심과 적극적인 개입이 반드시 이뤄져야 한다. 즉, 국정운영 과정에서 효도의 중요성과 필요성

---

338) 김해영, 「正祖의 孝治思想 硏究」, 박사학위논문, 성균관대학교, 2018, 250-251.

을 강조함은 물론 사회적 효도와 사회복지를 함께 아우르며 양자가 병행되도록 국민들을 계도하고 관련법과 제도를 정비하는 한편 예산 배정과 집행, 행정 조치를 강구할 필요가 있다. 이것이 바로 국가 차원에서 구현 가능한 국가적 효도이다.

국가 지도자의 깊은 관심과 강력한 의지가 확인되어야 당과 정부의 관련 부처가 제대로 움직이고 교육과 보건 및 복지, 문화 등 필요한 분야에서 행정 조치를 취함으로써 국가적 효도가 정립될 수 있다. 이를 바탕으로 효를 행할 수 있는 환경과 역량의 조성이 가능해진다. 아울러 역逆으로 '낙수효과'에 따른 사회적 효도, 가정적 효도가 진작될 가능성이 상당히 높아진다.

우리나라의 현대 정치사를 되돌아보면 역대 대통령 모두가 효를 강조하고 몸소 실천했음을 알 수가 있다. 집권 이후 예외 없이 '어르신께 효도하는 정부'를 표방하였다. 나아가 "국가가 나서서 효도를 해야 한다."라는 당위성을 피력하는가 하면 "경제의 최종 목표는 어르신 복지다."라고 역설한 대통령도 있다. 재임 기간 중 부친에게 매일 문안 전화를 드린 대통령의 행동은 자식으로서의 진정성을 보인 것으로서 상찬되기도 했다. 이처럼 국가 지도자로서 부모와 노인을 우선시하는 것은 국정 운영 과정에서 반드시 갖춰야 하는 필수 덕목이었다.

한국 사회를 위한 충과 효, 예 운동을 지속했던 김철운은 국가 최고지도자의 효도에 대해 "효는 일반 개인이 하는 효와 사회에 나가 지도자로서 하는 효가 다르다. 그 지위가 높을수록 효행의 책임이 무거운 것이다. 대통령의 효는 덕교德敎의 은혜가 온 국민에까지 이르고 사해四海에 모범이 되는 것이다."[339]라고 설명한다.

이와 같은 설명은 국가 정책의 최종 결정권자이자 공동체 가치의 최고 수호자로서 대통령의 효행이 갖는 영향력이 대단히 중요하며 또한 무게감까지 갖는다는 것을 의미한다.

이 논리는 『효경』에서 지도자의 효에 대해 "사랑과 공경함을 다하여 부모님을 섬긴 후에 도덕적 교화가 백성에 전해져 온 나라에 본보기가 될 수 있다."[340]라며 솔선수범의 중요함을 강조하는 것과 동일한 맥락이라 할 수 있다. 리더가 어떻게 생각하고 이를 구체적인 행동으로 옮기느냐가 조직에 미치는 영향력은 절대적[341]임을 알 수 있는 대목이며 스스로 효행을 보이고 이를 조직 구성원들에게 요구할 경우 전파력은 더욱 강해지게 된다는 것을 시사한다.

중국 내에서 '노인 무용론'이 제기되고 사회 전반적으로 노인에

---

339) 김철운, 『忠孝禮倫道經典』(서울: 충효예교육출판사, 2007), 18.

340) 『孝經』「天子章」, "愛敬盡於事親然後, 德敎加於百姓, 形於四海".

341) "한 국가나 조직의 흥망성쇠는 한 사람의 책임 있는 통치자에 의해 완전히 배타적으로 좌지우지된다고 단정할 수 없지만, 그 한 사람의 역할은 다른 어떤 사람의 역할보다 중요하다", 정윤재, 『정치리더십과 한국 민주주의』(서울: 나남출판사, 2003), 478.

대한 포용이 부족한 상황[342]하에서 시진핑은 당과 국가 최고지도
자로서 급속한 인구 고령화에 따른 노인 부양문제를 놓고 전全사
회의 공동책임과 더불어 양로사업의 발전이 우선적으로 필요함을
역설하였다. 이는 그가 2013년 12월 28일 베이징 소재 쓰지칭양로
원四季青敬老院을 송년 위문 명목으로 방문하면서 입주 노인들을
대상으로 행했던 발언을 보면 쉽사리 이해가 된다.

> "노인을 존경하고 공경하는 것은 중화민족의 전통적 미덕입니다. 노
> 인을 사랑하고 돕는 것은 전 사회의 공동책임입니다. 우리나라는 노년
> 인구의 증가속도가 대단히 빠르고 노인 서비스산업의 발전은 아직도
> 낙후된 상황입니다. 노인 서비스산업과 관련된 제도를 완성하고 사업
> 을 진척시켜야만 하며, 양로사업의 다양화, 다원화 발전을 추진하여 노
> 인분들이 늙어서도 봉양받고, 늙어서도 의지할 것이 있으며, 늙어서도
> 즐겁고, 늙어서도 편하시도록 해야 합니다."[343]

국가와 사회에서 진행되어야 하는 복지 차원의 효와 관련하여

---

342) 중국 최초의 '국가노령과학연구기지'로 지정된 서남교통대학(西南交通大學) 국제노
    령과학연구원은 2017-2018년간 38개 중국 주요 도시 대상 연구를 통해 중국의 고
    령화가 급속히 진행되는 가운데 사회에서 "노인은 사회적 부담이며 관점과 사상
    이 시대와 동떨어져 있다."는 식의 '노인무용론'이 제기되고 있으며 노인을 포용하
    려는 사회의식도 결여된 상황임을 도출하였다. 상세한 내용은 楊一帆, 『中國大中
    城市健康老齡化指數報告 2017-2018』(北京: 社會科學文獻出版社, 2018), 1-5 참조.
343) "習近平元旦夕在北京看望一線職工和老年群衆", 《光明日報》(2013. 12. 29.), 1.

중국 내 상황을 살펴볼 필요가 있다. 시진핑은 2013년 3월 1일, 중앙당학교 개교 80주년 기념대회에 참석, 다음과 같은 내용의 치사를 통해서 정신과 물질 양면의 조화를 강구하는 것이 당과 국가가 지향해야 할 방향임을 강조하였다.

> "물질문명 건설과 정신문명 건설을 다 함께 잘 해야만 국가의 물질역량과 정신역량 모두 증가할 수 있으며 전국의 각 민족 인민들의 물질문명과 정신생활 모두 개선될 수 있게 되고 중국식 사회주의 사업은 순조롭게 앞으로 나아갈 수 있게 됩니다."[344]

국가 최고지도자로서 국정 운영을 위해 요구되는 경제적, 물질적 부분을 챙기는 한편 그 바탕이 되는 정신적인 부분도 중시해야 하는 책무를 지고 있는 상황에서 양자의 조화를 언급한 것은 시의적절한 것이었다. 효도를 놓고 본다면 국가에서 노인들에 대한 물질적인 봉양과 더불어 정신적인 봉양도 강조하는 차원이다.

인간은 사회적 동물이요, 또한 정치적 존재이다. 때문에 인정된 노후생활이 가능한지 여부는 가족과 주변의 이웃, 지역사회 그리고 정치 체제와의 끊임없는 관계 속에서 이루어진다.

과거의 노인 문제는 가족과 지역사회 내에서 해결되었다. 그러

---

344) "習近平在中央黨校建校八十周年大會暨開學典禮上發表重要講話-全黨大興學習之風, 依靠學習和實踐走向未來",《光明日報》(2013. 3. 2.), 1.

나 현대 산업사회에서는 노인부양이 가족 차원을 벗어나 사회문제로 부각되고 있으며 정책적 해답을 요구한다. 노후를 위한 소득보장, 건강유지, 여가활동, 주택 및 교통, 장기요양 서비스 등 수요는 모두 정치적인 관계를 가지고 있다. 정치를 떠나서는 현대사회의 다양하고 복잡한 노인 문제를 해결하기 어렵다.[345]

따라서 노인 문제는 효와 함께 국가 차원에서 거시적으로 다뤄질 필요성이 대두된다. 이는 결국 정치적 리더십이 개입될 수밖에 없음을 의미하는 것이다. 국가 현안으로서 노인 문제와 효를 정확히 인식하고 옳은 처방을 통해 해결을 모색하는 일이야말로 공동체를 이끌어가는 정치와 정치인에게 부여된 절대적 책임이자 의무인 것이다.

그렇다면 효도와 리더십은 조직에서 어떻게 상호작용을 하며 인과관계를 갖는 것인가? 이에 대해 효 학계의 연구결과를 보면, '효는 정적靜的인 인자因子이고 리더십은 동적動的인 인자'라고 정의한다. 아울러 아무리 효의 중요성을 인지하고 있다고 할지라도 이것을 활동적 에너지로 전환시키지 않으면 한낱 앎에 지나지 않는다는 평가를 내린다.

덧붙여 효를 실천키 위한 결심을 할 수 있도록 리더십이 리드해주는 것이 바람직하다는 논리를 내놨다. 또한, 리더의 역할로서는

---

345) 고양곤, 「외국 노인의 정치 참여와 권익운동」, 『노인복지연구』 14호(한국노인복지학회, 2001.12), 28.

효 비전 수립, 효 방향 정렬, 효행을 위한 임파워먼트empower-ment, 효행 모델 되기[346]를 제시하였다. 이는 효에 대한 생각을 갖고 있더라도 이를 실행하려는 결심이 없다면 가치를 상실하는 만큼 리더십이 작동되어 효를 실천적 덕목으로 승화시켜야 한다는 의미이다.

더불어 리더는 이 과정에서 공동체가 효를 정착시키기 위해 추구하는 목적을 제시할 의무가 있다는 것이다. 나아가 효 정착을 위한 공동체의 목적을 벗어난 사고와 행동을 원래의 방향으로 되돌리며 바람직한 환경과 여건을 만들어 주어야 한다는 논리이다. 또한 현실적으로 필요하다면 리더 스스로가 효행 모델이 되어 모범을 보여야 한다는 것으로 해석할 수 있다.

그 사례를 들어보면, 영국 출신의 중국 전문가 마틴 자크Martin Jacques 칭화대 명예교수는 중국 지도자들이 머리를 검게 염색하는 이유를 백발노인은 보살핌의 대상이라는 맹자의 가르침에서 찾고 있다.[347] 이는 중국에서 국가 지도자는 연령상 자신 또한 노인이지만 효행의 주체로서 존재하며 모델이 되어야 하는 입장으로서 결코 효행의 대상은 아님을 설명하는 것이다.

---

346) 최재덕, 「리더십을 통한 성경적 효의 정착에 관한 연구-가족공동체를 중심으로」, 33-37.

347) "중국 정치 지도자들이 머리를 검게 물들이는 것도 '교육을 근엄하게 실시해 효성과 우애를 가르친다면 반백의 노인이 길에서 무거운 것을 머리에 이지 않아도 될 것'이라는 맹자의 가르침과 관련이 있다. Martin Jacques, When China Rules The World, 안세민 역, 『중국이 세계를 지배하면』(서울: 부키, 2010), 288.

위에서 정적인 효에 동적인 리더십이 개입해 활동적 에너지로 전환시키는 차원의 논리, 그리고 이때 이뤄지는 리더로서의 역할을 살폈다. 이를 시진핑의 언행, 정책에 적용하면 효도 중심 리더십으로서 성격이 드러난다.

첫째, 국가 최고지도자로서 부모에 대한 효행을 몸소 보여주었고 이를 국민들에게 적극 공개함으로써 국가적, 사회적으로 효행의 기풍 진작이 필요함을 명확히 인식시켰다. 언론매체를 통해 리더로서의 언행이 미치는 영향력과 전파력을 십분 활용한 것이다.

둘째, 이미 노령화 사회에 진입한 중국의 현 상황 타개를 위해 그는 공식 행사에서 지속적인 발언을 통해 전통적 가치를 되살려야 하며 효가 사회에서 이행되어야 하는 당위성을 강조하였다. 국가 현안을 대하는 리더의 마음가짐과 자세가 어때야 하는지를 명확히 알 수 있도록 해준 것이다.

셋째, 실제로 노인세대를 위해 관련법과 양로원 서비스 제고, 실버산업 진흥 정책 등을 내놓았다. 노인권익보장법 개정을 통해 일부 당사자들의 반발을 물리치고 자녀의 의무를 명문화하였다. 미시적인 부분보다 거시적인 전체를 조망해야 되는 리더로서의 역할을 확실하게 드러낸 것이다.

위와 같이 정적인 성격을 가진 효에 시진핑의 국정운영을 통한 동적인 리더십이 개입되었다. 또한 이 과정에서 효 중심 리더십, 즉 효도 리더십으로 변환되었던 것이다.

2절. 효도 리더십에 대한 평가

제4차 산업혁명이 화두로 떠오른 현대사회는 과거 농경사회 혹은 산업사회와 확연히 다른 모습을 보이고 있다. 인간의 사고방식, 상호 관계, 소통행위만 해도 이전과는 큰 차이가 난다.

이와 관련하여 철학자 전상민은 19세기와 20세기 사회를 설명해왔던 기존의 사회 범주와 경계들은 세계화, 양극화, 정보화, 감성화라는 우리 시대의 거대한 전환 앞에서 심각한 무력함을 드러내며 국가, 정당, 집단, 공동체, 젠더, 가족과 같은 사회적 개념이나 단위가 마침내 역사적 시효를 다하고 있다는 비관적 의견을 피력하였다.

아울러 현대사회는 '무적無籍사회'가 되어 국가, 가족, 지역 등이 개인을 구속하지도 않지만 개인을 책임지지도 않으며 이러한 징후는 가족의 와해에서 비롯되는 '일인一人사회'의 확산에서 확인된다[348]며 기존 공동체의 무력화와 무용론을 언급하였다.

이러한 비판적인 시각에도 불구하고 '국가'라는 것은 여전히 국민을 위해 존재하는 것인 만큼 노인과 어린이를 비롯한 사회적 약자를 보호하고 이들이 사회의 구성원으로서 생활할 수 있도록 관련 예산과 행정력을 동원하고 있다.

---

348)   전상민, 「권력의 재구성」, 『철학과 현실』 92호(철학문화연구소, 2012.3), 13.

또한 국가의 지속성과 영속성을 위해 필요한 사회적 가치수호 차원에서 도덕과 윤리를 중시하고 2세 교육에도 반영하는 것이 당연시되는 상황이다. 국가 지도자는 이를 실천으로 옮기고 결과에 따라 국민의 신임을 얻거나 잃게 된다.

공자는『상서』의 내용 인용을 통해 "부모에게 효도하고, 형제와 우애하는 것을 정사政事에 반영시키는 것이야말로 정치하는 것이다. 어찌 꼭 벼슬하는 것 만이 정치를 하는 것이라고 하겠는가?"[349]라면서 효가 정치의 근본임을 피력하였다. 즉, 정치에서 결코 효가 배제될 수가 없음을 시사하는 것이다.

시대가 바뀌고 사람들의 인식에도 변화가 왔지만 효도를 제대로 행하는 것은 현대정치, 특히 유교적 정서를 가진 한국과 중국, 일본 등 아시아권 국가에서는 결코 무시할 수 없는 부분이다. 효도가 정치에서 긍정적인 작용을 할 경우 국민들의 정서적 공감대 형성과 지지 획득 과정에서 큰 역할을 하게 된다.

이 책의 연구 대상인 시진핑은 효와 노인공경의 필요성 및 중요성을 천명하고 실천하는 과정에서 '효에 기반한 리더십', 즉 효 중심 리더십을 보여주었다. 특히 전임자들과 상대적 비교에서 드러난 것처럼 뿌리 깊은 효 의식과 국가적, 사회적 차원에서 행한 구체적 효행의 태도는 그가 효의 개념을 부모를 공경하는 개인적 효

---

349) 『論語』「爲政」, "子曰, 書云孝乎, 惟孝, 友于兄弟, 施於有政, 是亦爲政, 奚其爲爲政".

에서 벗어나 국민을 공경하는 공적 효를 지향하고 있음을 확인케한다.

국가 지도자의 일거수일투족이 국민들에게 미치는 영향으로 볼 때 그가 효를 강조하고 국정 운영에서 적극 반영한 것은 효 의식과 가족 관념의 변화, 노령화 사회의 노인 문제 대두 등 국가적 현안을 풀어보려는 의지와 노력의 증거이다.

1-5세대까지 현대 중국 지도자 가운데 시진핑처럼 효, 효행을 정치적 주제의 하나로 제기하고, 사회적 공감[350]을 유도하면서 공론화시키려고 노력을 기울인 인물을 찾아보기 어렵다. 따라서 그가 확실하게 보여주는 효도 리더십은 국민들을 위해 효를 정신적 자원으로 재해석하였고 이를 국가 운영에 적극 활용한 것으로서, 긍정적인 평가를 받을 만한 가치가 충분하다.

그러나 한편으로는 효를 둘러싼 그의 정치적 행태에 대해 중국 국내는 물론 외부세계에서 비판적인 시각이 존재하는 것도 사실이다. 당과 정부의 강력한 단속과 압박으로 인해 중국 내의 비판과 반발은 잘 드러나지 않는 상황이지만, 해외 언론계의 비판과

---

350) 사회적 공감은 개인적 공감을 더 넓게 적용한 개념이다. 이 개념은 다른 사회의 집단 및 사람들의 삶과 상황을 인식하고 경험함으로써 이들을 이해하는 능력이다. 그러기 위해서는 지역사회에서 형성된 구조적인 불평등을 포함하여 역사적 맥락을 이해하고 배워야 한다. 사회적 공감의 관점에서 '다른 사람의 입장에 서기'를 말한다는 것은 집단의 현재 행동에 영향을 미치는 일들을 충분히 이해하려고 노력하는 것을 의미한다. Elizabeth A. Segal, Social Empathy: The Art of Understanding Others, 안종희 역, 『사회적 공감』(서울: 생각이음, 2019), 22, 46.

지적은 이제 자주 목도되고 있다.

그러면 구체적인 사례를 들어보자. 일본 언론인 가토 요시카즈 加藤嘉一가 시진핑 부친 시중쉰 탄생 100주년 기념일을 맞아 중국에서 현지 탐사를 했던 내용을 살펴보면 중국 내에서는 상상키 어려운 비판적 논조를 보인다.

> "2013년 10월 15일은 시중쉰 탄생 100주년 기념일이다. 전국 각지에서 성대한 축하행사가 펼쳐지고 있었다. 특히 시중쉰의 출생지이자 중화인민공화국 건국 이전에 그가 '혁명 근거지'를 건설한 산시성과 문화대혁명 이후 개혁개방을 선도한 광둥성에서는 세미나 등의 형식을 통해 갖가지 행사가 열렸다. 이 밖에도 CCTV가 시중쉰의 생애를 다른 총 6회의 다큐멘터리를 황금시간대에 방영했다. (중략) 국영 신화서점으로 발걸음을 옮기면 입구 부근의 눈에 띄는 장소에 『習仲勛傳』이 산더미처럼 쌓여 있었다. 중국 전역이 시중쉰 일색으로 물든 분위기를 느낄 수 있었다. 시중쉰이 시진핑의 부친인 것은 누구나 알고 있다. 자신의 부친을 떠받들어 이렇게까지 대대적으로 선전하는 방식은 대단히 의문스럽고 위험하기도 하다. 마오쩌둥과 같은 권위주의적 냄새가 난다."[351]

351) 加藤嘉一, 『中國民主化研究』, 정승욱 역, 『붉은 황제의 민주주의』(파주: 한울, 2018), 161.

효를 강조하는 과정에서 자신의 부친을 선전하고 영웅시하는 식의 행태는 북한에서 벌어졌던 김일성, 김정일, 김정은 3대 부자 세습 미화의 기시감既視感, deja vu을 불러일으키게 한다. 중국과 북한에서는 국민들이 대를 이어 지도자에게 충성하는 것을 미덕으로 포장한다. 이를 효로 둔갑시키는 것이 상호 동질성을 갖기 때문이다.

이와 더불어 효는 부모와 자식의 상호 감화 및 자각에 따른 자발성에서 비롯되어야 하는 가치관[352]임에도 최근 시진핑의 당과 정부에 의해 국민들에게 효가 강요되는 상황이 전개되고 있다. 그렇다면 자의에 의한 효가 아닌 타의에 의한 효가 무슨 의미가 있으며 얼마나 지속될 수 있을 것인가?

이는 효도의 본질과 상당히 어긋난 것으로, 분명히 문제점을 안고 있으며 국민들의 정치적 활용 우려, 반발을 야기할 소지가 다분하다. 이와 관련하여 최근 중국 정부의 행태에 대한 우리 언론의 보도는 문제점이 무엇인지를 구체적으로 묘사한다.

> "해외직접 구매로 외국산 물건을 자주 구매하는 사람은 애국심이 낮
>
> 은 국민으로 간주돼 공공기관 취업 등에서 불이익을 받는다. 부모에게

---

352) "효는 천은(天恩)에 바탕을 두고, 부모와 자식 간에 형식적이고 강한 의무로 명령되기보다는 서로의 감화가 인격으로 연결되어 자발적이고 자연스럽게 우러나오게 해야 한다", 김철운, 『忠孝禮와 人格』(서울: 충호예교육출판사, 2002), 145.

효도를 하지 않으면 자녀가 학교를 선택할 때 불이익을 당한다. 조지 오웰의 『1984』에 등장할 법한 풍경이 2020년부터 중국에서 본격적으로 펼쳐질지 모른다. 중국정부가 '신용사회건설'을 명분으로 추진하고 있는 '사회적 신용평가 시스템'이 13억 중국을 전방위적으로 감시하는 체제를 구축해 공산당 통치를 강화하는 쪽으로 악용될 수 있다는 점에서다."[353]

서방 언론들이 '디지털 레닌주의'Digital Leninism로 표현한 이 시스템은 개인의 준법성을 점수로 따지는 것으로서 사회의 신용 체계를 강화하는 점에서는 매우 유용하다. 그러나 정치적 통제가 앞설 경우 정부의 모든 정책에 순응만 하는 백성, 즉 순민順民을 양산하려는 의도로 읽힐 수 있다. 아울러 정부가 권장하는 헌혈 등을 통하여 높은 도덕 점수를 얻으려는 '구매 심리'가 끼어들어 진정한 도덕성을 키울 수 없다는 비판도 나온다.[354]

시진핑의 효 사상과 리더십은 분명 연관성을 갖고 있으며 국정 운영에서 충분히 발휘되는 상황이다. 그러나 의욕이 넘쳐 정도를 벗어난 채 효도를 일방적으로 강요하고 국민 통제의 수단으로 변질시킨다면 리더십으로서 참된 의미는 손상될 수밖에 없다.

353) 김동윤, "중국, SNS·해외쇼핑·불효까지 감시 '빅브라더 사회'로 가나", 《한국경제신문》(2016. 11. 30.), A10.
354) 유광종, "중국의 착하게 살자", 《조선일보》(2019. 8. 16.), A31.

이 대목에서 현대 정치리더십 연구 분야의 석학으로 인정받는 옥스퍼드대학 아치 브라운Archie Brown 교수의 주장은 시사하는 바가 크다. 그는 "많은 전체주의 및 권위주의 국가가 '위대한 리더를 둔 복 받은 국민'이라는 메시지를 퍼트리는 데 엄청난 자원을 투입한다. 대안적 정보와 비판이 전무한 사회에서 정권이 생산하는 공식 내러티브는 일정 기간 동안 받아들여졌다."라며 계획되고 의도된 주입식 메시지의 문제점을 지적하고 있다.[355]

이를 시진핑의 경우에 적용한다면 최고지도자로서 그의 위대성과 애민의 의지가 당과 정부에 의해 치밀하게 기획되고 전파되는 현재의 상황이 결코 상찬될 수만은 없다. 또한 그가 효를 내세우고 강조하는 것에 대해서도 순수성을 의심할 개연성이 생긴다.

외부 시각에서 바라볼 때 마치 아버지가 그의 자녀를 권위를 가지고 인도하고 보호하듯이 국가가 국민을 권위적으로 지배하는 한편 보호자 역할을 수행해야 한다는 신념 또는 사고방식인 '가부장적 권위주의'[356]로 해석될 가능성도 제기될 수 있는 것이다.

시진핑의 효 사상이 국민들에게 전달되는 과정에서 일방적, 확일적 질서와 사회 안정에만 주안점을 둔 것이고 톱다운 방식으로 국정에 반영되는 상황이라면 탈 근대론자들이 추구하는 다양성

---

355)   Archie Brown, The Myth of the Strong Leader, 홍지역 역, 『강한 리더라는 신화』 (파주: 사계절, 2017), 518.

356)   사공영호, 「가부장적 행정문화와 규제관료의 포획에 관한 연구」, 박사학위논문, 서울대학교, 1998, 59.

³⁵⁷⁾과는 다른 차원이다. 따라서 그의 효도 사상과 효행이 아직 까지는 근대수준을 벗어나지 못했다고 평가할 수 있다.

결국, 시진핑의 입장에서는 지방 당정분야 초급관료 시기의 오로지 인민을 위해서 봉사하고 헌신하려던 초심으로 돌아가야 할 것이다. 현재와 같은 강성 리더십을 지양하고 국민을 진정한 부모로 여기는 가운데 효가 자율적이고 자연스럽게 사회에서 자리 잡고 국민들의 실제적 공감 하에 이행될 수 있도록 노력할 필요가 있다. 국가 지도자로서 효를 강조하고 사회적으로 실천될 수 있도록 리더십을 발휘하는 것은 반드시 필요하지만 국민들이 보여주는 효에 대한 자발성과 자율성을 무시할 수는 없는 것이다.

구체적인 단계로 들어간다면 효도 주체의 입장 파악과 의견 수렴, 강제성 배제 등 세심한 조치가 우선이다. 아울러 외부에서 '통치를 위한 수단이자 방편'이라는 의구심을 거둘 수 있도록 리더십 발휘 과정에서 진정성을 보여주어야 한다.

기업윤리학의 세계적 권위자인 케임브리지대학교 대학원 토머스 맬나이트Thomas E. Malnight 교수는 『리더의 신기술』 제하 저서를 통해서 '희망 리더십' 개념을 제시하였다. 그의 주장은 삶의 국

---

357) "탈근대 개념 속에서는 보편성에 대한 그 어떤 주장도 거부하며 인간을 타자와 상호작용하는 간주관적이고 역사적이며 유동적인 존재로 파악한다. 탈근대론자들은 우연성, 유동성, 역사성을 강조하며 일방적, 확일적 질서와 안정보다는 다양성 속에 전개되는 파편화와 불안정화의 흐름을 인정하고 중시한다", 김덕균·김주일, 「탈근대 시대의 간주관적 유교윤리」, 『시대와 철학』 17권 4호(한국철학사상연구회, 2006.12), 141.

면마다 타협하고 건성으로 살아온 사람이 리더로서 희망적인 비전을 제시하기는 어렵다[358]는 것이다.

이를 논거로 삼자면 시진핑은 분명히 국민들에게 희망을 줄 수 있는 인물이다. 원칙을 갖고 성심을 다해 살아왔고 이를 바탕으로 최고지도자의 위치까지 온 만큼 그의 효도 리더십은 출발선상의 원래 모습을 찾게 될 것이다.

---

358) Thomas E. Malnight, ERA OF UNCERTAINTY, 추해민 역, 『리더의 신기술』(서울: 젤리판다, 2019), 105.

5부

★

시진핑의 효도 리더십을
정의해보다

★ ★ ★ ★

1장

효도 리더십 정의를 위한 논의

이 책에서는 중국 최고지도자 시진핑의 효 사상, 그리고 이것이 투영된 효 중심의 효도 리더십을 들여다보았다. 여기에서 확인된 내용을 토대로 삼아 '시진핑은 효를 제대로 인식, 체화한 가운데 사상적인 체계를 갖추고 있으며 국정 운영에서 정책으로 적극 구현한 지도자'의 모습을 도출하였다. 아울러 리더십의 측면에서 해석할 때 강제성을 띤 부정적 일면과 한계점에 대한 조망도 시도하였다.

책의 서술 과정에서 '효 이미지가 강한 지도자 시진핑'이라는 인물을 다루기 위해 생애사연구 방식이 활용되었다. 이는 시간의 흐름에 따라 대상자의 경험치가 쌓이며 공적, 사회적 가치에 대한 인식과 태도가 지위나 직책, 신분에 따라 변화, 강화되는 것임을 '제3자'의 시각으로 관찰하는 작업이었다. 이를 통하여 파악된 시진핑의 효도 사상을 정리해보면 다음과 같다.

첫째, 시진핑의 효도 사상이 태동 및 내재화된 핵심 배경은 부모, 특히 부친이었다. 유아기에 부친 시중쉰의 절제된 생활과 도덕적 모범, 엄격한 교육을 통해 인간으로서의 도리와 리더로서의 기초적인 자질을 전수받았다.

자녀에 대한 애정이 깊은 부친이 '목욕시키기' 같은 스킨십을 발휘해 상호 친애의 경험이 공유된다. 그러나 부친의 정치적 몰락에 따른 가정 해체와 하방으로 생이별을 겪는다. 시진핑이 하방 초기 고통을 견디지 못하고 현장을 이탈했지만 다시 제자리로 돌아온 요인은 부모의 존재였다. 그의 인식 기저에 부모를 실망시키지 않으려는 효심이 자리하고 있음을 시사한다.

둘째, 시진핑은 청년기 하방 기간 중 심신단련을 통해 부모로부터 받은 생명을 소중히 관리, 성장시킴으로써 기본적 효도를 실천한다. 또한 지극히 어려운 환경하에서 주경야독을 통해 중국 역사와 전통가치에 대해 눈을 뜬다.

이는 그의 사고와 행위 체계 내에 효를 행할 수 있는 기본 바탕이 깔렸음을 의미한다. 노동 현장에서 성과를 인정받아 생산대 서기로 선임된 후에는 지역민 접촉 과정에서 노인 등 사회적 약자를 이해하고 이들의 문제를 해결키 위한 책임감과 사명감을 갖게 된다. 그의 효가 부모와 관계를 중심으로 이뤄졌던 가족적 효에서 벗어나 이웃과 사회로 이어지는 사회적 효로 바뀌는 초기 과정이라고 할 수 있다.

셋째, 시진핑의 지방 당정분야 지도자 시절은 리더로서 현실 정치와의 본격적인 대면이자, 효를 필요로 하는 사람들과의 조우로서 이때 효 의식이 강화되고 외부 기고와 연설 등 육성肉聲을 통해 효행의 구체화가 이뤄진다. 그의 사회적 효 의식이 성숙되는 단계로서 은퇴 원로, 군인 등 국가를 위해 봉사한 계층에 대해 관심과 지원을 아끼지 않으며 효행은 지속된다.

그는 개발지상주의가 주류를 이루던 시기에 관료임에도 실적 위주의 개발보다는 중장기적인 환경문제에 천착한다. 따라서 효의 범위가 생태와 환경으로까지 확대된다. 현재를 기준으로 볼 때는 상당히 시대를 앞선 태도였다.

넷째, 시진핑은 국가 최고지도자 등극 후 '부유해지기 전에 늙어버린 자국'의 현실을 타개키 위해 효도 사상을 본격적으로 드러내며 정책화하였다. 언론매체를 십분 활용함으로써 자신의 효도 이미지를 제고시켰고 공식 석상에서 수시로 효도와 노인공경을 강조하는 한편 노인권익보장법 개정 공포, 양로시설 및 서비스 개선과 관련 산업 육성 등 정책 행보를 거듭한다.

그의 집권 이후 효도가 강조된 배경에는 고령화 사회의 요구 외에도 공산당의 자기 변신 필요성이 자리하고 있다. 때문에 유교사상 등 전통적 가치와 도덕을 재해석, 수용하면서 정치 분야에서 활용하려는 노력을 기울인다.

다섯째, 시진핑은 효도 차원에서 전임 지도자들과 비교했을 때 확연한 차이를 보인다. 마오쩌둥, 덩샤오핑 등 혁명세대 지도자들은 효에 대한 인식이 희박했고 효도의 가치를 국정운영에서 전혀 활용하지도 않았다. 기술관료 출신 장쩌민과 후진타오 시대에 전통가치에 대한 재인식이 이뤄지며 효도와 노인공경이 주목을 받았다.

그러나 이들도 효도를 국정 운영에 적극 반영한 것은 아니며 시진핑 시대에 이르러서야 본격적으로 효가 국정 철학의 중요 요소로서 인식되었다. 국가 최고지도자의 관심이 존재하기에 효도가 사회 전체로 전파될 수 있는 계기를 마련할 수 있었던 것이다.

시진핑의 효도 사상은 그의 리더십에서 명확하게 드러난다. 유아기에서 청소년기를 거쳐 지방지도자 시기, 최고지도자 등극 이후까지 서사적 인생의 기승전결 과정에서 견고히 자리한 효도 사상은 그가 보여주는 정치적 리더십의 주요 요인으로 작용한다.

정치지도자에게는 비전 제시와 함께 공유, 공감 능력이 요구된다. 특히 공감의 경우 사회의 관심 밖에서 고통받는 사람들과 고통을 함께 겪고 진정성을 보일 때 구성원 사이에 긴밀한 유대감이 형성된다는 점에서 매우 중요하다.

2장

결론 및 시사점 도출

시진핑은 효를 바탕으로 한 리더십을 통해 국민들에게 도덕과 윤리의 약화에 따른 현실 상황을 타개키 위한 비전을 제시, 공유 코자 노력했으며 사회적 약자인 노인 문제에 대해 깊은 관심과 지속적인 공감을 보여주었다. 그의 효도 사상이 어떻게 리더십으로 구현되었는지 정리해보면 다음과 같다.

첫째, 시진핑은 고령화가 급속히 진행되는 중국에서 효도를 전파, 정착시키기 위해 최고지도자 위치에서 지속적으로 그 자신이 효도의 모범적 인물임을 내세운다. 이를 위해 당과 정부는 효자로서 그의 스토리를 만들었고 국민을 상대로 빈번하게 노출시킴으로써 부모에게 효도하고 고난을 극복한 가정적 지도자 캐릭터를 구축하였다.

이에 따라 국민들을 향해 효를 언급하고 효행을 요구할 수 있는 자격을 갖춘다. 이는 3대간 부자세습을 강행키 위해 진행되었던 북한의 경우를 제외하고 현대 중국이나 여타 다른 국가 지도자에게서는 찾아보기 어려운 사례이다.

둘째, 시진핑의 효를 기존의 리더십 유형에 적용해보면 셀프 리더십, 서번트 리더십, 원칙 중심 리더십, 가치 중심 리더십, 윤리적 리더십과 연결된다. 이는 그의 효도 사상과 리더십이 보는 각도에 따라 다양하게 해석될 수 있다는 의미이기도 하다.

그는 하방 시기 고난 속에서도 자강불식의 자세를 견지하며 셀프 리더십을 배양하였다. 당정 분야의 초급 지도자 시절에는 "군중 속에서 나와 군중 속으로 들어간다."라는 신념하에 대중과의 접촉, 대중에 대한 봉사를 통해 서번트 리더십을 드러냈다. 또한 부모와 자식 간 변할 수 없는 천륜의 원칙을 견지하며 수기치인의 원칙 중심 리더십을 보여주었다. 아울러 공공의 가치와 이익을 고려하고 가정에서 시작되는 기본 가치를 중시하는 가치 중심 리더십, 인간의 기본 도리인 효를 행하고 진작시키는 윤리적 리더십도 시현하였다.

셋째, 시진핑의 효도 사상과 관련된 리더십을 '7효'에 대입해 보면 경천애인, 부모·어른·스승 공경, 어린이·청소년·제자 사랑, 가족사랑은 공식적, 지속적 강조와 실행을 통해 확인이 되었다. 때문에 긍정적 평가를 받기에 충분하다.

그럼에도 나라사랑, 이웃사랑·인류봉사 항목에서는 국내 너머를 보는 국제적 시각의 결여를 보여준다. 나라사랑은 자국민 결집을 위한 편향된 애국주의, 배타적 국수주의 색채를 지우지 못한다. 이웃사랑·인류봉사는 핵심이익 고수로 인해 일대일로 프로젝트에서 보이듯 약탈적 해외진출로 해당 국가와 심각한 마찰을 빚는다. 자연사랑·환경보호는 그가 초급 지도자 때부터 천착해왔지만 경제개발 논리에 따른 이상과 현실의 차이, 중국정부의 전시행정 등으로 인해 원래 취지가 일정 부분 퇴색된 것이 현실이다.

넷째, 시진핑의 효도 사상과 리더십을 하나의 개념으로 융합하면 '효도 리더십'이라고 할 수 있다. 그는 국가 정책의 최종 결정권자이자 공동체 가치의 최고 수호자로서 노인들에 대한 물질적 봉양과 정신적 봉양을 강조하고 국장 운영에서 반영함으로써 국가와 사회에서 진행되어야 할 효를 실천하였다. 따라서 그가 효행을 몸소 보여주었고 공식적이고 지속적으로 효의 당위성을 강조했으며 실제로 노인 관련 정책을 수립하고 이행했다는 것으로 요약할 수 있다.

다만, 효가 강요되고 사회통제의 방편으로 변질된 현상이 나타난 점은 그의 효도 리더십이 비판받을 수 있는 부분이다. 따라서 그와 당정은 효를 통해 국민을 순치馴致시키려는 의도가 전혀 없으며 오로지 국민을 위하려는 충정에서 효가 강조되는 것임을 실천과 결과로서 입증할 필요가 있다.

시진핑의 효도 사상이 어떤 길을 밟았는지 살펴보면 유년기, 청년기를 지나면서 태동이 되었고 지방 지도자 생활을 거치면서 제대로 체화되었다. 그리고 이는 최고지도자의 리더십으로 승화되었고 국가 정책의 중요 요소로 구현되었다.

　그는 현대 국가 지도자로서는 드물게 효도의 가치와 당위성을 누누이 강조함으로써 '대통령의 효도', '지도층의 효도'가 어때야 하는지를 분명하게 보여준다. 아울러 인구 고령화와 효 의식 변화 등으로 고민하는 우리 사회가 지도자의 자세와 역할을 모색하는 데 있어 충분히 참고, 응용할 만한 가치를 갖는다.

　그렇지만 중국이 G2의 일원으로서 책임 있는 역할을 제대로 수행하고 국제사회에 이바지하면서 그들이 추구하는 '문화대국'으로서 인정받으려면 최고지도자 시진핑과 당정은 효도 리더십의 진정성이 왜곡되지 않도록 노력을 기울여야 한다. 효도를 정치에 이용하는 것이 아니라 국민에게 돌려주는 것임을 보여줘야 하는 것이다.

　대내적으로는 국민들을 상대로 효도를 강조하거나 국가 운영의 편의를 위하는 식의 의도가 없음을 입증하려는 태도를 보여야 한다. 대외적으로는 선린과 평화가 전제된 자세를 갖고 이웃 국가를 대하려는 의지를 보여야 한다. 그래야만 '닫힌 민족 중심적 단계'를 벗어나 '열린 세계 중심적 단계'로까지 올라갈 수 있으며 시진핑의 효도 사상과 리더십이 내치용에만 국한되지 않고 대외 협력에서도 중국의 정신적 자산으로서 활용이 가능하게 된다.

　본 저자는 시진핑의 효도 사상과 리더십을 다뤘지만 능력 부족 등 원인으로 인해 내용과 논리 전개에서 미진한 부분이 존재한다.

이는 차후 별도의 연구와 저술에서 지속적으로 보완토록 하겠다. '7효'를 활용한 푸틴 러시아 대통령 등 사회주의 국가 지도자 탐구, 아직 가시화되지는 않았지만 시진핑이 퇴임하면 뒤를 이을 중국 차세대 지도자의 효도 사상과 리더십 연구 또한 본 저자의 향후 과제로 남긴다.

이제 책의 서술을 마무리하면서 "현대 중국 최고지도자의 효도 사상과 리더십에 대한 탐구를 했는바, 아쉽지만 선행연구 공백 상태에서 우선 시도와 접근 자체에 의미를 둔다."라는 견해를 밝힌다. 아울러 '효도와 인물' 관련 연구 분야에서 유의미한 참고자료가 되기를 소망한다.

또한 한국의 국가 지도자들이 경로효친의 의미와 가치를 새롭게 인식하고 정책에 적극 활용, 반영함으로써 국가 현안으로 떠오른 인구 노령화, 가족관 변화, 도덕과 윤리 의식 약화 등에 선제적으로 현명하게 대처할 수 있기를 기대한다. 그래야만 우리에게 미래가 보장될 수 있기 때문이다.